LA MUJER VIRTUOSA DE HOY

31 Piezas Que Transformarán Tu Vida

Derechos de Autor

Todas las escrituras fueron tomadas de la Santa Biblia - Nueva Versión Internacional (NVI).

Los libros de Diana Bryant Ministerios pueden ser adquiridos para propósitos de negocio, promocional o educacional. Para obtener más información, puede escribir a Hello@DianaBryant.com.

ISBN 978-0692728062

Tabla de Contenido

Acerca de este libro 4

Testimonios 5

Agradecimientos 6

Dedicación 7

Introducción - Guía para el éxito con este libro 9

Capítulo 1: *Sé Una Mujer de* BUENOS HÁBITOS 14

Capítulo 2: *Sé Una Mujer* MOTIVADA 25

Capítulo 3: *Sé Una Mujer que* TODO LO PUEDE HACER 36

Capítulo 4: *Sé Una Mujer* AUDAZ Y VALIENTE 48

Capítulo 5: *Sé Una Mujer de* "AHORA" SIN DEJAR PARA MAÑANA... 62

Capítulo 6: *Sé Una Mujer con* VISIÓN 71

Capítulo 7: *Sé Una Mujer* SEGURA DE SÍ MISMA 80

Capítulo 8: *Sé Una Mujer* PACIENTE 90

Capítulo 9: *Sé Una Mujer* FELIZ 101

Capítulo 10: *Sé Una Mujer* COMPASIVA 112

Capítulo 11: *Sé Una Mujer* LÍDER 121

Capítulo 12: *Sé Una Mujer* APASIONADA 132

Capítulo 13: *Sé Una Mujer* LLENA DE FE 143

Capítulo 14: *Sé Una Mujer* BENDECIDA 154

Capítulo 15: *Sé Una Mujer* CONFIADA 163

Capítulo 16: *Sé Una Mujer* LLENA DE PAZ 171

Capítulo 17: *Sé Una Mujer* SABIA 183

Capítulo 18: *Sé Una Mujer* POSITIVA 194

Capítulo 19: *Sé Una Mujer* PERSEVERANTE 205

Capítulo 20: *Sé Una Mujer de* PROPÓSITO 217

Capítulo 21: *Sé Una Mujer* GUERRERA 227

Capítulo 22: *Sé Una Mujer* DISCIPLINADA 239

Capítulo 23: *Sé Una Mujer* ORGANIZADA............................. 248

Capítulo 24: *Sé Una Mujer* LIBRE 259

Capítulo 25: *Sé Una Mujer* AMADA 269

Capítulo 26: *Sé Una Mujer* ACTIVA 276

Capítulo 27: *Sé Una Mujer* HERMOSA 285

Capítulo 28: *Sé Una Mujer de* EXCELENCIA 293

Capítulo 29: *Sé Una Mujer* LLENA DE EXPECTATIVAS 300

Capítulo 30: *Sé Una Mujer que* ESPERA 311

Capítulo 31: *Sé Una Mujer de* ACCIÓN 320

Conclusión 328

Acerca de la Autora 329

Acerca de Diana Bryant Ministerios 330

Recursos y Ayuda Gratis 331

Acerca de este Libro

*¿Quién te dijo que es imposible ser la mujer virtuosa de **Proverbios 31**?*

La mujer virtuosa no es un mito, en realidad existe y tú puedes ser una de ellas.

Este libro está basado y diseñado para proporcionarte todas las herramientas y cualidades que necesitas para convertirte en la mujer virtuosa que Dios te llama a ser. Cada capítulo contiene:

- Una pieza del rompecabezas con la cualidad que compone a la mujer virtuosa de Proverbios 31.
- Testimonios que fortalecerán tu fe y te mostrarán cómo Dios puede transformar tu carácter si se lo permites.
- Pasos prácticos que te llevarán a adoptar las nuevas cualidades en tu vida.
- Actividades rápidas y fáciles de completar que te permitirán tomar acción inmediata en cada paso.

Cada pieza del rompecabezas transformará no sólo tu manera de pensar, sino de actuar. Cada capítulo te llevará a transformar tu vida, una pieza, paso y día a la vez. Al completar el libro (y tu rompecabezas), terminarás con el perfil de la mujer virtuosa de hoy.

La meta de este libro es proporcionarte todas las herramientas que necesitas de una manera práctica y fácil de aplicar a tu vida. Herramientas que te ayudarán a transformar tu vida, convirtiéndote en todo lo que Dios te llama a ser.

Si completas tu rompecabezas hasta el final del libro garantizarás:

- Tener una relación más íntima con Dios; conocer Sus planes y promesas para tu vida.
- Adoptar un estilo de vida cristiano.
- Llevar una vida más feliz, próspera y positiva.
- Balancear todas las áreas de tu vida.
- Alcanzar tus sueños con valentía.
- Convertirte en todo lo que Dios te ha llamado a ser.
- Poseer el perfil y las cualidades de la mujer virtuosa de hoy.

Testimonios

Diariamente recibimos testimonios de mujeres alrededor del mundo que han experimentado una transformación en sus vidas por medio de estas enseñanzas. El resumen de algunos de estos testimonios ha sido:

- "Mi relación con Dios ha crecido. Hoy creo en Sus planes y promesas para mi vida" – *Karen Lee*
- "He podido aprender a vencer mis miedos y alcanzar todo lo que me propongo" – *Natalia Rodríguez*
- "Aprendí a llevar una vida balanceada y a controlar mis emociones" – *Li Young*
- "Ya no soy ni nunca más seré la misma. Hoy soy una mujer virtuosa" – *Vivian Scott*
- "Mi matrimonio ha sido restaurado" – *Patricia Gómez*
- "Hoy me valoro más como mujer y solo pongo mi confianza en Dios" – *Martha López*
- "Descubrí cómo ser una mujer de Dios y cómo agradarle a Él. Descubrí los pasos que me llevan a ser una mujer virtuosa" – *Erín Collins*
- "Las personas que me rodean han notado mi transformación. Estas enseñanzas me ayudaron a entender los planes de Dios para mi vida." – *María Rivera*

Estos testimonios son apenas algunos ejemplos de las mujeres que han descubierto que la "mujer virtuosa" no es solo un mito. Estas mujeres no solo han logrado poner todas sus piezas del rompecabezas juntas sino que han descubierto el poder que hay en la palabra de Dios para transformar vidas.

Te invito a ser parte de los múltiples testimonios de mujeres que han disfrutado de la transformación que Dios ha hecho en sus vidas por medio de estas enseñanzas.

¡Tú también fuiste llamada y equipada por tu Creador para ser una mujer virtuosa, solo tienes que tomar acción!

Agradecimientos

Primeramente, doy gracias a Dios porque reconozco que sin Él no soy nadie ni puedo hacer nada. Él es mi fuente de inspiración, mi guía y mi fortaleza. Gracias a Su infinito amor por nosotras, me dio la inspiración para hacer este libro. Durante el proceso de escribir cada capítulo, Dios me dio la sabiduría, gracia y favor que necesitaba. Me ayudó a traer a mi memoria cada testimonio y me ayudó a recordar cada paso necesario para ser la mujer virtuosa que Él nos llama a ser. Mi vida está llena de testimonios donde comprueban que cuando en realidad queremos ser transformadas por Dios lo podemos lograr. Él es mi razón de existir y vivo solo para Su causa.

Agradezco desde el fondo de mi corazón a mi esposo Chris, por todo su apoyo y amor incondicional. Por creer en mí y en El llamado de Dios para mi vida. Dios me bendijo con un gran hombre y me siento privilegiada de compartir el resto de mi vida con mi mejor amigo y una persona tan maravillosa como él. Eres mi complemento Chris, gracias por motivarme cada día a dar lo mejor de mí.

Doy infinitas gracias a mi mamá por ser una mujer tan ejemplar y brindarme todo su apoyo en todo momento y en todo lugar. Por creer en mí y siempre tener un oído atento para escucharme y guiarme. Por ser un ángel en mi vida y siempre querer lo mejor para mí. Por ser una servidora de Dios quien siempre me inculcó el amor y el respeto a Él. Gracias mami por tus oraciones diarias y por siempre estar presente cuando más te necesito. Tu guía, apoyo y amor es vitamina para cada día de mi vida.

Infinitas gracias a uno de los regalos más grandes y preciados que Dios me ha dado, mi hermana. Quien no solo es mi hermana de sangre sino espiritual también. Este libro no sería posible sin su ayuda, motivación y apoyo incondicional. Todos los días doy gracias a Dios por haberme dado una hermana tan ejemplar y maravillosa como ella. Me siento muy orgullosa de ti hermanita y te agradezco de todo corazón por ser mi mejor amiga; por motivarme y apoyarme incondicionalmente. Mi vida no sería la misma sin ti.

También quiero agradecer a todas las personas que de alguna manera han apoyado la producción de este libro y a Diana Bryant

6

Ministerios. Algunos de ellos: A mi mentor el Pastor Frank Vega y su esposa Debbie, a la editora de este libro Yanira Ochoa y por supuesto a todo mi equipo en Diana Bryant Ministerios.

Cada uno de ustedes han sido fuente de inspiración y apoyo al crecimiento de este ministerio e hicieron este libro posible. Por esta razón estaré eternamente agradecida. Doy gracias a Dios por permitirme estar rodeada de personas tan maravillosas en mi vida, como cada uno de ustedes.

Dedicación

Este libro está dedicado a todas y cada una de Las Hijas del Rey del Ministerio de Español en Faith Church, CT. A cada mujer que participó de las enseñanzas del programa de *Mujer Virtuosa* y que hoy goza de las transformaciones que Dios está haciendo en sus vidas. ¡Gracias por compartir todos sus testimonios! Tuvimos un tiempo maravilloso en la presencia de Dios y aprendiendo de Su palabra. Les amo a cada una de ustedes con amor fraternal.

Dedico este libro también a toda mujer que desea transformar su vida y alcanzar todo lo que Dios tiene planeado para ella. A aquella mujer que está decidida a alcanzar todos sus sueños y hacerlos realidad. A aquella mujer que cree que es posible convertirse en la mujer virtuosa que Dios nos ha llamado a ser.

Mujer virtuosa, a ti te habla Dios en:

Proverbios 31: 10-31

10 Mujer ejemplar, ¿dónde se hallará?
¡Es más valiosa que las piedras preciosas!
11 Su esposo confía plenamente en ella
y no necesita de ganancias mal habidas.
12 Ella le es fuente de bien, no de mal,
todos los días de su vida.
13 Anda en busca de lana y de lino,
y gustosa trabaja con sus manos.
14 Es como los barcos mercantes,

que traen de muy lejos su alimento.

15 Se levanta de madrugada,
da de comer a su familia
y asigna tareas a sus criadas.

16 Calcula el valor de un campo y lo compra;
con sus ganancias planta un viñedo.

17 Decidida se ciñe la cintura
y se apresta para el trabajo.

18 Se complace en la prosperidad de sus negocios,
y no se apaga su lámpara en la noche.

19 Con una mano sostiene el huso
y con la otra tuerce el hilo.

20 Tiende la mano al pobre,
y con ella sostiene al necesitado.

21 Si nieva, no tiene que preocuparse de su familia,
pues todos están bien abrigados.

22 Las colchas las cose ella misma,
y se viste de púrpura y lino fino.

23 Su esposo es respetado en la comunidad;
ocupa un puesto entre las autoridades del lugar.

24 Confecciona ropa de lino y la vende;
provee cinturones a los comerciantes.

25 Se reviste de fuerza y dignidad,
y afronta segura el porvenir.

26 Cuando habla, lo hace con sabiduría;
cuando instruye, lo hace con amor.

27 Está atenta a la marcha de su hogar,
y el pan que come no es fruto del ocio.

28 Sus hijos se levantan y la felicitan;
también su esposo la alaba.

29 Muchas mujeres han realizado proezas,
pero tú las superas a todas.

30 Engañoso es el encanto y pasajera la belleza;
la mujer que teme al SEÑOR es digna de alabanza.

31 ¡Sean reconocidos sus logros,
y públicamente alabadas sus obras!

Tú puedes ser la mujer virtuosa de hoy. ¡Responde a Su llamado!

8

Introducción

Proverbios 31:10

Mujer virtuosa, ¿quién la hallará?
Porque su estima sobrepasa largamente a la de las piedras preciosas.

Guía Para Tu Lectura

Este libro está basado en la mujer virtuosa de **Proverbios 31**. Contiene pasos y estrategias que transformarán tu vida y la manera en que piensas. Pasos que te ayudarán a resaltar y perfeccionar las virtudes con las que Dios te ha equipado para ser una mujer virtuosa.

Si estás leyendo este libro quiere decir que estás buscando agradar a Dios y convertirte en la mujer virtuosa que Él te ha llamado a ser. Este acto de fe y amor que estás demostrando a tu Creador, es parte del proceso. Ser una mujer virtuosa te llevará a tener una vida balanceada, alcanzar tus sueños, crecer aún más en tu relación con Dios y a convertirte en todo lo que Él te ha llamado a ser.

La mujer virtuosa está compuesta de diferentes cualidades, que puestas juntas forman su carácter. Así como un rompecabezas (cuando pones cada pieza junta te refleja una imagen) al poner juntas todas las piezas de cada capítulo que este libro te ofrece; terminarás con la imagen de la mujer virtuosa.

Cada capítulo de *La Mujer Virtuosa de Hoy* contiene una virtud (una pieza del rompecabezas) y al terminar el libro descubrirás, que te has convertido en una mujer totalmente transformada. Este libro está diseñado para que lo puedas abrir en cualquier capítulo de acuerdo a tu necesidad; o si prefieres, puedes leerlo en orden -de principio a fin-.

Está lleno de testimonios y experiencias que te muestran cómo el poder de la palabra de Dios transforma vidas. Encontrarás pasos prácticos que te ayudarán a transformar tu vida y a perfeccionar las cualidades de la mujer virtuosa que hay en ti. Cada capítulo contiene

9

actividades que te ayudarán a poner cada paso en acción inmediatamente.

Te recomiendo que tomes el tiempo que sea necesario en cada capítulo. Toma un paso a la vez y completa cada actividad, para que así puedas experimentar una transformación total en tu vida. Tú también puedes ser parte de los testimonios que recibimos diariamente de mujeres alrededor del mundo que han transformado sus vidas por medio de estas enseñanzas. Si eres constante y aplicas lo que aprendes en este libro a tu vida diaria: pieza a pieza, día a día y paso a paso lograrás alcanzar lo que te propongas en tu vida y te acercarás más a Dios.

Hoy, quiero felicitarte por la obediencia de dar el primer paso para completar tu rompecabezas colectando todas las piezas que te convertirán en todo lo que Dios te ha llamado a ser: ¡La Mujer Virtuosa de Hoy!

<u>La Mujer Virtuosa de Proverbios</u>

La mujer que **Proverbios 31:10-31** describe, aparte de ser bendecida y exaltada por todos, muestra cómo ella tiene éxito en todo lo que hace. Tiene un matrimonio feliz y sus hijos y esposo la admiran. Es sabia en todas sus decisiones y todo lo que toca prospera ya que en todo agrada a Dios.

La palabra de Dios resalta algunas de las cualidades que componen a la mujer virtuosa:

La Mujer Virtuosa: Es Sabia

"El corazón de su marido <u>está en ella confiado</u>, y no carecerá de ganancias. <u>Le da ella bien y no mal</u> todos los días de su vida." **Proverbios 31:11-12**

Una de las características más reconocidas en la mujer virtuosa es la sabiduría. En este ejemplo Proverbios nos muestra como ella sabe ganarse la confianza de su esposo, es por esa razón que el corazón de él *"está en ella confiado"*. La mujer virtuosa usa sabiduría en todo lo que hace, incluyendo la relación con su familia.

10

La Mujer Virtuosa: Todo Lo Puede Hacer

"Ve que van bien sus negocios; su lámpara no se apaga de noche."
Proverbios 31:18

La mujer virtuosa de Proverbios no solamente se dedica a las labores del hogar sino a sus varios negocios (también lo menciona en *13-14*). Es una mujer que todo lo puede hacer y está atenta con su lámpara encendida de noche para velar por su familia.

La Mujer Virtuosa: Es Compasiva

"Extiende su mano al pobre, y extiende sus manos al menesteroso."
Proverbios 31:20

La mujer virtuosa comparte su amor y todo lo que tiene con los demás y siempre está en búsqueda de ayudar al necesitado. Su generosidad y compasión es algo que practica en su hogar y con todas las personas que la rodean también.

La Mujer Virtuosa: Es Una Mujer de Excelencia

"No tiene temor de la nieve por su familia, porque toda su familia está vestida de ropas dobles." **Proverbios 31:21**

La mujer virtuosa es reconocida por hacer todo con excelencia. No solo en sus negocios, con sus criadas, sino también con las tareas de su hogar. Una verdadera mujer virtuosa sabe que debe dar lo mejor de sí en todo lo que hace ya que esto agrada a Dios, y todo le sale bien.

La Mujer Virtuosa: Es Confiada

"Fuerza y honor son su vestidura; y se ríe de lo por venir."
Proverbios 31:25

La mujer virtuosa sabe planear para el mañana, pero no se angustia ya que Su confianza esta puesta en Dios. Ella conoce y cree plenamente en las promesas de Dios para su futuro. Vive llena de paz, gozo y fe.

La Mujer Virtuosa: Teme a Dios

"Engañosa es la gracia, y vana la hermosura; la mujer <u>que teme a Jehová</u>, ésa será alabada." **Proverbios 31:30**

Esta es la característica más importante de la mujer virtuosa. La palabra nos dice que aquella que lo haga será alabada. *Temer a Dios* quiere decir: que reconocemos Su presencia y obedecemos Sus mandatos, porque tenemos un profundo respeto y amor hacia Él. Temer a Dios es buscar agradarle en cada uno de los momentos de nuestros días, porque lo amamos y no queremos desilusionarlo.

Estas son algunas de las virtudes que la palabra de Dios resalta de la mujer virtuosa. Al terminar los capítulos de este libro, conocerás 31 características más y tendrás los pasos necesarios para adoptarlos a tu propia vida.

¡La mujer virtuosa no es un mito, en realidad existe y tú puedes ser una de ellas!

La mayoría de las mujeres creen que la mujer virtuosa, que la palabra de Dios describe en Proverbios, es solo un mito y nunca podrán llegar a ser una de ellas. Pero lo que ignoran, es que Dios nos equipó a todas y cada una de nosotras para ser mujeres virtuosas.

Yo, *decidí* creer en Su promesa y *permití* que Dios día a día me transformara en la mujer que Él me llamó a ser. En el proceso, descubrí que no es difícil, solo necesitamos *determinación* y *constancia*. Si *perseveramos* en poner cada pieza del rompecabezas y trabajar en cada paso, con la ayuda de Dios lo podremos lograr.

Las siguientes características te ayudarán a convertirte en esa mujer virtuosa y tener éxito con este libro:

- **Decidir:** El primer paso para transformar tu vida y convertirte en la mujer virtuosa que Dios te llama a ser, es decidir que quieres hacerlo. Cuando decides hacer algo todo tu cuerpo y mente se empieza a preparar para apoyarte en tu decisión. Decide qué quieres un cambio en tu vida y lo obtendrás.

12

- **Permitir:** Es fundamental permitir que Dios transforme tu vida. Debes obedecer a todo lo que el Espíritu Santo te motive a cambiar y tomar acción inmediata cuando Dios hable a tu vida. Solo así podrás experimentar una verdadera transformación.

- **Determinación:** Toda acción que tomes, debes tomarla con determinación. Lo que esto significa es que tendrás valor y firmeza al actuar. Sin importar que tan difícil o doloroso el proceso te parezca, tendrás valor y firmeza para enfrentarlo y terminarlo. Tener determinación te ayudará a estar de acuerdo con Dios en todas las transformaciones que Él quiere hacer en tu vida.

- **Constancia:** Eres constante cuando repites o insistes en lo que te has propuesto hasta lograrlo. La constancia se trata de tomar una actitud positiva y tener una predisposición de ánimo respecto a tu propósito. Debes creerle a Dios, que Él está transformando tu vida y ser constante en el proceso hasta lograrlo.

- **Perseverar:** Esta es una de las características más importantes que debes mantener durante el proceso. Perseverar es simplemente no rendirte, hacer todo lo que sea posible por continuar hasta que hayas logrado la transformación que El Señor quiere hacer en ti. Es tener dedicación y pasión por lo que haces para verlo realizado. ¡El que persevera alcanza!

Siempre recuerda que tú eres un equipo con Dios y Él necesita que tu hagas tu parte natural, para El poder hacer Su parte sobrenatural y poseer estas características te ayudarán en el proceso. Trabaja con Dios y conviértete en todo lo que Él te ha llamado a ser.

La Mujer Virtuosa de Hoy te ayudará día a día y paso a paso a aprender y aplicar las cualidades que componen a la mujer virtuosa. Así como un rompecabezas está compuesto de múltiples piezas, cada cualidad de este libro compondrá pieza a pieza tu nuevo carácter y el perfil de la mujer virtuosa de hoy.

¿Estás lista para armar tu rompecabezas?

Sé Una Mujer de Buenos Hábitos

Capítulo 1:
Buenos Hábitos

Romanos 6:12-14

Por lo tanto, no permitan ustedes que el pecado reine en su cuerpo mortal, ni obedezcan a sus malos deseos. No ofrezcan los miembros de su cuerpo al pecado como instrumentos de injusticia; al contrario, ofrézcanse más bien a Dios como quienes han vuelto de la muerte a la vida, presentando los miembros de su cuerpo como instrumentos de justicia. Así el pecado no tendrá dominio sobre ustedes, porque ya no están bajo la ley sino bajo la gracia.

¿Quieres tener éxito en tu vida y en todo lo que te propones? Estoy segura que tu respuesta es ¡SI! El secreto de las personas que tienen éxito en todo lo que hacen, está en que tienen buenos hábitos diarios que los lleva al éxito; ¡Y tú puedes ser una de ellas!

Muchas de nosotras ignoramos la importancia y el poder que hay en tener buenos hábitos en nuestra vida. ¿Pero te estarás preguntando qué es un hábito? Hábitos son esas acciones que repetimos continuamente hasta que se convierten en parte de nuestra vida

14

cotidiana. Lavarnos los dientes, vestirnos o ir a trabajar son ejemplos de esas actividades que hacemos todos los días que terminan siendo hábitos.

Si no tenemos cuidado, podemos desarrollar malos hábitos que terminaran afectando nuestros sueños y futuro. Un mal hábito, por ejemplo, puede ser el comer a deshoras, el comer alimentos que no son saludables o el simple hecho de pasar mucho tiempo viendo televisión. Este tipo de hábitos lo único que hacen es alejarte de tus sueños y el llamado que Dios tiene para tu vida.

El secreto de desarrollar buenos hábitos esta en la disciplina

La buena noticia, es que tú tienes el poder para eliminar todos los malos hábitos que ahora afectan tu vida y reemplazarlos por hábitos que te llevarán al éxito. El poder de crear un buen hábito está en ti, en tu disposición, en tu mente, en tomar acción y tener disciplina.

Un día meditando en la palabra del Señor, Él me mostró la importancia de tener disciplina en mi vida. Yo tenía muchos sueños y metas que Él había puesto en mi corazón, pero me sentía frustrada al ver que pasaban los años y no podía avanzar en los propósitos que El Señor tenía para mi vida. Cuando leí en Su palabra **Proverbios 6:23** *"El mandamiento es una lámpara, la enseñanza es una luz y la* ***disciplina es el camino a la vida.""*** Por fin entendí que para tener la vida que El Señor había diseñado para mí, debía implementar disciplina. Entendí entonces que el secreto de desarrollar buenos hábitos que me llevarían al éxito está en la disciplina.

Fue entonces cuando decidí evaluar todas las áreas de mi vida, mis acciones y rutinas para identificar y eliminar todo aquello que no estuviera dando fruto y que no estuviera apoyando el llamado que Dios tenía para mi vida. En esta evaluación comprendí y descubrí que perdía mucho tiempo viendo televisión, no me alimentaba bien y no dormía las horas suficientes para que mi cuerpo renovara la energía necesaria del día a día; afectando así mi rendimiento físico y mi estado emocional. También descubrí que no estaba pasando suficiente tiempo con el Señor y esto estaba afectando mi vida espiritual y mi fe. No prestaba suficiente atención al llamado que El Señor tenía en mi vida y

15

ponía constantemente mis sueños a un lado para enfocarme en otras cosas que eran vanas para mí.

Después me preguntaba porqué me sentía tan deprimida, sola, cansada y sin dirección en mi vida. ¿Te puedes identificar con algunos de estos sentimientos o malos hábitos?

La mejor manera de reemplazar un mal hábito es con un buen hábito

Cuando descubrí los hábitos que estaban afectando mi vida y los que debía implementar para poder alcanzar el éxito en todo lo que me proponía, entendí que lo único que me faltaba era aplicar determinación, disciplina y tomar acción. Muchos estudios han demostrado que le toma al cuerpo la misma cantidad de energía pensar en lo que quieres hacer que tomar acción para hacerlo. Así que desarrollé un plan para reemplazar los malos hábitos y tomé acción inmediatamente reemplazandolos con buenos hábitos.

Para eliminar el mal hábito de pasar mucho tiempo viendo televisión, decidí cancelar el servicio de cable. Durante ese tiempo que pasaba viendo televisión, comencé a escuchar predicas y mensajes educativos; a leer más libros y crecer más en la palabra del Señor. Para eliminar el mal hábito de comer alimentos que no favorecían mi salud, decidí dejar de comprar en el supermercado todo aquello que no fuera saludable. Así eliminé la tentación de comer cosas que no le favorecían a mi cuerpo. Empecé a comer más frutas y verduras; cuando buscaba en el gabinete de la cocina algún aperitivo, solo encontraba comida saludable.

Establecí una rutina en la mañana y en la noche que me ayudó a crear el hábito de pasar la primera hora de mi día con El Señor. Esto hizo que mi vida espiritual creciera y mi fe se fortaleciera. Esta rutina también me ayudó a crear el buen hábito de dormir 8 horas diarias y de ir a dormir y levantarme a la misma hora todos los días. En pocos meses de haber implementado estos nuevos hábitos, comencé a ver una gran transformación en mi vida, mis sueños, mi familia, mi salud y mi actitud.

16

Descubrí que la mejor manera de reemplazar un mal hábito es creando un buen hábito, ya que el enfoque está puesto totalmente en el nuevo hábito. Esto me motivó a implementar otros hábitos saludables en mi vida y descubrir que ya no había espacio para desarrollar malos hábitos.

Dos Rutinas Que Transformaron Mi Vida

Aquí comparto la lista de buenos hábitos que desarrollé para implementar una rutina sana en la mañana y en la noche. Estos hábitos transformaron mi vida:

Rutina de la Mañana

1) Pasar la primera hora del día con El Señor:
   a) Orando
   b) Alabando
   c) Leyendo su palabra
   d) Quedándome en silencio para escucharlo

Este es mi alimento espiritual todos los días. Fortalece mi fe y me llena de gozo y de propósito para el resto del día.

2) Tomar agua de limón en ayunas:
   a) 1 vaso de agua (8 onzas)
   b) 2 cucharadas de vinagre de manzana
   c) 1 cucharada de semillas de chía

Tomo este vaso de agua cuando me levanto o media hora antes de desayunar. No solo me llena de energía natural en la mañana, sino que también me ayuda a concentrarme mejor durante el día. Está lleno de antioxidantes y omega 3 que es esencial para tu salud.

3) Revisar mi tablero de visión:
   a) Visualizo cada foto en mi tablero de visión y doy gracias a Dios por cada uno de mis sueños
   b) Declaro victoria sobre cada una de las promesas que Dios tiene en mi vida

Revisar mi tablero de visión no solo me llena de propósito para el resto del día sino que me motiva para lograr todo lo que El Señor me ha llamado a ser. Me ayuda diariamente a mantenerme enfocada en mis sueños y metas.

4) Hacer ejercicios por 30 minutos:

Sea salir a caminar, correr o hacer ejercicios de resistencia, el pasar 30 minutos haciendo ejercicios en la mañana me mantiene activa el resto del día.

5) Aprender algo nuevo:
   a) Escucho un libro audible o una prédica mientras me visto

Este hábito ha expandido mi conocimiento en muchas áreas de mi vida. Siempre aprendo algo nuevo todos los días y me ayuda a mantener mi mente y memoria activa.

6) Tomar un batido de vegetales y frutas antes del desayuno:

La comida más importante del día es el desayuno porque te llena de energía para el resto del día. Para complementar el desayuno, siempre lo acompaño con un batido de frutas y vegetales. No solo disfruto de la energía que me da para el resto del día, sino que también disfruto de los beneficios saludables que le provee a mi cuerpo diariamente.

Rutina de la noche

1) Planear el día siguiente:
   a. Escoger la ropa que voy a usar en la mañana
   b. Planear mi agenda con todos los quehaceres del día siguiente

Este hábito no solo me llena de paz en la mañana, sino que también me ayuda a ahorrar tiempo. Puedo enfocarme en mis quehaceres inmediatamente ya que se exactamente lo que debo hacer al ver mi calendario. ¡El éxito de tu día empieza desde la noche anterior!

2) Pasar 30 minutos con El Señor:
   a. Leer y meditar en Proverbios. Hay uno para cada día del mes.
   b. Escribir en mi diario 3 cosas por las que estoy agradecida con El Señor que pasaron durante el día

18

Pasar tiempo con El Señor antes de ir a dormir me ayuda a relajarme, cambiar mi perspectiva y terminar el día de una manera agradecida.

3) Ir a dormir y despertarme todos los días a la misma hora:
   a. Dormir mis 8 horas
   El hábito de ir a la cama y levantarme a la misma hora todos lo días, me ha llenado de más energía y mis niveles de concentración y enfoque han mejorado. Ya ni siquiera necesito de un despertador para levantarme en las mañanas ya que el mismo cuerpo me levanta todos los días.

Evalúa tus hábitos diarios y mira cuál de ellos puedes reemplazar con buenos hábitos. Establece una rutina diaria en la mañana y la noche; estas rutinas te llevarán día a día y paso a paso a llevar una vida exitosa. El éxito de tu día depende de cómo comienzas y terminas tu día.

Pasos Para Ser Una Mujer de Buenos Hábitos

Te estarás preguntando: "sé que debo incorporar buenos hábitos en mi vida y me siento inspirada para hacerlo, pero ¿cómo lo puedo lograr?"

Estos simples pasos me ayudaron a crear nuevos hábitos en mi vida que han estado conmigo hasta el día de hoy. Cuando quiero crear nuevos hábitos, vuelvo a incorporar estos pasos y ellos me ayudan a tener éxito.

Paso I

Identifica las áreas de tu vida dónde quieres incorporar buenos hábitos.

El primer paso es evaluar todas las áreas de tu vida e identificar qué áreas deseas cambiar. Todos tenemos las mismas áreas en la vida:

Espiritual: Tu relación con Dios.
Salud Física: Tu alimentación y actividad física.

19

Finanzas: Tu relación con el dinero.

Recreación: Tu tiempo de relajación y hacer lo que te gusta.

Social: Tu relación con tu familia, amigos, compañeros de trabajo y contigo misma.

Profesional: Tu carrera, trabajo, negocio u ocupación laboral.

Salud Mental: Tu crecimiento educacional.

Imagen y Estilo: Tu apariencia física, cómo te vistes y cómo te ves.

Empieza identificando sólo dos áreas en las que quieres trabajar primero y solo enfócate en ellas. Una vez hayas logrado reemplazar tus malos hábitos en esas dos áreas, entonces trabaja en otras dos.

Actividad:

Escribe las áreas en las que deseas trabajar:

Área 1 _____

Área 2 _____

Paso II

Sé clara y específica sobre el hábito que quieres desarrollar y escríbelo.

Una vez hayas identificado el área en la que deseas trabajar, evalúa los malos hábitos que ahora tienes en esa área. Haz una lista de los buenos hábitos con que quieres reemplazarlos. Sé clara y específica al escribir como quieres reemplazar tu mal hábito.

El secreto de tener éxito en crear buenos hábitos en tu vida, está en enfocarte y trabajar en solo dos hábitos a la vez. No intentes cambiar muchas cosas en tu vida a la misma vez. Lo único que lograrás, es desanimarte y abandonar tus nuevos hábitos y volver a lo que solías hacer. Solo pon todo tu empeño y esfuerzo en esos dos hábitos y verás que lo lograrás.

Actividad:

Escribe los hábitos que deseas remplazar (uno para cada área que elegiste):

Área 1 _____

Mal Hábito

_____

Buen Hábito

_____

Área 2 _____

Mal Hábito

_____

Buen Hábito

_____

Paso III

Empieza a trabajar en estos hábitos inmediatamente.

No esperes hasta el próximo mes para empezar a implementar estos nuevos hábitos. Si tú no empiezas inmediatamente, ¡nunca lo harás! Al tomar acción inmediata en tus buenos hábitos, le estás demostrando a tu mente y emociones que tú tienes control sobre ellos. Así que empieza hoy a reemplazar esos malos hábitos que no te están dejando avanzar a un nuevo nivel en tu vida.

Actividad:

Escribe la fecha y la hora en la que empezarás a implementar tus nuevos hábitos:

Área 1 _____

Buen Hábito _____

Fecha y Hora _____

Área 2 _____

Buen Hábito _____

Fecha y Hora _____

Paso IV

Busca apoyo y educa a las personas que te rodean sobre tu nuevo hábito.

La manera más rápida de implementar un hábito y tener éxito en ello, es buscar ayuda. Encuentra a alguien que haya tenido éxito en el hábito que estás buscando cambiar y pregúntale cómo lo logró. Presta atención a sus consejos he impleméntalos en tu vida cotidiana.

Educa también a las personas que te rodean sobre tu nuevo hábito. Déjales saber en qué estás trabajando y cuál es tu nueva meta. Esto te ayudará a recibir el apoyo de las personas que te rodean, lo que te ayudará a tener éxito en tu nueva trayectoria.

Actividad:

Completa las siguientes listas:

Hábito 1

Personas que han tenido éxito en este hábito:

_____   _____

_____   _____

Personas que me rodean y que necesito educar en mi nuevo hábito:

_____   _____

_____   _____

Hábito 2

Personas que han tenido éxito en este hábito:

_____   _____

_____   _____

Personas que me rodean y que necesito educar en mi nuevo hábito:

_____   _____

_____   _____

Paso V

Mantén tus buenos hábitos por 21 días.

Para que una acción se convierta en un hábito, debemos repetir esa acción alrededor de la misma hora todos los días por 21 días.

23

Por eso, es importante que repitas los hábitos que elegiste en la actividad anterior todos los días a la misma hora. Después de 21 días verás que esa acción se convertirá en hábito que harás automáticamente todos los días.

Actividad:

Marca con un visto (√) por 21 días las veces que has completado tu nuevo hábito:

Hábito I

Día:

Comienzo	Mitad	¡Meta Final!
☐☐☐☐☐☐☐	☐☐☐☐☐☐☐	☐☐☐☐☐
Enfócate en tu cambio	Motívate a seguir	¡Formaste un nuevo hábito!

Hábito II

Día:

Comienzo	Mitad	¡Meta Final!
☐☐☐☐☐☐☐	☐☐☐☐☐☐☐	☐☐☐☐☐
Enfócate en tu cambio	Motívate a seguir	¡Formaste un nuevo hábito!

Enfócate en tu nuevo hábito y no en lo que estás tratando de cambiar. Trabaja en ello un día a la vez. Esto te ayudará a seguir motivada cada día y a implementar el buen hábito en tu vida día a día.

Pensamientos Finales

Habrá días donde vas a sentir el deseo de volver a tus viejos hábitos. Yo he tenido días como esos, pero siempre recuerdo que El Señor me ha dado poder y dominio sobre mis sentimientos y acciones. La palabra nos dice en **2 Timoteo 1:7** *"Porque Dios nos ha dado un*

24

espíritu no de miedo, sino de poder, de amor y de dominio propio." Al recordar este verso, rápidamente tomo el control de mis sentimientos y acciones y me enfoco en mi nuevo hábito, abandonando así la idea de regresar al mal hábito.

No permitas que tus sentimientos voten por ti, siempre recuerda que tú tienes control sobre ellos. Mantén tu mirada siempre en la recompensa que vas a recibir. Piensa en lo bien que te vas a sentir una vez hayas logrado reemplazar tus malos hábitos por hábitos que te llevarán al éxito.

Cuando pensamos en la mujer virtuosa pensamos en esa mujer que practica buenos hábitos diariamente. Hábitos que no solo la benefician a ella, sino a su familia y a todos los que la rodean también.

Tú puedes ser esa mujer de buenos hábitos. Solo se requiere tener determinación y disciplina para reemplazar y trabajar en un hábito a la vez.

Sé Una Mujer Motivada

Isaías 41:10

Así que no temas, porque yo estoy contigo; no te angusties,
porque yo soy tu Dios. Te fortaleceré y te ayudaré;
te sostendré con mi diestra victoriosa.

¿Sabías que la motivación es una de las herramientas que te llevarán a alcanzar tus sueños y cumplir con todo lo que El Señor te ha llamado a hacer?

Una de las cosas que he experimentado en la vida, es que es muy fácil inspirarse a cumplir todos los deseos y llamados que hay en nuestro corazón, pero muy difícil mantenerse motivada para cumplirlos.

He aprendido que tú debes ser la porrista número uno de tus sueños y de todo lo que te propongas hacer. Ya sea cambiar tu estilo, conseguir otro trabajo o simplemente cambiar tu dieta, nadie va a estar más interesado en tu cambio o tus sueños que tú misma. Si esto es así, y sabemos que nosotras tenemos el mejor interés en nuestra propia vida para alcázar todo lo que Dios nos ha llamado a hacer; ¿por

26

qué nos desanimamos, perdemos la motivación y terminamos rindiéndonos tan rápidamente?

La respuesta es muy sencilla: el enemigo nunca tendrá el mejor interés que tu alcances todo lo que El Señor te ha llamado a hacer. Satanás intentará todo lo posible para evitar que logres alcanzar tus sueños y todo lo que te propongas. Una de las tentaciones más grandes que el enemigo siempre nos presenta, es la tentación de rendirnos. Nos muestra las mejores razones por las cuales no deberíamos seguir adelante y lo fácil que es rendirnos y volver atrás.

Lo que muchas de nosotras ignoramos es que, si continuamos perseverando en alcanzar lo que nos proponemos, veremos nuestros sueños y deseos convertirse en realidad. El ver ese sueño hecho realidad está a solo un paso; justo antes cuando decides rendirte. ¡No le des el gusto al enemigo de abandonar tus sueños y rendirte, sigue perseverando y lo lograrás!

Es tu responsabilidad mantenerte motivada

La historia de cómo El Señor me llamó a ministrar, es el mejor ejemplo para demostrarte como el mantenerte motivada es la clave para lograr todo lo que te propones.

Uno de mis sueños desde que era niña fue enseñar, pero no sabía qué. Mi clamor al Señor por años, fue que me revelara el llamado para mi vida, pero por mucho tiempo no escuche nada. Mi pasión se empezó a desarrollar cuando comencé a notar en las mujeres falta de autoestima y de confianza en ellas mismas. Luchando con problemas de sobrepeso, falta de organización y motivación para alcanzar todos sus sueños y lo que El Señor las había llamado a ser. Justo todo lo que El Señor había trabajado en mi por años.

Sabía que mi llamado era guiar y ayudar a las mujeres, pero no sabía cómo hacerlo. Esto me llevó a estudiar diferentes carreras como psicología, consultora de imagen & estilo y educadora de la vida cristiana (Christian Life Coach). Siempre pensando en cómo ayudar a las personas a alcanzar el próximo nivel. Mientras estudiaba, estaba trabajando en relaciones internacionales en una corporación en la ciudad de Nueva York. Carrera que me gustaba, pero sabía que no era el llamado de Dios para mi vida.

27

Recuerdo tanto una tarde, cuando sentada en mi oficina miré el reloj y eran las 3:00 de la tarde. Con un sentimiento de desesperación porque fueran ya las 5:00 para poder salir de allí, miré por la ventana al rio Hudson y me sentí totalmente perdida. Sentía un vacío profundo en mi corazón y me preguntaba ¿por qué es que no estoy siguiendo mis sueños? Lo que yo no sabía era que en ese mismo instante El Señor me estaba haciendo el llamado de dejarlo todo y empezar un ministerio para ayudar a mujeres en todo el mundo. Ayudarles a alcanzar sus sueños, vivir una vida balanceada y convertirse en todo lo que Él las había llamado a ser.

Recuerdo que esa tarde salí corriendo de la oficina y entré en una de las salas de conferencias y cerrada la puerta clamé al Señor. Sabía lo que Él había revelado en mi corazón, pero quería una confirmación ya que por muchos años había estado buscando el propósito para mi vida. No podía creer que en una tarde de otoño El Señor me haya hecho el llamado cuando menos lo esperaba.

Cuando El Señor me confirmó su llamado a empezar un ministerio, el enemigo llegó con todo lo que pudo para desanimarme, distraerme y tratar de hacer que me rindiera. Sentimientos de duda, miedo y frustración llegaron a atormentarme. Sin añadir que durante ese mismo tiempo mi esposo (Chris) había tomado la decisión de empezar su propio negocio y dejar también su trabajo en el mundo corporativo. Esto significaba que no íbamos a recibir un sueldo constante y requería de mucho riesgo financiero.

Durante el proceso de dejar todo lo que yo creía "era seguro en mi vida" y empezar el ministerio, reconocí que era mi responsabilidad pelear contra todos esos obstáculos que se presentaron. Recordar que no estaba sola, que El Señor estaba conmigo y establecer una serie de estrategias para no dejarme desanimar y mantenerme motivada para alcanzar todo lo que El Señor había puesto en mi corazón.

Recordé que *Dios no nos ha dado un espíritu de timidez, sino de poder, de amor y de dominio propio.* **2 Timoteo 1:7.** Dios me recordó que yo tenía todo lo que necesitaba para lograrlo. Sabía que nadie podría hacer por mí lo que El Señor había puesto en mi corazón. Sabía que era mi responsabilidad hacer esos sueños realidad, no rendirme y perseverar hasta lograrlo. Sabía que solo con la ayuda de Dios lo lograría, que si yo hacía lo natural Dios haría lo sobrenatural. Que los dos somos un equipo y yo debía ser obediente y hacer mi parte para que Él pudiera hacer la suya.

Entonces decidí no permitir que el enemigo robara mis sueños y manipulara mis pensamientos. No permití que las circunstancias determinarán el transcurso de mi vida, ¡no me rendí! Actualmente estoy manejando el ministerio a tiempo completo y escribiendo estas palabras de fe, aliento y fortaleza en este libro que El Señor ha diseñado para ti.

Sea lo que sea que El Señor te esté pidiendo que hagas, sé valiente y determinada; ¡No te rindas! ¡Mantente motivada y lo lograrás!

Pasos Para Ser Una Mujer Motivada

La clave para mantenerte motivada a completar cualquier acción, es una vez te sientas inspirada, toma acción inmediata. Esta regla se aplica a cualquier cosa que quieras hacer. Bien sea cambiar alguna área de tu vida, trabajar en algún sueño que El Señor te haya revelado o simplemente completar alguna tarea o quehacer en tu hogar.

Estas fueron las estrategias y pasos que me ayudaron (y actualmente me ayudan) a mantenerme motivada para lograr todo lo que El Señor pone en mi corazón.

Paso I

Mantén tu Espíritu bien alimentado.

Lee la palabra de Dios todos los días y memoriza versos de la Biblia. Haz una lista de todos aquellos versos de la palabra de Dios que te llenen de paz, motivación, gozo y fe. Recítalos cada vez que te sientas desmotivada. Esto te ayudará a mantener tu mente ocupada y podrás defenderte cada vez que el enemigo intente desmotivarte con pensamientos que no van de acuerdo con las promesas de Dios.

Mi versículo favorito que me ayudó mucho durante el proceso de dejarlo todo y empezar un ministerio es: **Isaías 41:10** "Así que no temas, porque yo estoy contigo; no te angusties, porque yo soy tu Dios.

29

Te fortaleceré y te ayudaré; te sostendré con mi diestra victoriosa." Cada vez que sentía miedo o desánimo para seguir adelante, recitaba este versículo en voz alta y mi motivación se restauraba. Este versículo es un recordatorio constante que El Señor está con nosotras y Él nos guía y nos ayuda donde quiera que vayamos.

Mantén tu mente activa y ocupada aprendiendo un versículo de la Biblia nuevo todos los días. Así no le darás oportunidad al enemigo a que llene tu mente con malos pensamientos. Si tú no mantienes tu mente activa y tienes el control de tus pensamientos, ellos empezarán a tomar decisiones por ti.

La palabra de Dios tiene poder; cuando tú conoces Sus promesas para tu vida y las recitas en voz alta (con autoridad y con fe) en el momento que las necesitas, tu ánimo y motivación para terminar lo que sea que necesitas terminar es inmediatamente restaurada. Así es que, empieza a buscar las promesas de Dios para tu vida, memorízalas y recítalas; serán tu mano derecha para alcanzar todo lo que te propongas.

Actividad:

Aquí hay una lista de algunas de las promesas de Dios para tu vida. Siempre me motivan y ayudan a recargar mis fuerzas. Escribe lo que te ministre El Señor en cada una para mantenerte motivada:

Isaías 41:10
Salmo 46:1-3
Juan 14:1
1 Pedro 5:6-7
Jeremías 17:7-8
Mateo 11:28-30
Josué 1:9
Romanos 8:28
Santiago 1:2-4
Filipenses 4:13
2 Corintios 4:7-8
Efesios 6:10
Nahúm 1:7
2 Corintios 5:17

Paso II

Busca ayuda.

Recuerda siempre que *nunca* estás sola, si estás pasando por algún momento difícil o te sientes desmotivada, ¡busca ayuda! El Señor siempre está contigo y está dispuesto a ayudarte, consolarte y renovar tus fuerzas. Cuando te sientas desmotivada, ¡corre a Dios!

El Señor también nos enseñó, la importancia de ponernos de acuerdo en oración con alguien más. Tener a alguien que ore con (y por) nosotras es fundamental para una recuperación rápida. *"Además les digo que, si dos de ustedes en la tierra se ponen de acuerdo sobre cualquier cosa que pidan, les será concedida por mi Padre que está en el cielo." **Mateo 18:19***

No sufras sola ni permitas que el enemigo robe tus sueños. Busca a alguien para compartir cómo te sientes y que te pueda apoyar en oración para salir del estado que estas. La mejor manera de hacer esto es identificando de antemano a esas personas que te pueden ayudar y que estarán dispuestas a orar contigo.

Debes estar preparada para cuando llegue el desánimo y los deseos de rendirte. Una vez tengas identificadas a las personas que te podrán ayudar y unirse contigo en oración, lo único que tendrás que hacer es llamarlas. Así que, identifica tus compañeras de oración ¡hoy mismo!

Actividad:

Identifica tres compañeras de oración con las que puedes contar para orar contigo en momentos de necesidad.

1. _____

2. _____

3. _____

31

Paso III

Mantén tus sueños a la vista.

Una vez hayas creado tu tablero de visión, lee como crear el tuyo en el capítulo 6: "Se Una Mujer de Visión". Mantén esas imágenes en un lugar donde las puedas ver todos los días. Estas imágenes serán un recordatorio constante de las promesas que Dios tiene para tu vida; la promesa de darte un futuro mejor.

Tu tablero de visión, te llenará de ánimo, propósito y motivación cada vez que lo veas. Sentirás el deseo de completar todo lo que tengas que hacer en el día para llevar esos sueños a cabo hasta el final. Mantenlo frente a tu escritorio en la oficina, al lado de tu cama para que sea lo primero que veas cuando te levantes, en tu teléfono y carga una copia en tu cartera. Lo importante es que tengas acceso a tu tablero de visión cuando lo necesites.

Cada vez que te sientas desmotivada, revisa tu tablero de visión y Dios te recordará todos los planes maravillosos que Dios tiene para ti.

Actividad:

1) Si no lo has completado todavía, lee el capítulo 6: "Se Una Mujer de Visión," y crea tu propio tablero de visión.

2) Identifica los lugares donde pondrás tu tablero de visión:

   a. _____

   b. _____

   c. _____

   d. _____

32

Paso IV

Mantén tu cuerpo fuerte.

Muchas de nosotras ignoramos la importancia de mantener nuestro cuerpo sano, fuerte y saludable. El mantener nuestro cuerpo saludable, nos ayudará a pelear la batalla del desánimo. Nuestra mente se sentirá renovada y tendremos las fuerzas necesarias para pelear la batalla.

La mejor manera de mantener nuestro cuerpo sano, fuerte y saludable es simplemente dándole lo que necesita. Si tú eres una de aquellas mujeres como yo, que mi excusa era el no saber cómo puedo mantener mi cuerpo sano y fuerte, aquí te doy algunas ideas:

a) Duerme 8 horas diarias.

b) Incorpora más frutas, verduras y vegetales en tu dieta.

c) Come a horas.

d) Toma por lo menos 8 vasos de agua al día.

e) Haz por lo menos 30 minutos de ejercicios diarios.

Incorporar estos hábitos saludables en tu vida, te llevarán a mantener tu cuerpo sano y fuerte, una actitud positiva y una mente sana y activa. Te llenarán de más energía natural para poder terminar todas las tareas que El Señor te ha llamado a completar.

Actividad:

1. Contesta las siguientes preguntas:

¿Estoy durmiendo 8 horas diarias? S/N

¿Estoy comiendo frutas, verduras y vegetales diariamente? S/N

¿Estoy comiendo a horas? S/N

¿Estoy bebiendo por lo menos 8 vasos de agua al día? S/N

¿Estoy haciendo por lo menos 30 minutos de ejercicios al día? S/N

2. Si tu respuesta fue NO a alguna de estas preguntas, lee el capítulo 1: "Sé Una Mujer de Buenos Hábitos," y comienza a implementar estos nuevos hábitos.

Paso V

Busca inspiración y motivación en otros.

Si tienes un sueño, una tarea o una meta que deseas alcanzar, en otras palabras, un plan para tu vida; encuentra a alguien que haya logrado llegar allí. Alguien que haya alcanzado lo que tú estás tratando de hacer. Busca a alguien con experiencia en lo que tú quieres alcanzar, alguien que tú admiras por su carácter y determinación para lograr lo que tú quieres realizar.

Una vez hayas escogido a esa persona, hazle las siguientes preguntas:

> ¿Cómo lograste llegar a dónde estás?
> ¿Qué pasos tomaste para tener éxito?
> ¿Qué hiciste para mantenerte motivada?
> ¿Podrías ser mi consejero?

Si la persona no está a tu alcance, entonces lee su biografía. Contesta estas preguntas y tenlas en cuenta para aplicar en el momento que necesites ser motivada.

Aprender cómo otras personas salieron adelante y enfrentaron todos los obstáculos que se les presentaron en el camino, especialmente en las áreas que tú quieres tener éxito, te dará las herramientas que necesitas para mantenerte motivada y lograr todo lo que te propongas.

Actividad:

1. Haz una lista de personas que han obtenido éxito en las áreas que te propusiste trabajar.

_____

_____

_____

_____

2. Escribe el plan para ponerte en contacto con ellas.

_____

_____

_____

Paso VI

Imagínate cómo te sentirías en un año si logras alcanzar tus sueños.

Piensa en los cambios que tendrá tu vida si no te rindes a los planes que El Señor ha puesto en tu corazón. Una de las cosas que me mantuvo motivada para no rendirme, fue el imaginarme lo diferente que sería mi vida en un año si seguía perseverando en el llamado que El Señor había hecho a mi vida.

Me enfoqué en ese sentimiento de propósito y de gozo que iba a sentir al ver todas mis metas realizadas en un año. El ver las vidas de muchas mujeres transformadas me mantuvo motivada día a día a seguir luchando. Aquí estoy, en menos de un año escribiendo un libro, que ayudará a mujeres alrededor del mundo a transformar sus vidas. Definitivamente ¡valió la pena!

Actividad:

1. Escribe una carta motivadora a tu futuro "yo" contestando las siguientes preguntas:

Si me mantengo motivada a seguir perseverando en este llamado:

¿Qué tan diferente sería mi vida en un año?
¿Dónde estaría?
¿Cómo ayudaría a otras personas (mi familia, amigos, compañeros, mi audiencia)?
¿Cómo me sentiría de haberlo logrado?
¿Quiénes se beneficiarían de esta decisión?
¿Qué pensaría Dios de mí?

2. Lee esta carta cada vez que te sientas desanimada.

Pensamientos Finales

¡Dios promueve la obediencia! Te lo digo como un testimonio en mi propia vida. Cada vez que tú eres obediente a Su llamado, Él te muestra un nuevo paso a tomar. Nunca me imaginé que el día que dije "SI" al Señor y empecé a trabajar en el ministerio, Él me llevaría tan rápidamente a lugares y experiencias que nunca había experimentado en mi vida.

Vale la pena mantenerte motivada y no rendirte a lo que El Señor te está pidiendo que hagas. Mantén tu enfoque en Él y verás lo fácil que será. Nada de lo que Dios te pida te quedará grande para lograr. Si Dios te está pidiendo cambiar tu dieta, empezar un negocio, limpiar tu escritorio o simplemente pasar más tiempo con Él, mantente motivada a terminar lo que Él te está pidiendo. Valora y obedece cualquier acción que Dios te pida que tomes, sin importar que tan pequeño tu creas que sea. Una vez completes el paso uno, El Señor te revelará el paso dos.

Estar motivada en todo lo haces es algo que, si tú practicas todos los días, se convertirá en un estilo de vida y lograrás alcanzar el éxito en todo lo que te propongas. Cambiará tu actitud ante la vida y te convertirás en un mentor para otras personas. Serás esa mujer que todos admiran por su destreza de alcanzar todo lo que se propone.

Dios te ha equipado para lograr todo lo que Él te pide que hagas, si lo crees, ya has ganado la batalla. Él te ayudará a ganar la guerra. ¡Mantente motivada y no te rindas!

36

Sé Una Mujer Que Todo Lo Puede Hacer

Capítulo 3:
Todo Lo Puede Hacer

Filipenses 4:13

Todo lo puedo en Cristo Jesús que me fortalece

¿Sabías que El Señor te ha equipado para lograr todo lo que Él te ha llamado a ser? No hay nada en la vida que El Señor nos pida que hagamos, que Él no nos prepare y equipe para lograrlo. Podemos estar seguras y tener nuestra confianza puesta en Dios, que Él nos ayuda y nos muestra cómo lograr todo lo que nos pide que hagamos.

El Señor nos promete que nunca nos pedirá nada que no podamos hacer: *"Ustedes no han sufrido ninguna tentación que no sea común al género humano. Pero Dios es fiel, y no permitirá que ustedes sean tentados más allá de lo que puedan aguantar. Más bien, cuando llegue la tentación, Él les dará también una salida a fin de que puedan resistir."* ***1 Corintios 10:13.*** Lo que quiere decir que no importa lo que se te presente en la vida, tú fuiste creada para ser vencedora y si lo crees llegarás muy lejos.

Toda acción que tomes en la vida comienza dando un primer paso. Una vez hayas completado ese paso, El Señor te revelará el paso

37

número dos. En muchas ocasiones de mi vida, he visto como El Señor paso a paso y poco a poco, revela lo que Él quiere que yo haga. Nuestra obediencia en completar el paso número uno, nos lleva a que Él nos revele el paso número dos. El proceso sigue hasta llegar a cumplir su voluntad y propósito para nuestras vidas.

En este proceso día a día y paso a paso, estamos creciendo y evolucionando. No solo nuestra fe y confianza crece en Él, sino que también vemos como cada día nos acercamos más y más al llamado que Dios tiene para nuestra vida. Una vez entendamos que todo lo podemos hacer en Su Nombre y que Él nos fortalece, nos equipa y nos da la sabiduría para completar cualquier cosa que se nos presente en la vida, nos llenamos de confianza y descansamos en Sus promesas.

Cuando entendemos y adoptamos esta promesa como propia y somos obedientes a cada paso que Dios nos pide que completemos, vemos nuestra vida avanzar, crecer y prosperar a pasos agigantados. Nuestras habilidades, destrezas y desempeños aumentan hasta que finalmente nos vemos convertidas en esas mujeres que todos admiran porque que todo lo pueden lograr; ¡característica que compone a la mujer virtuosa!

Paso a paso lograrás todo lo que te propongas

Durante mi vida y mi caminar con El Señor, he visto en múltiples ocasiones cómo mi obediencia me ha llevado a que El Señor rápidamente me promueva o revele los siguientes pasos a tomar. En el proceso, cuando pongo mi confianza en Dios, Él siempre me ayuda y me equipa para lograr todo lo que Él me pide.

Para explicar mejor este concepto, te voy a dar un ejemplo; desde hace muchos años, siempre he sentido en mi corazón el deseo de escribir un libro, pero nunca me sentí lista o preparada para hacerlo. Pensaba que necesitaba haber estudiado literatura, o haber tenido una experiencia traumática que causara a las personas curiosidad de querer leer mi libro. Siempre que volvía la idea o el deseo de escribir un libro terminaba frustrada y abandonando la idea de nuevo. Esto se repitió por muchos años.

38

Un día, el Señor puso en mi corazón el deseo de organizar mi escritorio y mantenerlo organizado por 21 días hasta que se convirtiera en un hábito. Suena como un paso simple y sin importancia o "fácil" de hacer, pero no debemos menospreciar y tomar por desapercibidos esos pequeños pasos. Si ignoramos esos mínimos pasos, los siguientes pasos no serán revelados ya que ese primer paso (por tan insignificante que parezca) es fundamental para tu éxito.

Este primer paso me llevó a estar más inspirada y a querer pasar más tiempo en mi escritorio. Me llevo a tener la capacidad de organizar mejor mis ideas, ser más creativa y poder escuchar más a Dios sin tener distracciones. Las ideas comenzaron a fluir más fácil y me sentía más motivada a completar mis tareas diarias. Después de haber logrado mantener mi escritorio organizado y hacerlo parte de mis buenos hábitos, El Señor me reveló el paso número dos.

Una tarde en el verano de 2015 sentada en mi escritorio, sentí el deseo de escribir todo lo que El Señor estaba poniendo en mi corazón en ese momento. Era una serie de ideas que nunca había experimentado antes en mi vida. Miré por la ventana y vi el día tan maravilloso que estaba haciendo. Tome un pizarrón, un marcador y me senté en el patio al lado de mi oficina para pasar un tiempo en silencio con El Señor para permitir que Él hablara a mi corazón. Palabras como "mujer feliz", "mujer organizada", "mujer que todo lo puede hacer", "mujer valiente" comenzaron a llenar mi pizarrón. Cuando termine de escribir, tenía una lista de 31 atributos y la palabra "mujer" unida a cada uno de ellas. Entonces vi como el número 31 empataba los números del día del mes. Durante esa época El Señor ya me había pedido hacer videos en YouTube y ayudar a mujeres semanalmente por medio de videos, a llevar vidas más balanceadas. Sentí en mi corazón crear un video diario por 31 días enseñándoles a las mujeres como podrían desarrollar todos estos atributos.

En el mes de octubre, estábamos celebrando nuestros 10 años de aniversario con Chris y decidimos pasar todo el mes en Europa. El Señor puso en mi corazón que debía filmar videos y compartir uno cada día. Justo el mes de octubre tenía 31 días. Aunque sabía que requeriría de mucho trabajo, esfuerzo, dedicación y sacrificio, fui obediente a lo que El Señor había puesto en mi corazón. Los videos fueron publicados diariamente por 31 días y eran alrededor de 3 minutos cada uno. Una vez este paso fue completado, El Señor me reveló el paso número tres.

39

Una de las líderes del grupo de mujeres en mi iglesia, vio los videos. Al reunirme con ella para tomarnos un café, me dijo que ella había sentido en su corazón cuando vio los videos enseñarlos a las mujeres de la iglesia; y me pidió si yo podría hacerlo. En ese momento sentí confirmación en mi corazón de lo que El Señor había puesto allí un par de días atrás. Con gozo y entusiasmo le dije que sí y comencé a preparar las clases que duraría 16 semanas enseñando por una hora y media todos los jueves.

Después de haber planeado las clases, sentí mucho gozo; pero el gozo duró poco tiempo. Me preguntaba si 16 semanas era mucho tiempo, si podía lograr hablar por hora y media cada jueves, sabiendo que mis videos habían sido de 3 minutos solamente. En otras palabras, la duda una vez más quiso distraerme del propósito de Dios en mi vida. Pero fui valiente y puse mi confianza en Dios; fui obediente y nunca fallé a ninguna de las clases. Dios siempre me utilizó como un instrumento para transformar vidas y nunca me faltó palabra en la hora y media que debía enseñar. Ocho semanas después de enseñar las clases, El Señor me reveló el siguiente paso.

Una noche sentada en mi escritorio revisando las clases, escuché la palabra "libro". Cerré mi puerta y guardé silencio para escuchar más claramente lo que pensé había escuchado. Como no lo escuche de nuevo, comencé a revisar las clases de nuevo. Me di cuenta que durante todo este proceso había estado escribiendo un libro. Dios ahora me estaba pidiendo que lo puliera y añadiera mis testimonios y mis vivencias para ayudar a despertar a esas mujeres virtuosas que hay en ellas. Ese libro que deseaba escribir durante años, El Señor me ayudó a conseguirlo dándome un paso a la vez. Mi obediencia y fidelidad en cada paso permitió que Él revelara el siguiente paso a seguir.

Hoy, desde un profundo estado de agradecimiento te escribo estas palabras ¡mujer virtuosa! para recordarte que tú también puedes lograr todo lo que te propongas. Simplemente escucha atenta lo que El Señor te pide que hagas y sé obediente y valiente en completarlo. Y verás que todo lo podrás lograr; ¡nada te quedará grande!

40

Pasos Para Ser Una Mujer Que Todo Lo Puede Hacer

Cuando El Señor pone el deseo en tu corazón de completar algo, el enemigo te va a poner resistencia. Al completar la tarea que Dios quiere que completes, vas a avanzar día a día en los planes que el Señor tiene para tu vida, y el enemigo sabe eso.

El enemigo, te va poner todos los obstáculos para evitar que cumplas con cada paso que El Señor te está dando. Te va a dar sueño, miedo, pereza, frustración, todos tus programas favoritos van a estar disponibles para ti ese día, todas las donas y pastelillos del mundo llegarán a tu disposición y harán lo posible para que te rindas.

Es allí cuando tienes que ser esa mujer determinada y decirle al enemigo ¡NO! Recordarle que él no tiene parte en tu vida y deberás tomar acción inmediata en lo que El Señor te está pidiendo que hagas.

Y yo no fui la excepción, en cada paso que El Señor me daba inmediatamente sentía miedos, dudas, sentí resistencia y tuve que tener determinación para lograr completar cada paso y así llegar a donde Dios me quería llevar.

Los siguientes pasos me ayudaron y continúan ayudándome cada vez que debo completar algo. Te ayudarán también a ti a completar las tareas o pasos que El Señor está poniendo en tu corazón:

Paso I

Ora en fe.

La oración es un arma muy poderosa que Dios nos ha dado para vencerlo todo. Cada vez que tengas algo que hacer y sientas resistencia, clama al Señor y pídele ayuda. *1 Tesalonicenses 5:16-18* dice: *"Estén siempre alegres y oren sin cesar, den gracias a Dios en toda situación porque esta es la voluntad para ustedes en Cristo Jesús."* El Señor siempre está dispuesto a ayudarte, a equiparte, a darte sabiduría en todo; lo único que tienes que hacer es pedírselo.

41

Jesús nos enseñó, *"...porque de cierto os digo, que si tuviereis fe como un grano de mostaza, diréis a este monte: Pásate de aquí allá y se pasará; y nada os será imposible."* **Mateo 17:20**. Solo debemos pedir al Señor con fe que nos ayude y él lo hará. En lugar de andar por la vida quejándote de todo lo que debes hacer o pensando negativamente que no podrás lograrlo, corre a tu Creador. Al orar con fe y sabiendo que Él te escucha y que va a ayudarte, te llenará de ánimo y fuerzas para lograr todo lo que necesitas lograr.

Estoy segura que en algún momento has sentido que sería más fácil rendirte y abandonar lo que El Señor ha puesto en tu corazón. Pero lo que siempre debes recordar, es que El Señor te ha equipado para hacerlo todo y mantener una buena actitud en el proceso. Cuando tu oras; el miedo se va, la pereza se va, el desánimo se va, la duda se va. Satanás no tiene cabida en tu vida y en lo que El Señor te ha llamado a hacer. El Señor te ha hecho más que vencedora, ora cuando sientas que la duda o el desánimo lleguen a tu vida y verás cómo tu Padre Celestial tomará acción y te dará la fuerzas y la sabiduría para vencerlo todo.

La oración tiene poder, tu milagro está al alcance de una oración llena de fe. Ora hasta obtener tu respuesta. ¡En Él somos más que vencedoras!

Actividad:

1. ¿Qué peticiones tienes para El Señor el día de hoy? ¡Escríbelas!

_____

_____

_____

_____

2. Ahora, ora con fe.

Paso II

Desata el poder de la adoración.

La oración representa guerra espiritual, pero la alabanza y adoración establecen ¡victoria espiritual!

Una de las maneras que el enemigo nos oprime es levantando dudas, incertidumbre, miedo, desánimo o problemas con las personas que son más cercanas a nosotros. Trata de distraernos como sea posible del llamado que Dios está haciendo a nuestras vidas o de las tareas y quehaceres del día a día.

Lo que muchas de nosotras ignoramos es el poder que hay en la adoración. Muchas de nosotras olvidamos alabar a Dios cuando enfrentamos adversidades y nos sentimos oprimidas. Una historia de la palabra de Dios que ministró mucho a mi vida fue la de Pablo y Silas cuando estaban en la prisión: ***Hechos 16: 25-26*** *"Pero a medianoche, orando Pablo y Silas, cantaban himnos a Dios; y los presos los oían. Entonces sobrevino de repente un gran terremoto, de tal manera que los cimientos de la cárcel se sacudían; y al instante se abrieron todas las puertas, y las cadenas de todos se soltaron."*

Cuando leí esta historia me puse a pensar, ¿cómo se sentían Pablo y Silas en esa celda? ¿Se sentían felices de estar presos y por eso alababan a Dios? Mi conclusión es que ellos alababan a Dios en medio de sus dolores y penas; en medio de sus opresiones y adversidades. Y cuando ellos hicieron eso, las cadenas se rompieron y quedaron libres. De la misma manera tu y yo podemos ser libres de las cadenas con las que el enemigo nos tiene atadas y ser liberadas de su opresión.

Cada vez que quieras iniciar una tarea que El Señor ha puesto en tu corazón, no importa lo difícil que sea, alaba en medio de la adversidad, así como pasó con Pablo y Silas. Las cadenas caerán y las puertas se abrirán. Ten una mentalidad guerrera y ponte de acuerdo con lo que Dios dice de ti. Durante esos momentos difíciles nosotros crecemos y con nuestra alabanza le demostramos al Señor que confiamos en Él. Cuando tú alabas al Señor, ¡el enemigo huye!

Cuando tu alabas se desatan bendiciones del cielo, algo dentro y fuera de ti se transforma. El Señor renueva tus fuerzas y te llena de

43

Su poder, gracia, sabiduría y favor en todo lo que haces. ¡Dios te libera de la opresión!

Actividad:

1. Haz una lista de las opresiones que no te dejan avanzar en el llamado de Dios para tu vida.

_____

_____

_____

_____

_____

2. Declara victoria sobre ellas y alaba a Dios, no importando cómo te sientas.

Paso III

Declara victoria.

Hay poder en tus palabras y todo lo que tú digas se convertirá en una manifestación en tu vida. Confiesa en voz alta que todo trabajará para tu bien y que Dios está en control. **Romanos 8:28** dice: "*Y sabemos que a los que aman a Dios, todas las cosas les ayudan a bien, esto es, a los que conforme a su propósito son llamados.*"

Asegúrate de que tus palabras siempre vayan de acuerdo con la palabra de Dios y con lo que tú le estás creyendo a Él para tu vida. Habla positivamente sin importar la situación o lo que ves. Recuerda que vivimos por fe y no por lo que vemos **2 Corintios 5:7**. La victoria en todo lo que hacemos comienza desde nuestras palabras y lo que confesamos con nuestra boca. Si tú dices que puedes hacerlo, entonces podrás hacerlo. Habla positivamente sin importar la situación por la que estés pasando, verás como tus palabras de fe influenciarán tus resultados.

Hablate a ti misma de manera correcta, si tú no lo haces, tus pensamientos lo harán por ti. Recuerda que cuando tú basas tu vida en la palabra del Señor, tú estás parada en tierra fértil y todo lo que hagas prosperará. En momentos difíciles, Él está contigo guiándote, dirigiéndote y ayudándote a crecer.

Cada vez que El Señor me revela un paso nuevo y no me siento en capacidad de completarlo, siempre digo en voz alta: *"Todo lo puedo en Cristo Jesús que me fortalece"* **Filipenses 4:13**. Y siempre logro completar todo lo que Él me pide que haga. Tú también puedes cambiar las circunstancias con tus actitudes y con tus palabras. Muéstrale al enemigo que él no tiene cabida en tu vida y que tú cuentas con el favor de Dios para alcanzar todo lo que te propones.

Actividad:

Escribe frases positivas que te dirás a ti misma de ahora en adelante:

_____

_____

_____

_____

_____

_____

_____

_____

Paso IV

Mantén una buena actitud y toma acción.

Cuando crees que El Señor tiene el control de tu vida en sus manos, tomarás acción inmediata y con una buena actitud en lo que Él te está pidiendo que hagas; sin importar las circunstancias. Esto lo aprendí en la historia de José *(Génesis 37-50)*. Sin importar las circunstancias o por lo que José estaba pasando, él siempre mantuvo una actitud positiva en todo lo que hacía y donde quiera que iba.

La gracia y el favor del Señor siempre acompañaban a José por su buena actitud. Pero lo que ayudó a José a mantener esa buena actitud, fue creer que Dios tenía el control y un plan maravilloso para su vida. A su vez, la buena actitud de José en todo lo que hacía le demostraba a Dios que su fe y esperanza estaban puestas sólo en El.

¿Te puedes imaginar que tan diferente hubiese sido la historia de José si él no hubiese tenido una buena actitud? ¿Crees que hubiese llegado a tener tanto poder en Egipto? ¿Crees que El favor y la gracia de Dios lo hubiese acompañado si su actitud hubiese sido diferente?

Mantener una buena actitud nos abre puertas donde quiera que vayamos, ya que la gracia y el favor de Dios siempre van con nosotras. Y eso solo se consigue creyendo diariamente y proclamando las promesas de Dios sobre nuestras vidas. Creyendo que en ÉL somos más que vencedoras. Día a día El Señor proporciona todo lo que necesitamos para tener éxito en las acciones que tomamos.

Recuerda que debes completar el paso uno para que Él te pueda revelar el paso dos. Hoy no estaría escribiéndote estas palabras en este libro, si no hubiera tenido una buena actitud y hubiese tomado acción en cada paso que El Señor reveló en mi corazón.

Actividad:

1. ¿Qué te ha estado pidiendo el Señor que hagas? ¡Escríbelo!

_____

_____

_____

_____

_____

2. Comienza a declarar victoria sobre esa lista de cosas que tienes que hacer y comienza a tomar acción en ellas. Elige un día y una hora exacta para tomar acción.

Pensamientos Finales

Decide qué tipo de día vas a tener cada mañana. Día a día te convertirás en lo que dices, piensas y en las acciones que tomas. Repite cada mañana:

"Este es el día que El Señor ha preparado para mí y seré valiente y más que vencedora en todo lo que haga. Hoy cumpliré todas las tareas que El Señor ha puesto a mi cargo sin temer a nada; pues Él me ha equipado y me da las fuerzas, sabiduría y todo lo que necesito para lograrlo.

¡El Señor va como poderoso gigante delante de mí! Estoy lista para cumplir todo lo que hoy se presente en mi camino ya que todo lo puedo en Cristo Jesús que me fortalece.

En El Nombre de Jesús, ¡Amén!"

Si te estás preguntando por qué no has escuchado o recibido dirección del Señor todavía. O si has sentido que estas clamado al Señor y Él no te ha contestado, pregúntate a ti misma: ¿Ya completé el paso número uno?

Recuerda que Él no te revelará el paso dos hasta que primero esté completo el paso número uno. Para muchas de nosotras el paso número uno es simplemente pasar más tiempo de _calidad_ con Él y cuando menos lo esperes comenzarás a recibir dirección.

Siempre presta atención a tu actitud. Cada vez que te encuentres diciendo algo negativo, cambia tu actitud y tus palabras inmediatamente. Ora, pídele al Señor que te dé sabiduría y fuerzas para lograr todo lo que te pide. Pon música de alabanza y repite constantemente: "Todo lo puedo en Cristo Jesús que me fortalece" y toma acción inmediata.

Siempre recuerda lo que tu Dios te dice: _"Mira que te mando que te esfuerces y seas valiente; no temas ni desmayes, porque Jehová tu Dios estará contigo en dondequiera que vayas." **Josué 1:9**_. Adopta estas palabras en tu vida y sigue perseverando. Poco a poco verás cómo te convertirás en esa mujer virtuosa que todo lo puede hacer.

48

Sé Una Mujer Audaz y Valiente

Capítulo 4:
Audaz y Valiente

Josué 1:9

"Mira que te mando que te esfuerces y seas valiente; no temas ni desmayes, porque Jehová tu Dios estará contigo en dondequiera que vayas."

El miedo es una herramienta poderosa que el enemigo usa para distraernos y robarnos los sueños y deseos que El señor tiene para nuestras vidas. Si lo permites, el miedo te puede llegar a paralizar y no dejarte avanzar en la vida. Te puede llegar a inmovilizar de tal manera que puedes afectar no sólo tu futuro sino el de las personas que te rodean.

Pero vencer nuestros miedos no es tan complicado como parece. Con años de práctica, he aprendido que tenemos el poder en nosotras de controlarlos. Una vez entendamos lo que el miedo es y aprendamos a identificar las diferentes clases de miedos, es más fácil poderlos controlar. También he aprendido que entre más te expones a ellos, más cómoda te sentirás cuando el miedo se presente de nuevo.

49

En este capítulo no aprenderás a evitar o a eliminar los miedos en tu vida, porque ellos siempre estarán presentes. Lo que aprenderás, es a ser esa mujer audaz y valiente. Ser audaz es poder identificar esos miedos rápidamente y buscar soluciones antes de que logren paralizarte. Y ser valiente es aprender a tomar acción sin importar como te sientas, creyendo plenamente que Dios moverá Su mano poderosa en el momento justo para ayudarte. En otras palabras, aprenderás a tomar acción, aunque el miedo esté presente.

El miedo es solo un sentimiento y tu puedes controlarlo

Tengo muchas historias para contarte donde tuve la oportunidad de aprender a identificar, manejar y vencer mis miedos. Algunas historias son simples y otras mucho más delicadas. Cada una de ellas me guiaron a ser esa mujer audaz y valiente que el Señor necesita que yo sea, para cumplir todo lo que Él me ha llamado a hacer en la tierra.

Algunas de estas historias fueron:

- Sobrevivir y manejar el pánico que se siente al estar en medio de una balacera entre policías y ladrones en mi ciudad natal.
- Salir adelante en un país donde no hablaba el idioma ni comprendía la cultura.
- Obedecer el llamado del Señor y depender de Él al 100% dejando mi trabajo y dedicándome a tiempo completo al ministerio.
- Vencer el miedo a hablar en público no solo en mi idioma sino en varios.
- Perder el miedo a las abejas.

Y la lista sigue y sigue...

Pero esta historia en particular que te voy a contar, cambió mi vida y la manera que enfrenté mis miedos por completo. Aprendí rápidamente a reconocer que el Señor está en control de mi vida y Él solo me pide que sea valiente y tome acción. Me enseñó que yo solo debía hacer lo natural y Él se encargaría de lo sobrenatural.

50

Era una noche oscura y fría en la ciudad de Bogotá. Yo tendría alrededor de 16 años y salí del colegio de mi práctica de vóleibol. Tomé un bus, alrededor de las 7:00 de la noche para ir a mi casa, y poco a poco el bus empezó a desocuparse. Cuando vi que las últimas personas se estaban bajando, decidí bajarme también porque no me dio confianza quedarme sola en el bus con el conductor.

Me bajé unas cuadras antes de llegar a mi casa y la única manera de atravesar la cuadra era pasando por un callejón oscuro y estrecho. En esos días habían anunciado en el periódico una tragedia terrible que había sucedido a una adolecente cerca de mi barrio. Ella fue violada y asesinada de una manera cruel. Te cuento esto para que veas la gravedad de la situación en ese momento y el pánico que yo llevaba al saber que tenía que pasar por ese callejón oscuro. Nunca en mi vida había experimentado tanto miedo como ese día.

Cuando iba en la mitad del callejón, que era como de cinco cuadras de largo, vi a un hombre que venía en la misma acera que la mía. Se veía bien vestido y no le di mucha importancia. Cuando él pasó por mi lado, al dar como unos 10 pasos más, algo me hizo voltear a mirar hacia atrás. Vi que el hombre se había devuelto y venía a paso apresurado hacia mí. Entre más yo aceleraba el paso él más lo aceleraba también. De un momento a otro sentí un pánico que me paralizó por completo.

En ese momento el hombre pasó corriendo por mi lado y me empujó sobre una reja la cual me hizo rebotar e hizo caer mi balón de voleibol la cual rodó hacia la calle. El hombre se paró a unos cuantos centímetros de mí, yo estaba temblando y sin saber qué hacer. Lo único que a mi mente se le ocurrió fue ir y recoger el balón, mientras sentía la mirada de maldad de ese hombre sobre mí.

Mientras fui a recoger el balón, lo único que clamaba era a Dios que me protegiera y que me diera fuerza y sabiduría para salir de esa situación.

Clamé al Señor con todas mis fuerzas y comencé a repetir en mi mente el *Salmo 91.*

De un momento a otro, sentí que una fuerza inexplicable se apoderó de mí. Todo miedo que sentía fue eliminado en ese momento. Recogí mi balón con autoridad, y comencé a caminar hacia ese hombre

51

con seguridad, sin temor y mirándolo fijo a los ojos. Sabía que él no podía tocar ni hacer daño a una hija de Dios. Mi fe en ese momento fue tan grande que ese hombre y el mundo me quedaban pequeños. La verdad no sabía que iba a hacer ni que le iba a decir o que iba a pasar cuando llegara al frente de él. Lo que sí sabía era que Dios me iba a proteger y de allí iba a salir bien librada.

Cuando ya estaba a pocos pasos de distancia, pude ver en el hombre una sonrisa de maldad y en sus ojos se veía su inestabilidad mental. Cuando de repente algo detrás de mí hizo que él quitara su mirada de mí y la fijara hacia algo arriba de mi cabeza. Algo como unos tres metros de alto estaba detrás de mí. Inmediatamente puso cara de terror y lo único que hizo fue dar la vuelta y salir corriendo.

Inmediatamente miré hacia atrás y no vi nada. Pero sabía que el Señor había enviado Sus ángeles a protegerme esa noche, en ese lugar y de ese hombre. Salí corriendo a mi casa y cuando llegué encontré a mi mamá muy angustiada y me preguntó si estaba bien. Me dijo que El Señor le había puesto en su corazón orar por mí, y ella fue obediente y lo hizo inmediatamente. Después de contarle lo ocurrido, con lágrimas de agradecimiento y gozo dimos gracias a Dios por ser nuestro protector y por amarnos como solo Él nos puede amar.

¡Gracias mi Rey una vez más por cómo nos amas y por lo que hiciste por mi esa noche y lo que haces por mi cada día!

A partir de esa noche, aprendí que con Dios no tenemos *NADA* que temer. Y siempre me refugio en sus palabras: *"Mira que te mando que te esfuerces y seas valiente; no temas ni desmayes, porque Jehová tu Dios estará contigo en dondequiera que vayas."* **Josué 1:9.** ¡**AMEN!**

¿Qué es el Miedo?

Lo primero que debemos reconocer y lo que mi historia me enseñó es que la medicina para el miedo es nuestra fe. Cuando tenemos y activamos nuestra fe recibimos fuerzas sobrenaturales del Señor para desafiar cualquier cosa que se presente.

El significado del diccionario de la palabra miedo es: "Una *sensación* angustiosa del cuerpo que te pone alerta, ya que piensa que algo *imaginario* está a punto de pasar." De acuerdo a esta definición, el miedo es causado por nuestra imaginación. Este sentimiento es una alerta al cuerpo para evitar que sientas dolor, causándote aún mucho más dolor.

Somos humanos y todos vamos a sentir miedo de vez en cuando. Lo importante es no permitir que el miedo tome control de nosotros, sino nosotros controlar el miedo, y así no afecte nuestras decisiones; o nos paralice de manera que el enemigo pueda tomar control.

Cuando tomas acción en lo que El Señor te está llamando a hacer no importando lo que estés sintiendo, eres catalogada como una mujer audaz y valiente. Recuerda que el Señor nos dice: *"Y ustedes no recibieron un espíritu que de nuevo los esclavice al miedo, sino el Espíritu que los adopta como hijos y les permite clamar: ¡Abba! ¡Padre!"* **Romanos 8:15.** ¡Adopta ese espíritu de valentía!

Identifica tu zona de confort

Te mencionaba anteriormente que tú puedes dominar el miedo si aprendes a identificarlo, entre más entiendes cómo funciona más lo podrás dominar. Una de las áreas que más nos causa miedos es salirnos de nuestra zona de confort.

Puedes imaginar tu zona de confort como un círculo, y dentro de ese círculo estás tú y todo aquello que te hace sentir cómoda. El tipo de trabajo que haces todos los días, las amistades que tienes, tu rutina diaria, los alimentos que comes diariamente, el país donde vives y hasta el idioma que hablas está en tu zona de confort.

Cuando estamos expuestos a salirnos de nuestro círculo o zona de confort experimentamos tres tipos de miedos:

MIEDO 1: *El miedo a perder algo que amamos*

Este tipo de miedo ocurre cuando debemos hacer algo que requiere que dejemos o abandonemos algo en el proceso. Puede ser el miedo a perder amigos, dinero, reputación, comodidad o simplemente comidas que te gusten en el caso de empezar una dieta. Cuando

53

experimentamos este tipo de miedo, nos dejamos paralizar por él y no cambiamos.

SOLUCIÓN 1: *Envés de pensar en las cosas o personas que podrás perder enfócate en lo que vas a ganar.*

Piensa en los nuevos amigos que vas a conocer. En las nuevas oportunidades que vendrán con ese cambio o en el sentimiento que tendrás cuando te pares en la pesa y veas esos números bajar. Entenderás que valió la pena.

MIEDO 2: *El miedo al proceso que tendremos que pasar.*

Este tipo de miedo surge cuando se nos pide hacer algo complicado o que requiere de mucha logística o tiempo. Surge el miedo de tener que trabajar más duro, el tiempo que nos tomará, los pasos que tendremos que seguir y finalmente el miedo al fracaso que podríamos experimentar durante el proceso. Entonces no tomamos acción, nos paralizamos y no cambiamos.

SOLUCIÓN 2: *Piensa en el resultado final.*

Envés de pensar en que tan difícil será el proceso, enfócate en que El Señor está contigo y que Él te equipa y te ayuda. Pon toda tu confianza en Dios y no en tus propias habilidades. Enfócate en el resultado final y lo bien que te sentirás una vez hayas completado lo que te propusiste.

MIEDO 3: *El miedo al no ver un cambio.*

Pensamos: ¿Qué tal si el resultado final no es lo que esperaba? ¿Si después de tanto esfuerzo no hay cambio? ¿Qué tal si fracasamos? Entonces nos dejamos envolver por estas preguntas y decidimos abandonar nuestras ideas y no cambiamos.

SOLUCIÓN 3: *Piensa en los beneficios que te traerán las acciones que vas a tomar.*

Te garantizo que si estás tomando acciones positivas y diferentes en tu vida, verás un cambio positivo. Si has puesto todas tus decisiones en las manos de Dios, Él dirigirá tus pasos y todo lo que hagas prosperará. ¡Así es que no hay nada que temer!

54

Las veces que más he sentido la mano de Dios moverse poderosamente en mi vida, ha sido en los momentos que he salido de mi zona de confort. He sentido cómo el Señor me carga en sus poderosas manos. Esto se debe a que tengo TODA mi confianza puesta en Él y no en mis habilidades. Cuando estamos fuera de nuestra zona de confort nos sentimos vulnerables y es allí donde constantemente estamos clamando a Dios por su ayuda y guía. Aprendí a amar el estar fuera de mi zona de confort ya que se es allí donde mi dependencia total está en Dios.

Pasos Para Ser Una Mujer Audaz y Valiente

El Señor mandará sus ángeles a ti, para que te cuiden en todos tus caminos. Ellos te llevarán en sus brazos, y no tropezarán tus pies con ninguna piedra.
Salmos 91:11-12

Paso I

Confía en Dios y sus promesas.

¿Sabes qué dice Dios de tu futuro? ¿Conoces Sus promesas para tu vida? ¿Sabes que dice El Señor de ti? ¿Quién dice Él que eres?

Es tu responsabilidad saber la respuesta a cada una de estas preguntas. Estas respuestas son tu arma poderosa contra el enemigo y sus mentiras. Es tu arma poderosa para vencer el miedo y todo lo que se te presente en el camino que no vaya de acuerdo con la palabra de Dios.

Proverbios 3:5 dice: *"Confía en El Señor de todo corazón y no en tu propia inteligencia."* Nuestra confianza viene del Señor. Cuando conocemos bien Su palabra, estamos plantadas en tierra firme y fértil donde el enemigo no puede derrumbarnos.

¿Quieres vencer el miedo en tu vida? ¡Escudriña la palabra de Dios y confía en Sus promesas!

Actividad:

Contesta cada una de las preguntas anteriores y si no sabes la respuesta empieza a escudriñar la palabra de Dios hasta encontrarlas:

¿Sabes qué dice Dios de tu futuro?

_____

_____

_____

_____

¿Conoces las promesas de Dios para tu vida, cuáles son?

_____

_____

_____

_____

¿Sabes qué dice El Señor de ti? ¿Quién dice Él que eres?

_____

_____

_____

_____

56

Paso II

No permitas que el miedo tome raíz en tu vida.

La mejor manera de evitar que el miedo tome raíz en tu vida es dejar de pensar tanto. No pienses ni medites en lo que el enemigo está poniendo en tu mente. ¡Pelea! Piensa y medita solamente en lo que Dios dice de ti y en Sus promesas. Grita ¡NO! a las mentiras del enemigo.

Jesús nos dejó una enseñanza poderosa en **Marcos 4:40** acerca del miedo. Los discípulos y Jesús estaban en la barca y llegó una tormenta terrible que casi volcaba la canoa, pero Jesús dormía. Desesperados y muy asustados, los discípulos despertaron a Jesús pidiéndole ayuda. A lo que Jesús les contestó: "¿Por qué tienen tanto miedo? ¿Todavía no tienen fe?" Y con Su paz que lo caracterizaba pudo calmar las aguas.

¡No permitas que las tormentas de la vida roben tu paz, medita en tu fe y no en tus miedos!

Actividad:

1. Identifica 3 acciones en las cuales no has podido tomar acción debido a que el miedo te tiene paralizada. Por ejemplo: tomar una clase, empezar un negocio, poner tus cuentas al día o simplemente compartir la palabra del Señor con otras personas.

    a) _____
       –

    b) _____
       –

    c) _____
       –

2. Identifica qué tipo de miedo estás experimentando en cada una de ellas: Miedo a perder algo, miedo al proceso que tendrás que

57

pasar o miedo a no ver un cambio al final. Aplica la solución que aprendiste para cada uno de esos miedos.

a) _____

_

b) _____

_

c) _____

_

3. Contesta para cada una de ellas: ¿De qué bendiciones me estoy perdiendo por no tomar acción?

a) _____

___

b) _____

___

c) _____

___

4. Visualiza un resultado positivo para cada uno de la lista.

Paso III

Ten cuidado con lo que permites que entre a tu mente.

Mateo 6:22 nos dice: *"El ojo es la lámpara del cuerpo. Por tanto, si tu visión es clara, todo tu ser disfrutara de luz."* Una de las enseñanzas que ministró a mi esta palabra, es que debo tener mucho cuidado con lo que permito que entre por mis ojos.

Diariamente, alimentamos nuestra mente y pensamientos con lo que vemos y oímos. Debemos estar siempre atentos a qué clase de información le estamos permitiendo a nuestra mente meditar y procesar. Si los mensajes que recibimos diariamente son claros, sanos y educativos, de la misma manera disfrutaremos de pensamientos claros, sanos y educativos. Si te estás alimentando diariamente con la

58

palabra de Dios, verás como disfrutarás de una mente sana y podrás dominar todo aquello que venga del enemigo. Esto se reflejará en tus acciones y decisiones diarias.

Actividad:

Contesta las siguientes preguntas:

¿Con qué estoy alimentando mi mente todos los días?

_____

_____

_____

¿Son estas respuestas beneficiosas para mi mente y espíritu?

_____

_____

_____

¿Cómo puedo cambiar lo que no es beneficioso?

_____

_____

_____

Paso IV

Se cuidadosa a quien le permites entrar a tu círculo.

¿Sabías que eres el resultado de las 5 personas con las que compartes más tiempo? Asegúrate que en tu círculo de amistades estés rodeada de personas que te alimenten de la palabra de Dios, que sean positivas y que sean buenos consejeros para tu vida.

59

Proverbios 27:17 nos enseña: *"El hierro se afila con el hierro, y el hombre en el trato con el hombre"*. Asegúrate de que las personas que componen tu círculo de amistades son personas que te pulen y te ayudan a ser cada vez mejor. Que sean amistades que no alimenten tus miedos, sino por el contrario que te motiven y te recuerden que tienes un Dios y que para Él nada es imposible.

Las personas que te rodean pueden ayudarte a cumplir con El llamado que Dios tiene para tu vida. También pueden desanimarte y hacerte dudar de lo que ya El Señor te ha pedido que hagas. Así que examina tu círculo de amistades y ten cuidado a quien le permites entrar a tu círculo.

Actividad:

1. Haz una lista de las 5 personas con las que más pasas tu tiempo.

   a) _____

   b) _____

   c) _____

   d) _____

   e) _____

2. ¿Qué tipo de influencia tienen estas personas sobre ti?

   a) _____

   b) _____

   c) _____

   d) _____

   e) _____

Paso V

Toma pasos en fe, aunque tengas miedo.

*"No es que nos consideremos competentes en nosotros mismos. Nuestra capacidad viene de Dios." **2 Corintios 3:5*** Cuando pones tu fe y tu confianza en Dios y no en tus propias capacidades, entiendes que desde que tu hagas lo natural, Dios se encargará de hacer lo sobrenatural. En otras palabras, desde que tu hagas todo lo que está a tu alcance, el Señor hará el resto.

Recuerda siempre lo que Dios te dice en estas palabras, las cuales las recuerdo cada vez que el miedo trata de dominarme de nuevo:

*"Yo soy el Señor, tu Dios, que sostiene tu mano derecha; yo soy quien te dice: 'No temas, yo te ayudaré.'" **Isaías 41:13***

¡Cree esta promesa del Señor y toma acción ahora!

Actividad:

Haz una lista de las acciones que tomarás en fe ahora. ¡Mujer audaz y valiente!

_____

_____

_____

_____

_____

_____

_____

_____

61

Pensamientos Finales

A partir de esa experiencia que tuve a los 16 años en ese callejón oscuro y frío, aprendí a elegir entre el pánico y la fe. Entendí que mi fe permite que El Señor actúe en mi vida, y el miedo permite que el enemigo paralice mi vida.

¡No le huyas al miedo! ¡No permitas que te paralice! ¡Confrontalo! ¡Toma tu medicina diaria de la fe! Debes aprender a mirar al miedo a los ojos como yo lo hice esa noche y creer que Dios te respalda. No permitas que el enemigo te atormente con el miedo. No pierdas tu enfoque, recuerda que el miedo es solo una distracción del enemigo para impedir que logres lo que El Señor quiere lograr en ti.

Esa noche pude haber sido una estadística más, pero mi obediencia y valentía me llevó a ser un testimonio más ¡para la gloria de Dios! Recuerda que Dios siempre está contigo. Esto te da la autoridad de ser esa mujer virtuosa que es audaz y valiente para dominar todos sus miedos.

¡Toma tu medicina de fe y espera lo que el Señor va a hacer por ti!

Sé Una Mujer de "Ahora" Sin Dejar Para Mañana

Capítulo 5: Obediente

Salmos 90:12
Enséñanos a contar bien nuestros días,
para que nuestro corazón adquiera sabiduría.

Estoy muy cansada, tengo calor, tengo hambre, me duele una muela y la lista de excusas sigue y sigue. Hacemos lo que sea posible para dejar para mañana lo que, sabemos, podemos hacer ya. Lo que muchas de nosotras olvidamos es que ese mañana quizás nunca llegue.

Salmos 90:12 siempre ministra de una manera poderosa mi vida. Siempre me recuerda lo corta que es la vida y lo sabias qué debemos ser al manejar nuestro tiempo. Debemos entender que entre más dejemos para mañana las tareas que El Señor nos está confiando hoy, más tarde veremos nuestros sueños y deseos hacerse realidad.

El procrastinar, es el enemigo número uno para evitar que seas una mujer de ahora y alcanzar los planes que Dios tiene para tu vida.

63

Proverbios 6:4 nos dice: *"No permitas que se duerman tus ojos; no dejes que tus párpados se cierren."* Mantente alerta para identificar cuando el pensamiento de "procrastinar" toque a tu puerta.

Es un mal hábito el creer que tendremos suficiente tiempo mañana para terminar lo que El Señor nos está pidiendo que hagamos hoy. El momento de empezar lo que Dios ha puesto en tu corazón es YA. No le des cabida a las excusas, si Dios te está haciendo un llamado a terminar o empezar algo es porque Él ya te ha equipado para lograrlo. No pienses mucho, en vez de pensar cuanto tiempo te tomará terminarlo o que tan grande es lo que tienes que hacer, toma acción inmediatamente. ¡Cuando tu desperdicias tu día, estás desperdiciando tu vida!

Tu tienes el control de tu tiempo y tus acciones

Después de varios meses, cansada de darle vueltas y vueltas a la lista de ventajas y desventajas para empezar lo que El Señor había puesto en mi corazón, me di cuenta que lo único que estaba haciendo era procrastinar Su llamado a mi vida.

Unas semanas después de que El Señor me llamó a empezar el ministerio, Él puso en mi corazón compartir con mujeres las herramientas que las llevaría a disfrutar de una vida más balanceada, alcanzar sus sueños y convertirse en todo lo que Él las había llamado a ser. El problema es que lo que Él puso en mi corazón fue crear un canal en YouTube, filmar videos y hablar sobre todas las áreas de la vida cada semana.

Al principio, me sentí muy entusiasmada, pero pronto ese entusiasmo se desvaneció cuando comencé a ver la magnitud del proyecto y lo que se requeriría para sacarlo adelante. Fue allí cuando en vez de tomar acción, lo que hice fue una lista de ventajas y desventajas. Yo estaba esperando que El Señor confirmara que era demasiado trabajo y que, debido a la falta de tiempo, no era necesario hacerlo.

Cada día Él me recordaba lo que había puesto en mi corazón, pero yo corría de nuevo a mi lista de excusas. Yo le recordaba que no había suficientes horas en el día para completarlo; y así pasaron meses.

64

Todo este tiempo pasó, ignorando la bendición tan grande que había detrás de Su llamado.

Un día, leyendo la palabra del Señor, Él habló a mi corazón de tal manera que ese mismo día dejé todas mis excusas a un lado y paré de procrastinar. El Señor me mostró en **Eclesiastés 11:4** *"Quién vigila al viento, no siembra; quien contempla las nubes, no cosecha."* Entendí inmediatamente que solo estaba contemplando las nubes y esperando el tiempo perfecto para empezar. Ese tiempo perfecto era YA si quería cosechar. Este versículo cambió por completo mi percepción ante la idea de procrastinar. Ahora, cada vez que quiero procrastinar, me acuerdo de este versículo y tomó acción inmediata.

Ese mismo día tome control de mi tiempo, dejé las excusas a un lado y tome acción inmediata a lo que Él me estaba pidiendo hacer. Al analizar la magnitud del proyecto, rápidamente entendí que lo que me estaba haciendo procrastinar era el no saber por dónde empezar. En los pasos que compartiré contigo más adelante, te mostraré cómo el Señor me enseñó a ser una mujer de ahora paso a paso y cómo me ministró en el proceso.

La mayoría de las veces el motivo número uno por el cual sentimos el deseo de procrastinar, es porque lo único que vemos es un elefante GIGANTE que no sabemos cómo manejarlo. Y era así cómo veía el empezar un canal y publicar un video cada semana. Así que empecé por hacer una lista de todos los pasos que necesitaría tomar; en otras palabras, partí ese elefante en pedacitos pequeños. Luego, puse en mi calendario esos pasos que debía tomar y los dividí en pequeñas metas diarias, que pudiera cumplir cada día. Y finalmente me enfoqué en un paso y en un día a la vez.

En un par de semanas, ya tenía listo el canal, los videos y una estrategia clara para poder mantenerlo cada semana. Nunca me imaginé que en el momento que obedecí al Señor y tomé acción, comencé a ver vidas transformadas. Los testimonios que he recibido de las mujeres que han sido tocadas por medio de mis videos, es sorprendente e inspirador. Esto me ayudó a darme cuenta de la importancia de ser una mujer de ahora y tomar acción inmediata a lo que El Señor pone en nuestro corazón.

Sea que estés dejando para mañana empezar esa dieta, comenzar un negocio, regístrate para esa clase o simplemente hacer esa llamada, con procrastinar lo único que estás logrando es retrasar tu bendición y los planes que El Señor tiene para tu vida.

¿Qué te está pidiendo El Señor que hagas hoy? ¡Empieza YA!

Pasos Para Ser Una Mujer de "Ahora" Sin Dejar Nada para Mañana

A continuación, quiero compartir contigo los pasos que El Señor me ministró durante el proceso de empezar el ministerio y todo lo que lo compone. Estos pasos transformaron mi vida, ya que me motivan a tomar acción inmediata convirtiéndome en una mujer de ahora sin dejar nada para el mañana.

¡Estos pasos te ayudarán a parar de procrastinar en tu vida y cumplir con todo lo que Dios te ha llamado a hacer!

Paso I

Decide que eres una mujer que toma acción inmediata.

Este paso es fundamental para tu éxito en convertirte en una mujer que toma acción inmediata. Todo empieza con la manera que te vez y lo que te dices a ti misma. Toma la decisión hoy; tú tienes el poder de ser una mujer de "ahora".

El Señor nos dice en Su palabra: *"Someteos, pues, a Dios; resistid al diablo, y huirá de vosotros."* **Santiago 4:7**. Bájale el volumen a la voz que te dice que dejes para mañana lo que el Señor te pide que hagas, y súbele el volumen a la voz de Dios y lo que te está pidiendo que hagas hoy. El Señor siempre recompensa a quien lo obedece.

Decide resistir a la tentación de dejar para mañana lo que puedes hacer ya, ¡y el enemigo huirá!

Actividad:

Haz una lista de tres cosas que El Señor te haya pedido que tomes acción inmediata.

1. _____

2. _____

3. _____

Paso II

Divide la tarea en pasos pequeños.

Durante el tiempo que descubrí la magnitud de los proyectos que El Señor estaba poniendo en mi corazón para completar, me llegué a sentir muy estresada y sin saber por dónde comenzar. Sentimientos que me llevaban a procrastinar.

Una mañana, El Señor me enseñó cómo manejar momentos como esos. Me llevó a **Génesis 1** *"Dios, en el principio, creó los cielos y la tierra. La tierra era un caos total, las tinieblas cubrían el abismo, y el Espíritu de Dios iba y venía sobre la superficie de las aguas. Y dijo Dios: '¡Que exista la luz!' Y la luz llegó a existir. Dios consideró que la luz era buena y la separó de las tinieblas. A la luz la llamó día, y a las tinieblas, noche. Y vino la noche, y llegó la mañana: ése fue el primer día."* Cuántas veces había leído Génesis y esa mañana Él habló a mi necesidad.

Al principio la tierra era un caos, nada de lo que hoy existe, existía. Justo como estaban todos aquellos proyectos que debía comenzar. Pero El Señor separó toda la creación en pasos pequeños y a cada día le asignó una tarea. Dios solo se enfocaba en una tarea y en un día a la vez. Así, en 6 días creó el mundo y todo lo que lo compone.

Siguiendo el ejemplo de Dios, estos fueron los pasos exactos que tomé para traer orden a ese caos y esos proyectos; tomando pasos pequeños. Pasos que me llevaron a tomar acción inmediata ya que no

67

los veía imposibles de alcanzar sino fáciles de lograr. En otras palabras, tomé ese elefante gigante y lo partí en pedazos pequeños donde ya no me pudo intimidar más. Si en algún momento uno de esos pedazos se convertía en otro elefante, simplemente lo partía en pasos prácticos otra vez. Luego como El Señor me mostró, puse esos pasos en mi calendario para trabajar en ellos, un día a la vez.

¡Ahora es tu turno!

Actividad:

Toma la lista que creaste en el paso I y parte ese elefante en pasos prácticos. Haz una lista de todo lo que tendrás que hacer para completar cada tarea.

Para tomar acción:

1. _____

Pasos prácticos:

    a) _____

    b) _____

    c) _____

    d) _____

    e) _____

Para tomar acción:

2. _____

Pasos prácticos:

    a) _____

    b) _____

    c) _____

    d) _____

    e) _____

68

Para tomar acción:

3. _____

Pasos prácticos:

    a) _____

    b) _____

    c) _____

    d) _____

    e) _____

Paso III

Comienza con lo más fácil y lo que te gusta.

El versículo más inspirador para mí que siempre me lleva a tomar acción inmediata es: **Eclesiastés 11:4** *"Quién vigila al viento, no siembra; quien contempla las nubes, no cosecha"*. Pero la parte más difícil de iniciar cualquier proyecto es exactamente eso "comenzar".

Siempre que vayas a empezar un proyecto, busca cual es la acción más fácil o lo que más te gusta y comienza por allí. Empezar por lo más fácil o lo que te gusta, te motivará a empezar el proyecto más rápidamente. Una vez hayas tomado acción y empieces un proyecto completando uno de esos pasos, estás creando un impulso para seguir avanzando. Si sigues manteniendo ese impulso terminarás con el proyecto cuando menos lo esperas.

La siguiente actividad te ayudará en el proceso.

Actividad:

Identifica cuáles de los pasos de la actividad anterior, se te hacen más fáciles o te gustan más y escríbelos en el orden que te gustaría empezar.

Pasos prácticos acción 1:

a) _____

b) _____

c) _____

d) _____

e) _____

Pasos prácticos acción 2:

a) _____

b) _____

c) _____

d) _____

e) _____

Pasos prácticos acción 3:

a) _____

b) _____

c) _____

d) _____

e) _____

Paso IV

Elimina las distracciones.

La mejor manera de omitir cualquier distracción es siguiendo este mantra "si no está en tu agenda o calendario, no existe". Cada día tiene su orden y sus quehaceres. Para evitar distracciones, debemos tener bien claro lo que tenemos planeado para el día, estar enfocadas en nuestro horario y solo atender emergencias.

Cuando te distraes de lo que El Señor ha planeado para tu día, pierdes impulso y una vez pierdes ese impulso es más difícil volver a

70

concentrarte y retomar el impulso de nuevo. En otras palabras, las distracciones rompen tu impulso y propósito para el día y te llevarán a sentirte desanimada para volver a empezar.

No permitas que las distracciones del día te roben tu enfoque y planifica con anticipación cómo vas a manejar las distracciones que se te presenten. Verás cómo tu proyecto avanzará a pasos agigantados, cuando te enfocas en lo que tienes planeado para tu día y en trabajar en cada paso práctico, uno a la vez.

Quedarás motivada a trabajar en tu siguiente proyecto enseguida; permitiéndole así al Señor que te revele más y más proyectos, para no solo bendecirte a ti, sino a todos los que te rodean.

Actividad:

1. Pon cada paso de la actividad anterior en tu calendario. Trata de calcular el tiempo que te tomará completar cada actividad, con eso tendrás un mejor manejo de tu tiempo.

2. Trata de identificar distracciones que puedan surgir (o han surgido en el pasado) y cómo piensas manejarlas.

_____

_____

_____

_____

_____

_____

Pensamientos Finales

El Señor tiene planes increíbles para cada una de nosotras. Él ha puesto en nuestro corazón proyectos y sueños para realizar, y es nuestra responsabilidad llevarlos a cabo. Sea lo que sea que Dios te llame a hacer, no dejes para mañana lo que puedes hacer ya.

No permitas que el procrastinar robe la bendición que el Señor tiene preparada para tí y para los que te rodean. Él nos promete en *Jeremías 29:11* *"Porque yo sé los planes que tengo para ustedes, planes de bienestar y no de mal, para daros un futuro y una esperanza."* Toma acción inmediata y recibe sus beneficios hoy.

Únete al grupo de mujeres virtuosas, mujeres de ahora que nunca dejan para mañana lo que pueden hacer ya; porque entienden que son mujeres de obediencia y Dios recompensa esa obediencia.

¡Haz tus planes y sueños realidad hoy!

Sé Una Mujer Con Visión

Capítulo 6:
Visión

Proverbios 29:18

Donde no hay visión, el pueblo se extravía

Te has preguntado alguna vez: ¿Por qué me siento estancada en la vida y no avanzo? ¿Por qué otras personas logran tener éxito en lo que se proponen y yo no? ¿Por qué me siento tan desmotivada? Si en algún momento te has hecho alguna de estas preguntas, quiere decir que te falta visión en tu vida.

Para que puedas visualizar mejor lo importante que es tener una visión en tu vida y lo que la palabra nos dice en Proverbios 29:18, imagínate un barco en medio del alta mar. ¿Qué pasaría con el barco si no tuviera timón? ¿Tendría rumbo o dirección? Sería llevado por las olas de un lado para el otro. Lo que es el timón para el barco es la visión para tu vida.

Antes de crearnos, Dios puso sueños y visiones en nuestros corazones para cumplirlos en la tierra. ***Efesios 2:10*** nos dice: *"Porque somos hechura de Dios, creados en Cristo Jesús para buenas obras, las cuales Dios dispuso de antemano a fin de que las pongamos en*

73

práctica." Dios nos creó para glorificarlo a Él y cumplir con Su propósito aquí en la tierra.

Tener una visión clara en la vida, te llevará a lograr todos los sueños que el Señor ha plantado en tu corazón de una manera rápida y eficaz. Te ayudará a mantenerte motivada y enfocada a cumplir con tu llamado en la tierra y avanzar con éxito en la vida. En otras palabras, para lograr lo que quieres en la vida es necesario tener una visión clara a dónde quieres llegar.

Tu visión en la vida es un mapa de guía para tu futuro

Desde muy niña, comprendí la importancia de tener una visión clara en mi vida. Siempre le daré gracias al Señor por haberme inculcado este principio tan importante desde tan temprana edad. Mis amigos, familiares y personas que me rodean, siempre han halagado el hecho de tener determinación y lograr todo lo que me propongo. Siempre les comparto que todo es gracias al Señor que me provee y a mi obediencia a Su llamado de tener una visión clara en mi vida. Que se trata de hacer lo que es natural para mí y creer en Dios que Él proveerá lo sobrenatural.

Voy a compartir uno de los múltiples sueños que El Señor me dio el privilegio de alcanzar, a pesar de las adversidades y el proceso que tuve que pasar para lograrlo. Este mismo proceso he aplicado para cada uno de los sueños, metas y visiones que El Señor ha puesto en mi corazón; enfocándome en cada uno de ellos hasta lograrlo.

Años atrás, cuando apenas llevaba un año de casada, El Señor puso en mi corazón comprar una casa y dejar de vivir de arriendo. Entendía que podría ahorrar mucho más dinero si tenía mi casa propia envés de estar pagando renta cada mes.

En ese preciso momento mi cabeza se llenó de excusas y con miles de razones del porqué no sería buena idea. Acababa de graduarme de la universidad y hacía pocos meses había obtenido el trabajo que tenía. Además, apenas llevábamos un año de casados y nuestro crédito hasta ahora estaba comenzando. A todo esto, se le añadía nuestra corta edad, me hacía dudar si los bancos nos tomarían en serio. Excusas

74

que llegaron a desmotivarme y convencerme que el deseo que Dios había puesto en mi corazón no sería una buena idea.

Pero cada día, la idea seguía rondando mi corazón y mi fe en Dios me llevó a tomar acción. A pesar de mis sentimientos, fui al internet y busqué fotos de casas que me gustaban. Imprimí una foto de la casa que sabía sería mi nuevo hogar, y la puse en un lugar donde Chris y yo la pudiéramos ver todos los días. Comenzamos a trabajar para hacer ese sueño realidad, y en un par de meses ya estábamos viviendo en la casa que habíamos deseado.

Lo único que requirió fue tener una visión clara, creer que Dios estaría presente durante el proceso ayudándonos y tener determinación para tomar acción. Tener esa visión a la vista todos los días, fue nuestra motivación diaria para lograr mudarnos a nuestro nuevo hogar, en solo un par de meses.

De la misma manera, he logrado alcanzar sueños como:

- Graduarme en corto tiempo con honores de la universidad con un título en Psicología y en un idioma que no era mi idioma natal
- Mudarme a la ciudad de Nueva York y trabajar en una de las corporaciones más reconocidas de la ciudad
- Vivir en Europa por un mes en el mismo año que Chris y yo decidimos dejar nuestros trabajos y empezar nuestros propios negocios
- Tener una cuenta de emergencias ahorrada que nos protegería por un año
- Seguir el llamado del Señor y empezar un ministerio dependiendo de Él al 100 por ciento
- Perder 65 libras en menos de un año

...Y la lista sigue y sigue. Todos estos sueños los logré después de haber llegado a los Estados Unidos sin hablar el idioma y con solo $10 dólares en mi bolsillo. ¡La gracia, el favor y la misericordia de Dios siempre son buenas!

Te cuento esto, no para sonar arrogante o aparentar, sino para hacerte ver que TÚ también puedes alcanzar todo lo que El Señor pone en tu corazón. Él quiere bendecirte y que tengas un futuro maravilloso. Es su promesa en *Jeremías 29:11* *"Porque yo sé muy bien los planes que tengo para ustedes, afirma el Señor, planes de bienestar y no de calamidad, a fin de darles un futuro y una esperanza."* Lo único que tienes que hacer es creerle y tener una visión clara de lo que quieres lograr en tu vida.

Pasos Para Ser Una Mujer de Visión

Paso I

Pasa tiempo con El Señor buscando tu visión.

Este paso es fundamental si aún estás buscando cual es el llamado del Señor para tu vida. Si aún no tienes una visión clara de lo que quieres lograr, pasa tiempo con El Señor en ayuno y oración.

Asegúrate de pasar tiempo en silencio con Dios y escucha atentamente lo que Él pone en tu corazón. Es una promesa de Dios que, si buscamos Su dirección, la hallaremos. Esta promesa está en *Mateo 7:7-11* *"Pidan, y se les dará; busquen, y encontrarán; llamen, y se les abrirá. Porque todo el que pide, recibe; el que busca, encuentra; y al que llama, se le abre."* Pídele que te revele esas visiones, sueños o metas que Él ha puesto en tu corazón. Pídele dirección y visión para tu vida y la recibirás.

Actividad:

1. Crea un plan de ayuno y oración para pasar más tiempo con El Señor. Para que te revele los sueños que Él ha plantado en tu corazón.

_____

_____

_____

_____

2. Haz una cita con Dios. Identifica el día(s) y la hora(s) que vas a pasar tiempo con el Señor.

DIA(s) _____   HORA(s) _____

Paso II

Haz una lista de todo lo que El Señor ha puesto en tu corazón.

Una vez ya tengas clara tu visión o visiones, haz una lista con cada una de ellas, no importa lo grande o lo pequeño que esos sueños sean. Hay poder al escribir tus sueños y **Habacuc 2:2** nos lo confirma: *"Escribe la visión, y haz que resalte claramente las tablillas, para que pueda leerse de corrido."*

¿Qué ha puesto Dios en tu corazón? ¿Hacer un viaje como misionera? ¿Aprender otro idioma? ¿Salir de deudas? ¿Conseguir otro trabajo? ¿Empezar un negocio? ¿Bajar de peso? No hay sueño grande o pequeño, solo escribe todo lo que Él ha depositado en tu corazón.

Hace menos de un año atrás, El Señor puso en mi corazón empezar un ministerio, escribir libros, hacer videos y enseñar a las mujeres... y aquí estoy hermanas, ¡haciendo ese sueño realidad! ¡Tú puedes hacer el tuyo realidad también!

Actividad:

Escribe todos los sueños y visiones que El Señor ha puesto en tu corazón.

_____

_____

_____

_____

_____

_____

_____

77

Paso III

Mantén tus sueños a la vista.

Ahora que tienes la lista de tus sueños y metas, es tiempo de sacarlas de tu mente y tu corazón y ponerlas en un lugar donde puedas verlas todos los días.

Ellas te servirán de recordatorio y motivación para alcanzar todo lo que El Señor quiere lograr en tu vida.

Este mismo ejemplo lo encontramos en *Josué 4:7* *"El día en que el arca del pacto del Señor cruzó el Jordán, las aguas del río se dividieron frente a ella. Para nosotros los israelitas, estas piedras que están aquí son un recuerdo permanente de aquella gran hazaña."* Las piedras servían de recordatorio a los Israelitas de las maravillas que El Señor había hecho con ellos. De igual manera, mantener tu visión a la vista te servirá de recordatorio de Sus promesas.

Pon esas imágenes en un lugar donde las puedas ver todos los días: frente a tu escritorio, al lado de tu cama, en tu refrigerador, o en tu celular; lo importante es que estén siempre a tu vista.

Actividad:

1. Busca en revistas o en internet imágenes que representen las visiones o sueños que El Señor haya puesto en tu corazón y luego recortarlas o imprimelas.

2. Busca un tablero o un pedazo de cartulina y pon todas esas imágenes allí. Siéntete libre de decorarlo a tu gusto.

3. Identifica un lugar donde pases la mayoría del tiempo. Pon tu tablero de visión donde lo puedas ver todo el día.

Paso IV

Crea declaraciones para cada una de tus visiones.

La idea de estas declaraciones es afirmar que tus sueños se harán realidad, aunque no sepas cómo o cuándo. Es creer que Dios te ayudará en el proceso y que las verás hacerse realidad. En otras palabras, son declaraciones de fe.

Romanos 4:17 nos dice: *"Así que Abraham creyó en el Dios que da vida a los muertos y que llama las cosas que no son como si ya existieran."* Dios llama las cosas que no son como si "ya existieran"; esta frase siempre ministra mucho a mi vida. Dios creó el mundo con Su palabra, de algo que no existía, existió. Hay poder en las palabras y de la misma manera debes empezar a declarar victoria sobre tus sueños y visiones.

Para darte un ejemplo, ahora mismo en mi tablero de visión tengo la cubierta de este libro, y su declaración dice: "Terminaré este libro en junio primero del 2016 en El Nombre de Jesús. ¡Porque todo lo puedo en Cristo Jesús que me fortalece!"

Ten fe al declarar las promesas de Dios para tu vida y creele a Él lo que te promete. Háblale a tus sueños como si ya existieran.

Actividad:

Escribe una declaración para cada una de tus visiones y añádela a tu tablero de visión.

_____

_____

_____

_____

79

Paso V

Revisa tu tablero todos los días.

Es muy importante que no solo veas tu tablero todos los días, sino que también revises y analices su contenido diariamente. Esto te ayudará a mantenerte motivada y enfocada en las visiones y sueños que quieres alcanzar.

Lee cada declaración en voz alta y memorízate las imágenes y declaraciones que tienes en tu tablero de visión. Cada vez que declaras en voz alta, le estás recordando al enemigo que tu fe esta puesta en El Señor y que estás creyendo que Él te ayudará a sacar tus sueños y metas adelante.

Ahora lo único que te resta es comenzar a tomar acción en cada uno de estos sueños y hacerlos realidad. Haz lo natural, lo que está a tu alcance, que Dios se encargará de lo sobrenatural.

===

Actividad:

Pon un recordatorio en tu calendario para revisar tu tablero de visión todos los días.

===

Pensamientos Finales

Tener una visión clara en la vida no solo me ha bendecido a mí, sino a mi familia y a todos los que me rodean también. De igual manera funcionará contigo. Al alcanzar tus sueños y tus metas estás cumpliendo con los llamados que Dios tiene para tu vida y estarás sirviendo de bendición a otras personas al mismo tiempo. Te darás cuenta que cada visión, meta o sueño que alcances, estará directamente relacionada para bendecir a alguien más.

Tu visión, es el timón de ese barco que hablamos al comienzo del capítulo. Tu tablero de visión, es el mapa que te guía y te recuerda por donde debes ir. Al declarar todos los días las promesas de Dios sobre

80

tus sueños, estás dando autoridad a que se hagan realidad. Lo único que te falta es tomar acción en lo que tú humanamente puedes hacer y dejar a Dios que haga Su parte. ¡Él siempre llega a tiempo!

Ten una visión clara de tus sueños y verás cómo día a día alcanzarás todos los deseos que hay en tu corazón. Llevarás un camino claro en tu vida y serás de inspiración para muchas personas, por lograr todo lo que te propones.

¡Serás prosperada, como la mujer virtuosa que fuiste creada a ser!

81

Sé Una Mujer Segura de Sí Misma

Capítulo 7:
Segura de Sí Misma

Proverbios 3:5

Fíate de Jehová de todo tu corazón, y no te apoyes en tu propia prudencia. Reconócelo en todos tus caminos, y él enderezará tus veredas.

El autoestima y confianza en nosotras mismas, son una de las áreas más atacadas por el enemigo. Sentirnos inseguras de quienes somos y sin confianza para alcanzar lo que Dios ha puesto en nuestro corazón, no nos permite avanzar en la vida y en lo que El Señor tiene destinado para nosotras.

Por eso es muy importante saber quiénes somos en Cristo, cómo Él nos ha equipado y preparado para vencer al enemigo y ser más que vencedoras. Es importante entender y aplicar las herramientas que Dios nos ha dado para mantener una buena autoestima y cumplir con Su llamado aquí en la tierra.

Nuestra confianza no debe estar afirmada en lo que podemos o no podemos hacer, en lo que hemos o no hemos hecho en la vida, o en las oportunidades o falta de apoyo que ahora mismo tenemos. En otras palabras, nuestra seguridad y confianza no debe estar basada en

82

nuestras propias fuerzas, conocimiento, entendimiento o lo que el mundo dice de nosotras; sino en lo que la palabra de Dios dice que somos y para lo que Él nos ha creado.

Una vez entendemos esto, nuestra seguridad y confianza estará basada en Él y no en nuestras propias habilidades; ayudándonos así a alcanzar todo lo que Dios pone en nuestro corazón.

Transforma tu mente

Durante muchos años, El Señor ha trabajado en diferentes áreas de mi vida ayudándome a crecer y a convertirme en todo lo que Él me ha llamado a ser. Una de las áreas que me ayudó a avanzar y a crecer rápidamente fue entender quién soy en Cristo.

Cuando era niña, pensaba que todo en la vida era posible y que mi apariencia física era perfecta. Pregúntale a una niña que le gustaría cambiar de su apariencia física y te sorprenderás de sus respuestas. No encuentran nada que desearían cambiar, se aceptan y aman tal y como son. Ahora, pregúntale qué le gustaría ser cuando crezcan y te darás cuenta que para ellas nada es imposible; el cielo es el límite. Yo era una de esas niñas.

Pero con el paso de los años, alrededor de mi adolescencia, empecé a notar que mis piernas y mis brazos eran demasiado largos, que era demasiado blanca, demasiado flaca, demasiado alta y la lista de cosas que no me gustaba seguía y seguía. Comencé a notar que todos mis sueños eran solo eso, sueños y que serían muy difíciles de alcanzar. Que mi carácter era demasiado débil, ya que sentía que las demás personas tomaban ventaja de mí. Me era imposible encontrar virtudes que me caracterizaran. Todo esto me llevó a ser insegura de mi misma, tímida y llena de miedos para lograr mis sueños.

Recuerdo que, en una clase de español, la profesora nos pidió hacer una lista de las cosas que nos gustaban acerca de nosotros y una de lo que no nos gustaban. Para mí fue muy fácil escribir una larga lista de todo aquello que no me gustaba y me dió mucho trabajo pensar en las cosas que me gustaban acerca de mí. Esto estaba afectando mi vida terriblemente, el enemigo tomó todo el control de mi mente y me hizo creer que no era digna de nada. Pero lo que ignoraba, era que mi Padre Celestial estaba a punto de cortar con esa atadura para siempre.

Una tarde me invitaron a una reunión de jóvenes en la iglesia. Recuerdo que no quería ir ya que nunca me gustó estar reunida con muchas personas debido a mi baja autoestima y dificultades al socializar. Era muy "introvertida" y disfrutaba pasar más tiempo sola. Recuerdo que un amigo me insistió y terminó convenciéndome, el Señor tenía un llamado para mí esa noche.

Recuerdo que nos sentamos en unos cojines en el piso y había alrededor de otros 20 jóvenes. El pastor de jóvenes era apenas un par de años mayor que nosotros y comenzó a tocar la guitarra y comenzamos a alabar al Señor. A partir de ese momento sentí una conexión tan profunda con El Señor que nunca la había experimentado antes. Yo ya conocía del Señor, pero no había tenido un encuentro íntimo con Él hasta ese momento. Sin importarme quién estuviera alrededor, levanté mi voz y alabé al Señor con todo mi corazón. Mientras alababa al Señor, me sentía valorada, amada, aceptada y consolada. Desde entonces es mi mayor privilegio, honor y felicidad adorar a mi Creador. Pero mi experiencia esa noche no terminó allí.

Cuando la prédica comenzó, la primera pregunta que él nos hizo era si sabíamos quiénes éramos en Cristo. Recuerdo que el salón quedó en total silencio y él nos dio unos momentos para reflexionar en la pregunta. Recuerdo que miré alrededor del salón y todos tenían cara de inquietud. Me hizo sentir mejor sabiendo que yo no era la única persona que no sabía quién era en Cristo.

Al momento que el pastor comenzó a explicar citas Bíblicas como: "Todo lo puedo en Cristo Jesús que me fortalece", "Dios tiene un plan y un llamado especial para tu vida" y "Tu eres una obra maestra de Dios"; algo dentro de mi comenzó a inquietarse. Sentía como las cadenas que me tenían atada comenzaron a romperse. El pastor nos dió unas citas Bíblicas para estudiar en la casa. Esa misma noche empecé a estudiarlas y ese fue el comienzo de mi transformación.

Recuerdo que a la mañana siguiente, desperté y lo primero que me pregunté: "¿fue un sueño?". Al recordar que hay un Dios todopoderoso que me ama, que me llama Su obra maestra, que me creó con un propósito y que dedicó todo un libro para guiarme en la vida y para recordarme constantemente cuanto me ama; me hizo sentir amada. Mi

84

mente había sido transformada esa noche, me sentía llena de fuerzas, de valentía y segura de que Dios me iba a ayudar y a equipar para alcanzar todo lo que me propusiera en la vida. Que debía amarme y aceptarme tal y como Él me creó, porque soy Su obra maestra y Él está complacido conmigo.

Desde ese día, note un cambio en mi actitud. Me volví más positiva en la vida, participaba más en clase y comencé a tener más amigos. Comencé a enfrentar miedos y a no permitir que el enemigo confundiera más mis pensamientos con sus mentiras; ya yo conocía la verdad. Mi lista de cosas que me gustaban de mi misma comenzó a crecer, y la lista de cosas que no me gustaban simplemente las veía como oportunidades para mejorar.

Hoy en día, utilizo la misma armadura y espada cada vez que el enemigo intenta afectar mi autoestima. Me recuerdo a mí misma quién soy en Cristo y que tanto Él me ama. Él está complacido conmigo y me equipa cada día, por eso nada me queda grande porque todo lo puedo en Cristo que me fortalece. Volví a ser esa niña de 5 años que se ama y acepta tal como es y ningún sueño le es imposible porque Su Creador está con ella donde quiera que va.

Tu y yo tenemos un mismo creador y Sus promesas para mi vida son las mismas que para la tuya. Tú también puedes ser esa niña; sólo aprende quien eres en Él y verás tu transformación.

Pasos Para Ser Una Mujer Segura de Sí Misma

Aquí te comparto los pasos prácticos que me ayudaron a convertirme en esa niña segura de sí misma y que cree ciegamente en su Creador y lo que Él dice de ella:

Paso I

Descubre quien eres en Cristo.

Una de las ventajas que el enemigo toma para afectar nuestra autoestima, es cuando él nota que estamos poniendo nuestra confianza en nosotras mismas y nuestras habilidades. Cuando no sabemos

85

quiénes somos en Cristo y solo escuchamos y prestamos atención a lo que la sociedad nos pide que seamos o hagamos; abrimos una ventana gigante al enemigo para traer confusión en cuanto a quienes somos y lo que Dios espera de nosotras.

Cuando sabemos quiénes somos en Cristo, nuestra mente, vocabulario y acciones se transforman. Saber quién eres en Cristo es el arma más poderosa para pelear contra esos pensamientos de autodestrucción y duda. Nuestra confianza se establece total y plenamente en nuestro Creador y Su propósito para nuestra vida.

Transforma tu mente con la palabra de Dios y lo que Él dice de ti.

Actividad:

Pasa tiempo a solas con El Señor y pídele que Él ministre a tu corazón. Pídele que te revele quién eres en Cristo. Las siguientes citas Bíblicas te ayudarán en el proceso:

Colosenses 2:10
Efesios 2:5
Romanos 8:2
Isaías 54:14
1 Juan 5:18
1 Pedro 1:16
Efesios 1:4
Filipenses 2:5
1 Corintios 2:16
Filipenses 4:7
1 Juan 4:4
Romanos 5:17
Efesios 1:17-18
Marcos 16:17,18
Lucas 10:17,19
Colosenses 3:9,10
Lucas 6:38
Filipenses 4:19
Filipenses 4:13

Juan 14:12
1 Pedro 2:
1 Pedro1:23
Efesios 2:10
2 Corintios 5:17
1 Tesalonicenses 5:23
Romanos 6:11
2 Corintios 4:4
Santiago 1:22,25
Romanos 8:17
Romanos 8:37
Apocalipsis 12:11
2 Pedro 1:3,4
2 Corintios 5:20
1 Pedro2:9
2 Corintios 5:21
1 Corintios 6:19
Deuteronomio 28:13
Mateo 5:14
Romanos 8:33
Colosenses 3:12
Efesios 1:7
Colosenses 1:13
Gálatas 3:13
Deuteronomio 28:15-68

Paso II

Descubre tus dones Espirituales.

Cuando descubres tus dones espirituales, tienes un sentido de dirección y propósito para tu vida. Al activar los dones que el Señor te ha dado y al ponerlos en práctica, tu autoestima crece ya que tu confianza, toma raíz en el cuerpo de Cristo y tienes claridad en tu llamado.

87

Debido a que estas cumpliendo con el propósito y el llamado que Dios tiene para tu vida, tu pasión por todo lo que haces crece. Tu habilidad para completar tus tareas ya no es basada en ti, sino que eres equipada por tu Creador. Lo que muestra habilidad y agilidad en todo lo que haces.

Activa tus dones espirituales y descubrirás una confianza en tus habilidades que nunca habías experimentado antes; ¡debido a que Dios te capacita!

Actividad:

1. Lee el capítulo: *1 Corintios 12* si quieres aprender más sobre los dones espirituales.

2. Pasa tiempo con El Señor en oración y ayuno. Pídele que te revele tus dones espirituales y el propósito para tu vida si no lo conoces.

3. Escribe lo que Él pone en tu corazón:

_____

_____

_____

_____

Paso III

Enfócate en tus fortalezas.

El Señor nos ha creado a todos con un propósito y un llamado diferente. Él nos ha equipado con todo lo que necesitamos para llevar nuestra tarea a cabo aquí en la tierra. Es por eso, que a veces experimentamos que somos buenas para algunas cosas y para otras no.

88

Cuando estamos enfocadas en nuestras debilidades, lo único que logramos es vivir frustradas tratando de ser (o hacer algo) que no fuimos creadas a ser. Por eso, es importante conocer cuáles son nuestras fortalezas y debilidades. Esto es simplemente el proceso de conocerte más a ti misma y el llamado que Dios tiene para tu vida.

El enfocarte en tus fortalezas, te ayudará a tener más confianza en ti misma y te ayudará a crecer y perfeccionar cada vez más tus habilidades para tu llamado. Cuando nos enfocamos en nuestras debilidades, en una escala del 1 al 10 (1 siendo no muy buena y 10 siendo excelente), quizás lleguemos a ser un 5 ó 6. Pero cuando nos enfocamos en nuestras fortalezas seremos capaces de llegar a 10 en la escala. Ser un 10, te ayuda a sobresalir en tu llamado, disfrutar del proceso y tener confianza y éxito en todo lo que haces. Las otras personas también se beneficiarán y disfrutarán de los beneficios de tus fortalezas. Serán bendecidas con lo que haces, cumpliendo así el propósito y llamado de tu Creador para tu vida.

Actividad:

1. Haz una lista de tus fortalezas. Pregúntale a tus familiares y amigos en que te destacas o para qué eres buena.

   _____

   _____

   _____

   _____

2. ¡Enfócate en llegar a ser un 10 en cada una de tus habilidades de esta lista y verás lo lejos que llegarás!

89

Paso IV

Conoce la verdad: ¿Qué dice Dios de tu futuro?

Jeremías 29:11 *"Porque yo sé muy bien los planes que tengo para ustedes afirma el Señor, planes de bienestar y no de calamidad, a fin de darles un futuro y una esperanza."*

Una vez conoces lo que El Señor dice acerca de Sus planes para tu futuro, el enemigo no podrá atormentarte más. Caminarás por la vida con la frente en alto y con una buena actitud sabiendo que tu Dios tiene tu futuro en Sus manos. Esto lo vimos claramente en la historia de José. A pesar de que sus hermanos lo rechazaron y lo arrojaron a un pozo, fue vendido como esclavo y estuvo preso por un delito que no cometió durante mucho tiempo; él siempre tuvo la mejor actitud. Satanás nunca pudo afectarlo con sus mentiras ya que él conocía y creía lo que Dios había prometido para su vida.

Es tu responsabilidad escudriñar la palabra y saber qué dice Dios acerca de tu futuro y tu llamado en la vida. Una vez las conozcas, guarda esas palabras directamente en tu corazón y medita en ellas todos los días. Te servirán de escudo cada vez que la duda o incertidumbre te traten de atacar. Confía en Dios y en los planes que Él tiene para ti, y verás lo segura que te sentirás al andar en Sus promesas.

Actividad:

1. Escudriña la palabra y busca qué dice Dios de tu futuro:

   _____

   _____

   _____

   _____

90

Pensamientos Finales

Cree en Dios, en Sus planes y en lo que Él dice de ti y tu futuro. Mantén una actitud positiva donde quiera que vayas y enfócate en tus fortalezas. Decide que tú eres una mujer segura de sí misma y actúa como tal.

El Señor te capacita todos los días para cumplir con Su llamado. Nuestra confianza y seguridad debe depender solo de Dios, ya que viene de la fe que tenemos en Él y Su palabra. Fe es creer plenamente en lo que Él nos dice y dar pasos de fe, incluso si tenemos miedo, sabiendo que es Dios quien nos capacita y quien abre y cierra puertas. Entendiendo esto podrás tener seguridad en todo lo que hagas.

¡Camina en su verdad, siéntete con autoridad y actúa con seguridad porque Dios te respalda!

91

Sé Una Mujer Paciente

Capítulo 8:
Paciente

Mateo 6:26-33

Mirad las aves del cielo, que no siembran, ni siegan, ni recogen en graneros; y vuestro Padre celestial las alimenta. ¿No valéis vosotros mucho más que ellas? ¿Y quién de vosotros podrá, por mucho que se afane, añadir a su estatura un codo? Y por el vestido, ¿por qué os afanáis? Considerad los lirios del campo, cómo crecen: no trabajan ni hilan; pero os digo, que ni aun Salomón con toda su gloria se vistió, así como uno de ellos. Y si la hierba del campo que hoy es, y mañana se echa en el horno, Dios la viste así, ¿no hará mucho más a vosotros, hombres de poca fe? No os afanéis, pues, diciendo: ¿Qué comeremos, o qué beberemos, o qué vestiremos? Porque los gentiles buscan todas estas cosas; pero vuestro Padre celestial sabe que tenéis necesidad de todas estas cosas. Mas buscad primeramente el reino de Dios y su justicia, y todas estas cosas os serán añadidas.

Cuando las cosas no nos salen como queremos o en el tiempo que esperamos, perdemos nuestra paciencia y sentimos como si nunca fueran a llegar. Cuando no tenemos paciencia, tendemos a abandonar proyectos, metas, sueños y nos perdemos de bendiciones que Dios quiere poner en nuestras manos. Lo que no entendemos, es que nuestro tiempo no es el mismo del Señor. Él sabe mejor cuál es el momento perfecto para darnos lo que necesitamos.

La mejor manera de visualizar el concepto del tiempo es como cuando un niño de 5 años le pide a su padre que lo deje conducir el automóvil. El padre sabe que algún día su hijo va a conducir un automóvil, pero por ahora no le puede conceder ese deseo ya que no está preparado. ¿Te imaginas a un niño de 5 años al volante?

De igual manera, muchas veces creemos que estamos preparados para lo que le estamos pidiendo al Señor, pero solo Él sabe cuál es el tiempo adecuado para concedérnoslo. Lo único que debemos hacer en el proceso, es tener paciencia y disfrutar mientras nuestro tiempo llega. La única manera de acelerar cualquier proceso y obtener lo que quieres en la vida más rápidamente, es siendo paciente.

Paciencia es una prueba que demuestra la fe que tenemos en Dios. Cuando somos pacientes, le estamos demostrando a Dios que creemos en Su tiempo y en la obra que Él está haciendo en nuestras vidas. Le demostramos al Señor que tenemos fe en Él y en que nos proveerá lo que necesitamos a Su tiempo y en sobreabundancia.

El tiempo perfecto

Si alguien puede hablar de la impaciencia, soy yo. Yo era una de las personas más impacientes del mundo. Tolo lo quería ya y a mi manera, y cuando no sucedía de esa manera, sufría mucho. Desarrollé el mal hábito de la impaciencia desde muy temprana edad. Esto, me causó muchas lágrimas, amarguras y sufrimientos innecesarios durante mi juventud.

Hoy, compartiré contigo una de las muchas historias que causó muchas lágrimas y momentos de amargura debido a mi falta de paciencia y confianza en los planes que Dios tiene para mi vida. Esta fue la historia de cómo después de casi 20 años, El Señor me reveló el llamado para mi vida.

Tenía 17 años cuando me gradué de bachiller. Y recuerdo como si fuera ayer el vacío y la desesperación que sentí al no saber lo que quería estudiar en la universidad. Veía como mis compañeros sabían

93

claramente lo que querían y llenaban solicitudes de ingreso a universidades, pero yo no sabía que quería claramente.

Todo me gustaba y muchas cosas me llamaban la atención, pero ninguna de ellas me apasionaba o sentía que fueran el llamado del Señor para mi vida. Desde entonces comenzó mi clamor al Señor pidiéndole revelación de Su llamado en mi vida, pero por 20 años no escuché nada.

Para que tengas una idea de mi desesperación por encontrar el propósito de mi vida, te comparto algunas de las clases, cursos y seminarios que he tomado durante el transcurso de estos 20 años. Ten en cuenta que antes, durante y después del proceso, me sentía frustrada y muy impaciente. Tomaba todas estas clases porque me llamaban la atención, pero no escuchaba confirmación del Señor que eso era lo que Él quería que hiciera, o era Su plan para mi vida. Pero estaba lejos de imaginarme que el Señor ya estaba contestando mi oración:

- Cómo sabía que me gustaba enseñar, decidí estudiar *inglés* cuando me gradué de bachiller. Mi plan era ser profesora de inglés, pero el plan de Dios era que yo viniera a los Estados Unidos.
- Como siempre me gustó el arte, dije "entonces debe ser que El Señor quiere que yo sea artista", y tomé muchos cursos de *arte y fotografía*. Esos eran mis planes, pero los planes del Señor eran que yo perfeccionara ese talento para diseñar las páginas de internet, blogs, videos, carátulas de libros y todo lo relacionado con el diseño gráfico del ministerio.
- Como creía que en algún momento estaría trabajando con estudiantes, el tomar clases de *comunicación y manejo de público* me ayudarían en el proceso. Pero el plan de Dios era dictar conferencias y ministrar a mujeres en todo el mundo no solo en persona sino por medio de videos también.
- Durante mi carrera laboral estudié *negocios internacionales*. En esta labor pensé que estaría durante muchos años. Todo me estaba saliendo muy bien; a pesar de sentir el vacío en mi corazón por no estar ejerciendo El llamado de Dios para mi vida. Pero los planes del Señor eran diferentes, y Su llamado incluye llevar el ministerio a nivel nacional e internacional y esta experiencia me ayudará en el proceso.

94

- Me gradué de la universidad en *Psicología* pensando que abriría mi propio consultorio para ayudar a las personas que han vivido traumas. Pero los planes de Dios eran otros, ya que descubrí que Él es el único que nos puede librar de las cadenas del pasado. Pero entender cómo funciona la mente, nuestro cuerpo y cómo tomamos decisiones, fue algo que El Señor quería que yo aprendiera para poder ayudar a las personas a alcanzar todo lo que Él nos ha llamado a ser.

- Durante el proceso de espera, decidí que ya no quería trabajar para una corporación y que debía empezar un negocio. Entonces estudié *Manejo de Negocios*. Pero El plan del Señor era que adquiriera conocimiento necesario para saber manejar el ministerio que Él ya tenía planeado poner en mis manos.

- Con la idea de empezar un negocio, estudié *Imagen y Estilo*. Pero el plan del Señor era, que yo incorporara esta ayuda en el ministerio para aconsejar a las mujeres cómo ahorrar tiempo al escoger su vestuario, como vestirse apropiadamente para su cuerpo y para glorificar a Dios.

- Mi especialización fue en *Mentor Para la Vida (Life Coaching)*. Mi plan después de graduarme, fue ayudar a personas a llevar una vida balanceada. Pero el plan del Señor era que yo ayudará a mujeres a no solo llevar una vida balanceada, alcanzar todos sus sueños y convertirse en todo lo que Él las ha llamado a ser, sino a transformar sus vidas con Su palabra también.

Durante todos esos 20 años y ese largo proceso, ignoraba que El Señor tenía un propósito y un plan mucho más grande que el mío. Que Él ya había escuchado mi oración y me estaba preparando poco a poco y día a día. Pero mi falta de paciencia me llevó a derramar muchas lágrimas, a desesperarme, a hacer infinidad de listas de lo que me gustaba hacer y para lo que era buena. Hasta llegué a ir a un psicólogo para preguntarle si algo estaba mal conmigo.

Lo que no entendía era que mi impaciencia era el problema. La necesidad de escuchar de Dios y querer entender el propósito para mi vida "YA" no me dejaba escuchar y disfrutar del proceso. Perdía mi paciencia rápidamente y creía que El Señor no estaba escuchado mis peticiones.

¿Te sientes identificada con este sentimiento? ¿Qué le estás creyendo al Señor hoy? Quizás estas pasando por mi misma situación y le estás pidiendo al Señor que revele el propósito para tu vida. O

95

quizás le estás creyendo por un esposo, un mejor trabajo, una familia, o que ese "ser amado" llegue a conocer de Él.

Sea lo que sea que hayas puesto en las manos de Dios, descansa tranquila y ten paciencia. El Señor ya escuchó tu oración y está trabajando en tu petición. A Su tiempo y cuando estés lista para manejar ese automóvil, Él te dará las llaves.

El Señor tiene un plan maravilloso para tu vida es Su promesa: *Jeremías 29:11* *"Porque yo sé muy bien los planes que tengo para ustedes, afirma el Señor, planes de bienestar y no de calamidad, a fin de darles un futuro y una esperanza."* Así como lo hizo conmigo, Él te está preparando para algo grande. Sea lo que sea que le estés pidiendo, cree que Él ya escuchó tu petición y solo espera en Su tiempo, que es perfecto.

Si El Señor hubiese revelado años atrás el llamado para mi vida, no hubiese estado lista para ejercerlo y Él lo sabía. Yo tenía mucho que aprender primero y crecer mucho en Su palabra para así cuando estuviera preparada, pudiera darme las llaves del ministerio.

No fue sino hasta mis 36 años cuando El Señor reveló el llamado para mi vida y me llamó a ministrar. Y todos mis testimonios en la vida, clases, cursos y seminarios que tomé; hoy los puedo aplicar en el ministerio para la gloria y honra de Dios. El Señor trabajó conmigo durante mucho tiempo para enseñarme a ser una persona paciente y hoy lo puedo compartir libremente contigo porque ya fui liberada de esa atadura.

Cuando por fin decidí tomar responsabilidad sobre la atadura de la impaciencia y estudiarla a fondo, comprendí que siendo paciente le estoy demostrando a Dios que creó en Él y en Sus planes. Entendí que la paciencia viene cuando tenemos fe en Dios y creemos que Su tiempo es perfecto. Entendí que la paciencia acelera el proceso.

Un día cuando estaba leyendo la Biblia, El Señor ministró a mi vida de una manera poderosa. Los versículos que comparto aquí contigo cambiaron para siempre la manera en la que espero en El Señor. La impaciencia nunca más volvió a atormentarme:

Mateo 6:26-33

96

Mirad las aves del cielo, que no siembran, ni siegan, ni recogen en graneros; y vuestro Padre celestial las alimenta. ¿No valéis vosotros mucho más que ellas? ¿Y quién de vosotros podrá, por mucho que se afane, añadir a su estatura un codo? Y por el vestido, ¿por qué os afanáis? Considerad los lirios del campo, cómo crecen: no trabajan ni hilan; pero os digo, que ni aun Salomón con toda su gloria se vistió, así como uno de ellos. Y si la hierba del campo que hoy es, y mañana se echa en el horno, Dios la viste así, ¿no hará mucho más a vosotros, hombres de poca fe? No os afanéis, pues, diciendo: ¿Qué comeremos, o qué beberemos, o qué vestiremos? Porque los gentiles buscan todas estas cosas; pero vuestro Padre celestial sabe que tenéis necesidad de todas estas cosas. Mas buscad primeramente el reino de Dios y su justicia, y todas estas cosas os serán añadidas.

Eclesiastés 3

Todo tiene su momento oportuno;

hay un tiempo para todo lo que se hace bajo el cielo:

un tiempo para nacer,
y un tiempo para morir;
un tiempo para plantar,
y un tiempo para cosechar;
un tiempo para matar,
y un tiempo para sanar;
un tiempo para destruir,
y un tiempo para construir;
un tiempo para llorar,
y un tiempo para reír;
un tiempo para estar de luto,
y un tiempo para saltar de gusto;
un tiempo para esparcir piedras,
y un tiempo para recogerlas;
un tiempo para abrazarse,
y un tiempo para despedirse;
un tiempo para intentar,
y un tiempo para desistir;
un tiempo para guardar,
y un tiempo para desechar;

un tiempo para rasgar,
y un tiempo para coser;
un tiempo para callar,
y un tiempo para hablar;
un tiempo para amar,
y un tiempo para odiar;
un tiempo para la guerra,
y un tiempo para la paz.

¿Qué provecho saca quien trabaja, de tanto afanarse? He visto la tarea que Dios ha impuesto al género humano para abrumarlo con ella. Dios hizo todo hermoso en su momento, y puso en la mente humana el sentido del tiempo, aun cuando el hombre no alcanza a comprender la obra que Dios realiza de principio a fin. Yo sé que nada hay mejor para el hombre que alegrarse y hacer el bien mientras viva; y sé también que es un don de Dios que el hombre coma o beba, y disfrute de todos sus afanes. Sé además que todo lo que Dios ha hecho permanece para siempre; que no hay nada que añadirle ni quitarle; y que Dios lo hizo así para que se le tema. Lo que ahora existe, ya existía; y lo que ha de existir, existe ya. Dios hace que la historia se repita.

Al meditar en estos versículos y permitir que Dios ministrara a mi vida, entendí que ya Él tenía un plan para mí y a Su tiempo lo revelaría. Entendí que Sus planes son perfectos, que Su tiempo es perfecto y que Él ya tenía el día señalado para revelar mi llamado. Él sabía cuándo yo estaría lista. Entonces decidí creer en Sus promesas y disfrutar el día a día, ya que entendía que con afanarme no ganaría nada.

Durante esos 20 años estuve lejos de imaginar el llamado tan maravilloso que El señor tenía para mi vida. Que Sus planes son de prosperarnos y darnos los deseos de nuestro corazón. No tenemos que preocuparnos de nuestro futuro, pues Dios ya lo conoce todo.

Hace menos de un año, El Señor hizo el llamado a mi vida para empezar un ministerio. Me reveló mi propósito en la tierra confirmando una vez más que Él es fiel y Su tiempo es perfecto. Él me ha llevado a lugares que jamás imaginé llegar en tan poco tiempo, y yo que pensaba durante esos 20 años que estaba perdiendo mi tiempo y mi vida. Su tiempo es perfecto y Su plan es maravilloso y la buena noticia es que: ¡Él tiene la misma promesa para ti!

98

Pasos Para Ser Una Mujer Paciente

Durante esos 20 años de espera, El Señor me enseñó a creer en Su tiempo, en Su plan para mi vida y a ser paciente. Los siguientes pasos te ayudarán a tener más paciencia en tu vida mientras esperas en El Señor:

Paso I

Práctica gratitud todos los días.

Hay poder cuando agradecemos al Señor por lo que tenemos y lo que no tenemos. Por las puertas que Él abre y las que cierra. ¿Quién te dijo que tú tienes que entender todo lo que El Señor está haciendo en tu vida? Lo que tienes que entender es que tu vida está en Sus manos y que Él tiene planes maravillosos para ti.

La gratitud no solo demuestra la fe que tienes en Dios, sino que también te ayuda a darte cuenta de las bendiciones que tienes en el momento. Cuando te sientas impaciente, da gracias a Dios por lo que tienes y por lo que aún no tienes, pero sabes que viene en camino. *1 Tesalonicenses 5:18* nos dice: *"Dad gracias en todo, porque esta es la voluntad de Dios para con vosotros en Cristo Jesús."* Demuéstrale a El Señor que estás creyendo en Su tiempo y en Sus promesas.

Dale gracias a Dios todos los días por lo que estás creyendo. Si sientes que la impaciencia está tomando control de tus emociones, toma un par de minutos para darle gracias a Dios en esos momentos. Agradécele por lo que Él está haciendo por ti, aunque no lo veas, Él está actuando. Durante 20 años El Señor estuvo trabajando en silencio en mi vida, y me estaba preparando para darme las llaves que le pedí. ¡Él está haciendo lo mismo contigo!

Actividad:

Haz una lista de todas las cosas que le estas creyendo a Dios en tu vida y por las que estás agradecida:

_____   _____

_____   _____

_____   _____

_____   _____

_____   _____

Paso II

Reconoce que tú tienes control de tus pensamientos, palabras y emociones.

2 Timoteo 1:7 nos enseña: *"Porque no nos ha dado Dios espíritu de cobardía, sino de poder, de amor y de dominio propio."* Cuando entendemos y reconocemos que Dios nos ha dado un espíritu de dominio propio; es fácil entender que podemos controlar no solo lo que pensamos, hablamos, sino también lo que sentimos. ¡Ponlo en práctica!

Al reconocer que tienes control sobre ti misma, te darás cuenta que puedes rápidamente cambiar e influenciar tu estado de ánimo. Si te quieres sentir feliz, tu puedes pensarlo, decirlo y terminarás sintiéndote y actuando feliz. La paciencia funciona de la misma manera.

Declara en voz alta que a Su tiempo recibirás lo que El Señor ha prometido darte. Dale gracias a Dios y ordénate a ti misma tener una buena actitud y paciencia mientras esperas. Al declararlo en voz alta, le estás dando la orden a tu cuerpo, tu mente y tus emociones que tendrás una buena actitud y serás paciente mientras esperas el tiempo de Dios. De esta manera, estarás demostrándole al Señor que tienes fe en Sus promesas y que crees en Su tiempo, que es perfecto.

Actividad:

Haz una lista de las veces que has perdido la paciencia y como piensas controlar tus pensamientos, palabras y emociones en el futuro:

_____   _____

_____   _____

_____   _____

_____   _____

_____   _____

Paso III

Ten fe que El Señor está trabajando en lo que le has pedido.

Uno de los ejercicios que más me llena de agradecimiento, paciencia y fe, es recordarle al Señor Sus promesas para mi vida. *James 1:2-4* nos dice: *"Hermanos míos, tened por sumo gozo cuando os halléis en diversas pruebas, sabiendo que la prueba de vuestra fe produce paciencia. Mas tenga la paciencia su obra completa, para que seáis perfectos y cabales, sin que os falte cosa alguna."*

Cuando tu pones toda tu fe en El Señor y en Sus promesas, experimentas gozo, paz y paciencia; *James 1:2-4* nos lo confirma. La mejor manera de combatir la impaciencia, es recordándote a ti misma lo que El Señor ha declarado sobre tu vida. El Señor nos pide que le recordemos Sus promesas para que esto sirva también de recordatorio para nosotros y podamos así fortalecer nuestra fe.

Carga tu lista de promesas donde quiera que vayas. Te ayudará en esos momentos donde la impaciencia te hace pensar que estás perdiendo tu fe.

Actividad:

1. Crea tus declaraciones de lo que Dios te promete en Su Palabra y dilas en voz alta cada vez que sientas que tu paciencia o paz han sido afectadas. Llévalas contigo a todas partes.

   Gracias Señor _____.

   Tu prometes en_____.

   Gracias Señor _____.

   Tu prometes en_____.

   Gracias Señor _____.

   Tu prometes en_____.

   Gracias Señor _____.

   Tu prometes en_____.

   Gracias Señor _____.

   Tu prometes en_____.

   Gracias Señor _____.

   Tu prometes en_____.

Pensamientos Finales

Los planes del Señor para tu vida son mucho más grandes y perfectos de lo que tú te puedes imaginar. Cree en Sus promesas, para tu vida. El tiempo de Dios es perfecto y Él sabe cuándo estás lista para recibir lo que le has pedido.

Persevera en lo que El Señor te ha llamado a hacer hoy. No abandones tus obras por falta de paciencia, El Señor te promete recompensarte por tus esfuerzos y fe en Él. ***Hebreos 10:36*** nos dice*: "Ustedes necesitan perseverar para que, después de haber cumplido la voluntad de Dios, reciban lo que Él ha prometido."* Diana Bryant Ministerios es un testimonio de esa promesa. Después de 20 años de preparación, El Señor me entregó las llaves y me siento equipada para poderlo manejar.

Si Dios no te ha dado las llaves de ese "automóvil" aún, es porque Él sabe que solo tienes 5 años y no es sabio dártelas todavía. Mientras esperas en Él, disfruta la vida, ten paciencia y cree en Sus promesas. Cuando Dios te entregue las llaves, ya estarás equipada para manejar y llevar la responsabilidad de lo que le has pedido.

¡Mujer virtuosa, ten paciencia mientras esperas y demuéstrale al Señor la fe que tienes en Sus promesas!

Sé Una Mujer Feliz

Capítulo 9:
Feliz

Salmos 118:24

Este es el día que El Señor ha hecho; regocijémonos y alegrémonos en Él.

¿Cuántas veces has leído este Salmo en la palabra? Yo, lo leí muchas veces, pero un día me di cuenta que nunca permití que ministrara a mi vida. Esto sucedió cuando miré a mi alrededor y me di cuenta que no estaba gozando el día que El Señor había creado para mí.

Te invito hoy a que leas una vez más este Salmo y medites por un par de minutos en él. **Salmos 118:24** *"Este es el día que El Señor ha hecho; regocijémonos y alegrémonos en Él."* Cierra tus ojos por un momento y permite que Dios ministre a tu corazón por medio de este Salmo.

Si estás respirando en estos momentos, quiere decir que estás gozando de un nuevo día y una nueva oportunidad. El Señor ha

104

creado el día de hoy especialmente para ti. Para que te regocijes en Él y en Su creación. Para que te goces, lo disfrutes y te alegres. Para que puedas contar con Su presencia, Su gracia y Su favor. No te preocupes por el mañana, descansa tranquila y segura que Dios está en control de tu vida.

Todo esto ministró a mi corazón este Salmo. ¿Poderoso verdad? Ahora es tiempo de que tú lo pongas en práctica y aprendas a disfrutar cada día como si fuera el ultimo de tu vida. Jesús murió en la cruz por ti y por mí para que pudiéramos vivir una vida plena, llena de gozo y disfrutando de la gracia y la presencia de Dios. No esperes más, disfruta tu día. ¡Hoy es el día!

¿Quieres experimentar gozo en todo lo que haces?

Hubo un tiempo en mi vida donde no lograba encontrar gozo en nada de lo que hacía. Cada día parecía el mismo, veía el tiempo pasar y yo seguía en el mismo estado de ánimo. No me llamaba la atención conocer personas o ser parte de grupos. Ignoraba lo que me gustaba hacer y mi vida se convirtió en solo estudio y trabajo. No estaba experimentando gozo en nada de lo que hacía ya que todo se había vuelto un "deber" y un quehacer más.

Esto me llevó a no sentirme complacida con lo que hacía, a permitir que cualquier cosa me pusiera de mal humor y a buscar culpables por la manera miserable que me estaba sintiendo. Trataba a las personas con mala actitud cuando las cosas no salían a mi manera y mi excusa siempre era que no me sentía feliz en la vida. Sabía que tenía que confrontar ese sentimiento y estado de ánimo, pero no sabía cómo. ¿Te has sentido alguna vez así?

En medio de mi desesperación por encontrar gozo y felicidad en la vida, comencé a leer libros acerca de la felicidad. Pensé, estos libros me llevarían a encontrar la felicidad y gozo que desesperadamente buscaba. Después de haber leído multitud de libros sin encontrar respuesta a mis preguntas y necesidades, comprendí que ese gozo y felicidad solo provienen de Dios.

Entonces decidí dejar todos esos libros a un lado y sumergirme en la palabra de Dios. Mientras leía Su palabra, El Señor me ministró por medio de **Colosenses 2:7** el cual dice: *"Por eso, de la manera que recibieron a Cristo Jesús como Señor, vivan ahora en Él, arraigados y edificados en Él, confirmados en la fe como se les enseñó, y llenos de gratitud."* En este versículo, comprendí que, si quería llevar una vida llena de gozo, debía vivir y aplicar más profundamente la palabra de Dios a mi vida y conocerlo más íntimamente. Comprendí que esa era la única manera de experimentar la paz, gozo y felicidad que estaba buscando.

Seguí escudriñando la palabra de Dios en búsqueda de felicidad y encontré **Salmos 1:1-3** *"Dichoso el hombre que no sigue el consejo de los malvados, ni se detiene en la senda de los pecadores ni cultiva la amistad de los blasfemos, sino que en la ley del Señor se deleita, y día y noche medita en ella. Es como el árbol plantado a la orilla de un río que, cuando llega su tiempo, da fruto y sus hojas jamás se marchitan. ¡Todo cuanto hace prospera!"* Este versículo me motivó aún más a seguir escudriñando Su palabra y meditando en ella.

Comprendí que la palabra de Dios es fuente de agua viva, y que mi relación con Él se compara a la de un árbol y su necesidad de agua. Entre más cerca esté un árbol al agua, más fuertes y profundas serán sus raíces. Y mis raíces serán arraigadas en Él. Al llegar la tormenta, no me tumbara y podré resistir sin permitir que robe mi gozo y felicidad.

Entonces, diariamente comencé a pasar más tiempo con El Señor. Bebiendo de esa fuente de agua viva (estudiando y meditando en Su palabra). Y comencé a ver mi relación con El Señor crecer y fortalecerse cada vez más. Mis actitudes hacia la vida y hacia las personas comenzaron a cambiar. Empecé a experimentar más gozo en todo lo que hacía sin importar lo que estuviera pasando alrededor mío, o si las cosas salían como yo quería o no. Finalmente entendí que mi gozo proviene del Señor, y que era mi decisión gozar cada día como si fuera el último que iba a vivir.

Tú también puedes decidir tener gozo todos los días

Reconocer que yo tenía el control de gozar cada día de mi vida sin importar por lo que estaba pasando, fue una revelación poderosa que transformó mi vida. Entender que mi gozo y felicidad provienen de Dios, hizo que todo fuera más fácil de manejar.

¡Tú también puedes decidir cada mañana, que este es tu día y lo pasarás feliz! Empieza por tomar vasos diarios de la fuente de agua viva, dándole la primicia de tu día al Señor. Esto te ayudará a disfrutar tu día, no importando si todo lo que tenías planeado para el día salió a tu manera o no.

Debemos tener gozo y paz a propósito; pues nuestro gozo no debe depender de nuestras circunstancias aquí en la tierra sino de las promesas que Dios tiene para nosotros. ***Colosenses 3:1-2*** dice: "*Ya que han resucitado con Cristo, busquen las cosas de arriba, donde está Cristo sentado a la derecha de Dios. Concentren su atención en las cosas de arriba, no en las de la tierra, pues ustedes han muerto y su vida está escondida con Cristo en Dios.*" Al concentrarnos en las cosas celestiales, las cosas terrenales se vuelven más livianas.

Algunos ejemplos para concentrarnos en las cosas celestiales en vez de las terrenales son:

- En vez de compararnos con otras personas, debemos agradecerle al Señor por quienes somos y las capacidades únicas que Él nos ha dado.
- En vez de quejarnos por lo que no tenemos, debemos agradecerle a Dios por lo que tenemos y Sus promesas de darnos un futuro mejor.
- En vez de enfocarnos en todas las puertas que se han cerrado, debemos darle gracias a Dios porque Él es quien abre y cierra puertas dependiendo de nuestra necesidad.
- En vez de estar perdiendo el tiempo buscando la felicidad en el mundo, debemos escudriñar la palabra de Dios que contiene los verdaderos secretos de la felicidad.

107

Cuando tomas la decisión de enfocarte en las cosas celestiales, estás diciendo ¡SÍ! a vivir en El Reino de Dios. Es allí, cuando experimentarás el gozo y la paz que solo provienen de Él.

Pasos Para Ser Una Mujer Feliz

Ya sabemos que uno de los secretos para experimentar gozo, paz y felicidad es mantener nuestro árbol bien alimentado. Conseguiremos esto bebiendo diariamente de la fuente de agua viva que es la palabra de Dios. Pasando tiempo con Él y meditando en Su palabra. Solo así, comprenderemos lo que realmente nos hace feliz y nos llevará a enfocarnos en las cosas celestiales.

Los siguientes pasos te ayudarán a mantener tu gozo y disfrutar un día a la vez:

Paso I

Deja de vivir en emociones y vive en el gozo del Señor.

No permitas que nada robe tu paz y tu gozo. *Santiago 1:2-3* dice: *"Hermanos míos, tened por sumo gozo cuando os halléis en diversas pruebas, sabiendo que la prueba de vuestra fe produce paciencia."* Santiago nos recuerda la importancia de no perder nuestro gozo cuando nos encontremos pasando por duras pruebas.

Esto me recuerda, que Dios nos ha dado el poder de controlar nuestras emociones y vivir en Su gozo. No siempre podremos controlar el resultado de nuestros planes, o como otra persona nos pueda tratar; lo que sí podemos controlar, es nuestra actitud y cómo nos sentimos al respecto.

En otras palabras, no permitas que el tráfico, las noticias o las malas actitudes de otras personas roben tu gozo. En vez de enfocarte en el sentimiento o la circunstancia que está intentando robar tu paz, enfócate en lo que El Señor puede hacer por ti y en Sus promesas; inmediatamente disfrutarás de Su paz y Su gozo infinito.

108

Actividad:

1. Haz una lista de todas las cosas que te roban el gozo.

_____   _____

_____   _____

_____   _____

_____   _____

_____   _____

2. Pensando en cada uno de los puntos que escribiste en la actividad 1, escribe cómo piensas dejar de enfocarte en ellas y reemplazarlas con el gozo del Señor de ahora en adelante.

_____   _____

_____   _____

_____   _____

_____   _____

_____   _____

Paso II

Ten un balance en tu vida.

Una de las preguntas que te debes hacer cuando sientes que estás perdiendo el gozo, es si estas llevando una vida balanceada o no. Cuando hay un desbalance en tu vida, le estás abriendo una ventana al enemigo para que robe tu gozo. Es importante tener equilibrio en tu vida para que nada pueda ser afectado por el enemigo.

Aquí te doy algunos ejemplos de una vida sin balance. ¿Te identificas con alguno de ellos?

- Pasas más tiempo en el trabajo que con tu familia.
- Pasas más tiempo viendo televisión que haciendo cosas productivas.
- Pasas más tiempo quejándote de tus problemas que pasando tiempo con Dios.
- Pasas más tiempo sentada que activa.
- Pasas más tiempo comiendo alimentos altos en grasa que alimentos nutritivos.
- Pasas más tiempo preocupándote por el mañana que disfrutando el día a día.
- Pasas más tiempo gastando dinero que ahorrando.
- Pasas más tiempo escuchando que aplicando.
- Pasas más tiempo en tus quehaceres que disfrutando la vida.

Y la lista sigue y sigue… Si te identificas por lo menos con uno de estos ejemplos, quiere decir que el enemigo está tomando control de la situación y te está robando el gozo.

La siguiente actividad te ayudará a determinar si tienes tu vida en desbalance y cómo hacerlo.

110

Actividad:

1. Enumera del 1 al 5 (**1** siendo "**nunca**" y **5** siendo "**todo el tiempo**") las siguientes áreas de tu vida:

   A. Espiritual _____
      Tu vida espiritual es el tiempo de *"calidad"* que pasas con Dios.

   B. Salud _____
      Tu salud indica que comes alimentos nutritivos, tomas agua diariamente y haces ejercicio al menos 3 veces por semana.

   C. Finanzas _____
      Tus finanzas indican que siempre piensas responsablemente antes de gastar/invertir tu dinero.
   D. Recreación _____
      Este es el tiempo que pasas haciendo lo que te gusta.

   E. Social _____
      Tu vida social es el tiempo que pasas con tu familia y amigos.

   F. Profesional _____
      Este es el tiempo que pasas en tu trabajo y/o escuela.

   G. Mental _____
      Tiempo que pasas recargando tus fuerzas, ánimo o inspiración. Por ejemplo: escuchando prédicas, leyendo o compartiendo la palabra de Dios.

2. Revisa tus puntajes y enfócate en las áreas que están en menos de 5. Tu tarea es enfocarte en estas áreas, ya que ellas necesitan más de tu tiempo para llevarlas a un puntaje de 5 también. Re-evalúa tus áreas al final de cada mes.

Paso III

Utiliza tus talentos.

Uno de los placeres más grandes que hay en la vida, es dedicar los dones y talentos que El Señor te ha dado para servir a los demás. Hay más placer en dar que en recibir y cuando lo haces, encuentras gran satisfacción y propósito para tu vida.

Dios nos creó a cada uno de nosotros con diferentes dones y talentos especiales para servir a los demás. Cuando tú decides utilizarlos para bendecir a otras personas, tu recompensa es un gozo que te acompaña de día y de noche.

Puedes utilizar esos talentos siendo voluntaria y sirviendo en tu iglesia. Si aún no sabes cuales son esos dones y talentos, te garantizo que al servir en diferentes áreas de tu iglesia te ayudará a encontrarlos. Hay mucha necesidad en el cuerpo de Cristo, y tu tiempo es valioso allí. Cuando eres obediente y lo haces, El Señor te llena de su inmenso gozo.

Actividad:

1. Haz una lista de todo lo que te gusta hacer o lo que consideras son tus talentos

   _____   _____

   _____   _____

   _____   _____

   _____   _____

   _____   _____

2. Busca en tu iglesia cuáles son las áreas disponibles para servir y mira dónde se ajustan a tus talentos. Si no estás segura cuáles son tus talentos simplemente empieza a servir en el área en la que haya más necesidad.

112

Paso IV

Práctica gratitud todos los días.

La gratitud es un arma poderosa para combatir al enemigo y sus mentiras. Cuando tú le agradeces al Señor por lo que tienes y por lo que aún no has visto, le estás demostrando al enemigo que no podrá robarte tu gozo. Busca siempre algo por lo que estés agradecida y enfócate en ello. Te garantizo que siempre encontrarás algo por que darle gracias a Dios.

Ten siempre recordatorios alrededor tuyo de las bendiciones que El Señor te ha dado y lo que Él te promete. Puedes recordarlo al mantener un diario de todas las maravillas que El Señor ha hecho por ti. También puedes tener fotos de tu familia o cualquier cosa que le estés creyendo al Señor para tu vida en un lugar donde lo puedas ver todos los días; y dale gracias a Dios constantemente por ello. De esta manera no le darás cabida al enemigo de atormentarte con malos pensamientos o desanimarte.

Estar siempre agradecida con Dios por todo lo que ha hecho por ti y por Sus promesas, te ayudará a mantener una mejor perspectiva hacia la vida. Te ayudará a mantener tu gozo y una mente positiva.

Actividad:

Haz una lista de todas las cosas por las cuales estás agradecida con Dios. Incluye la lista de las cosas que le estas creyendo a Él también. Carga está lista y léela en momentos en los cuales el enemigo quiera robar tu paz.

_____

_____

_____

113

Pensamientos Finales

Recuerda siempre beber todos los días de la fuente de agua viva y mantén esas raíces fuertes y arraigadas en El Señor. Dios te lleva en la palma de Sus santas y poderosas manos. No hay nada que tome al Señor por sorpresa. El conoce el fin desde el principio y es Su promesa que Él trabajará todo para nuestro bien. Cuando creemos en Sus promesas nos llenamos de gozo y vemos Su gloria moverse de una manera poderosa en nuestras vidas.

Sonríe todo el tiempo. No importa por lo que estés pasando, mantén una buena actitud. Tu poder está en tu gozo. Nadie puede quitarte ese poder, solo tú lo puedes dar a alguien más. Satanás no sabe lo que piensas, solo ve cómo actúas y escucha lo que dices. Si estás todo el tiempo sonriente y agradecida con Dios verá que no puede robarte tu gozo.

Regálate tiempo para hacer cosas que te gusten, consiéntete a ti misma. Disfruta de la naturaleza y pasa tiempo en silencio con El Señor. Ten un balance en tu vida y recuerda que el enemigo intentará cualquier cosa para distraerte de tu propósito y robarte tu gozo. ¡No se lo permitas!

Jesús murió en la cruz no solo por tus pecados, sino también para que disfrutaras de la vida y llevarás una relación íntima y cercana con Dios.

¡Disfruta de estos privilegios y gózate del día que El Señor ha preparado para ti, mujer virtuosa!

Sé Una Mujer Compasiva

1 Pedro 3:8-9

*Finalmente, sed todos de un mismo sentir, compasivos, amándoos
fraternalmente, misericordiosos, amigables;
no devolviendo mal por mal, ni maldición por maldición, sino por el
contrario, bendiciendo, sabiendo que fuisteis
llamados para que heredaseis bendición.*

¿Quieres tener una relación exitosa con tu esposo, tus hijos, tus
amigos, compañeros y con todos los que te rodean? Estoy segura que
la respuesta es ¡SÍ!

Uno de los secretos para tener éxito en todas tus relaciones, es ser
una mujer compasiva. Cuando eres compasiva, estás mostrando amor
incondicional a las otras personas. Cuando tú eres compasiva con
alguien, crearás el deseo en esa persona de ser compasivo no solo
contigo sino con los demás; formando así un círculo que pasa de
individuo a individuo.

Ahora, te estarás preguntando ¿qué es ser una persona compasiva?
La compasión proviene de la misericordia. La definición de
misericordia es la disposición a compadecerse de los dolores ajenos. Se

115

manifiesta en amabilidad, asistencia al necesitado, especialmente en el perdón y la reconciliación. Es más que un sentimiento de simpatía, es una práctica.

En otras palabras, ser compasiva es tener la disposición de querer ponerte en los zapatos de las otras personas. De querer entender por lo que están pasando, por qué están actuando de la manera que actúan y el querer tratarlos de la manera que tú querrías ser tratada.

Dios es bueno y misericordioso y él nos pide que seamos misericordiosos con los demás. Podemos llegar a serlo cuando tenemos una relación íntima con Jesús y aprendemos a ver a los demás como Él nos ve. *Mateo 9:13* nos recuerda: *Pero id y aprended lo que significa: "Lo que quiero es misericordia y no sacrificios. "Porque no he venido a llamar a justos sino a pecadores.* La misericordia es un sentimiento puro y genuino que te conmueve para ayudar a los demás.

Una compasión que transforma vidas

El Señor me enseñó que hay una gran diferencia entre sentir lástima por una persona y sentir compasión. Cuando sientes lástima solo estás minimizando a la persona y poniéndola como víctima. Cuando sientes compasión, tienes el deseo y la disposición de querer hacer algo para ayudar a esa persona.

Recuerdo que una de las primeras veces que experimenté compasión, fue cuando sentí el deseo de querer que otras personas conocieran de Dios. Escuchaba sus quejas y pesares, entendía sus dolores y sabía que la única medicina era que conocieran a Jesús como su salvador. Quería que disfrutaran del gozo de Su salvación y de llevar una vida con propósito.

Sabía que la única manera de lograrlo era representando a Jesús aquí en la tierra. La manera como actuamos con los demás, cómo manejamos nuestra vida y cómo reaccionamos en momentos de necesidad, es lo que las otras personas observan y esperan aprender de ti. Como cristianas tenemos una gran responsabilidad y es la de llevar el nombre de Jesús en alto; y esto lo podemos lograr tratando a las demás personas con compasión.

116

Durante el proceso donde El Señor me estaba enseñando cómo ser más compasiva con otras personas, Él me recordó mis deberes como cristiana. Me recordó, que fui llamada a ser la sal y la luz en la tierra: **Mateo 15: 13-16** *"Vosotros sois la sal de la tierra; pero si la sal se desvaneciere, ¿con qué será salada? No sirve más para nada, sino para ser echada fuera y hollada por los hombres. Vosotros sois la luz del mundo; una ciudad asentada sobre un monte no se puede esconder. Ni se enciende una luz y se pone debajo de un almud, sino sobre el candelero, y alumbra a todos los que están en casa. Así alumbre vuestra luz delante de los hombres, para que vean vuestras buenas obras, y glorifiquen a vuestro Padre que está en los cielos."* Este versículo me ministró de una manera poderosa. Me recordó que soy la representación de Jesús en la tierra y que debo compartir la compasión que Él nos enseña con los demás.

Cuando empecé a adoptar esa responsabilidad como propia y a ser más compasiva con los demás, empecé a ver un cambio en todas mis relaciones. Lo que antes me ofendía, ya no me afectaba; me volví rápida para perdonar y lenta para juzgar. Comencé a ponerme en los zapatos de los demás y era mucho más fácil entender la razón por la cual actuaban de la manera que actuaban. Ahora, imagino a Jesús parado al frente de cada persona y me pregunto ¿qué haría Jesús en estos momentos? Poner siempre a Jesús primero influencia la manera que trato a los demás y me ayuda a poner las situaciones en perspectiva.

Aprendí que la compasión, no es algo que debemos practicar solamente con personas en necesidad o de bajos recursos. La compasión debe acompañarnos donde quiera que vayamos. Debemos ser compasivos con nuestros esposos, hijos, padres, amigos, compañeros, enemigos y con toda persona que llega a tener contacto con nosotros. Ser la sal y la luz en la tierra, no es una responsabilidad que podemos elegir cuándo usarla o no, es algo que debemos hacer en todo momento y en todo lugar.

Para darte un ejemplo práctico, al principio de nuestro matrimonio, Chris y yo solíamos tener muchos argumentos por todo. Nos era muy difícil ponernos de acuerdo en algo ya que yo siempre quería tener la razón en todo. Aunque por lo general siempre yo salía ganando los argumentos, no sentía la satisfacción que esperaba sentir cuando ganaba el argumento. Solo quedaba frustrada y con mucha confusión.

117

Un día, El Señor me recordó que debía ser la sal y la luz del mundo incluso en mi hogar. Dios puso en mi corazón ser más compasiva con Chris. Comenzó a mostrarme cómo debía atender a sus necesidades antes que las mías y cumplir sus deseos antes que los míos. Al principio fue muy difícil y quería renunciar, pero Dios seguía recordándome en Su palabra la importancia de ser compasiva y de representarlo a Él hasta en mi hogar. Sabía que necesitaba ayuda ya que no lo podría hacer sola.

Entonces, decidí poner a Jesús enfrente de Chris cada vez que algún argumento se presentaba o cada vez que yo quería tener la razón. Al poner a Jesús primero, inmediatamente me recordaba la pregunta ¿qué haría Jesús en estos momentos? E inmediatamente podía ver a Chris con ojos de compasión y entendía su punto de vista. Aprendí a ser rápida para escuchar y lenta para responder.

En poco tiempo comencé a ver un cambio gigante en nuestra relación y en la dinámica en nuestro hogar. Cuando comencé a mostrarle compasión a Chris, él me correspondió de la misma manera; lo que me motivaba aún más a ser compasiva. Los argumentos desaparecieron y hoy en día los dos siempre buscamos el mejor interés para cada uno. Después de diez años de matrimonio, la compasión del uno por el otro cada vez crece más y nos llena de amor cada día más.

Cuando vi cómo el ser compasiva en mi hogar transformó mi relación con Chris, decidí aplicarlo donde quiera que fuera. Noté que al ser más compasiva con los demás, mi enfoque ya no estaba en mí, ni en mis necesidades, sino en la de los demás. Y cuando deje ir mis necesidades, El Señor se encargó de cada una de ellas.

Cuando practicas compasión donde quiera que vas, vez la gracia y el favor de Dios moverse en tu vida y en tus relaciones; te acompaña donde quiera que vas. ¡Inténtalo y verás!

Pasos Para Ser Una Mujer Compasiva

Te darás cuenta que ser compasiva no requiere de mucho esfuerzo. Con pequeños detalles, actitudes y acciones, podrás experimentar los grandes beneficios que trae el representar a Jesús por medio de la compasión.

118

Estos pasos prácticos te ayudarán a empezar a aplicar compasión con todas las personas que te relacionas diariamente.

Paso I

Sé amable con los demás.

Te parecerá un paso muy simple, pero es poderoso. Al ser amable y atenta con los demás, les estás demostrando que les importas. Que reconoces su presencia y valoras su existencia.

Demuestras amabilidad a los demás con el simple hecho de decir estas frases a cada persona durante tu día. Míralas a los ojos y acompaña tu mirada con una sonrisa:

- Buenos días/tardes/noches
- Gracias
- Ten un buen día
- Dios te bendiga
- Que buen trabajo hiciste
- Que linda te vez hoy
- Permíteme ayudarte
- Eres muy amable
- Llama a cada persona por su nombre

Práctica amabilidad en el supermercado, la peluquería, la gasolinera, en tu trabajo, en tu hogar y donde quiera que vayas. No permitas que nada le robe el derecho a los demás de experimentar tu amabilidad; nunca sabes que tanto esa persona necesitaba escuchar esas palabras de ti.

Cuando eres amable con los demás, ellos reconocen algo diferente en ti. Lo que llamará su atención para seguir observando la manera como te comportas, dándote la oportunidad de representar a Jesús.

Actividad:

1. Haz una lista de la manera cómo te gustaría que los demás te trataran.

_____   _____

_____   _____

_____   _____

_____   _____

_____   _____

2. Trata a los demás de la misma manera.

Paso II

Sirve a los demás.

Una de las enseñanzas que nos dejó Jesús fue servir a los demás. En **Mateo 20:26-28** Jesús nos dice: *"El que quiera hacerse grande entre ustedes deberá ser su servidor, y el que quiera ser el primero deberá ser esclavo de los demás; así como el Hijo del hombre no vino para que le sirvan, sino para servir y para dar su vida en rescate por muchos."* Jesús nos dejó el ejemplo de poner atención a las necesidades de los demás y servir sin buscar nada a cambio. Y esta es una de las mejores maneras de mostrar compasión a las personas y acercarte a ellas.

Cuando sirves a los demás, no solo estás mostrando compasión por sus necesidades, sino también estás dando un buen ejemplo a seguir. Las personas se ven identificadas contigo y tu relación con ellas se fortalecerá cada vez más. ¡Ponlo en práctica y descubrirás que hay más placer al dar que al recibir!

120

Actividad:

Identifica de qué manera puedes ser de servicio a los demás; y
¡Ayúdales!

Iglesia:

_____

_____

_____

Hogar:

_____

_____

Trabajo:

_____

_____

_____

Comunidad:

_____

_____

_____

Paso III

Sé lenta para responder.

Cada vez que tengas una conversación con alguien, pon en práctica
este paso. Verás cómo te ayudará a ser más compasiva con los demás.
Muchas veces ni escuchamos lo que los demás nos están diciendo ya
que estamos muy ocupados pensando cómo les vamos a responder.
¡Muestra compasión al hablar! Lo puedes lograr si durante tu
conversación tienes en cuenta lo siguiente:

121

Antes de responder:

- Escucha atentamente cuando la otra persona está hablando.
- Enfócate en lo que la otra persona te está diciendo.
- Ponte en los zapatos de la otra persona por un par de segundos y trata de entender la situación por la que está pasando ella. Pregúntate: ¿por qué está diciendo lo que está diciendo?
- Piensa bien antes de contestar. Recuerda que tu respuesta impactará a esa persona de una manera positiva o negativa.

Todos experimentamos variedad de sentimientos y pasamos por cosas diferentes. ¡No juzgues a nadie! Es imposible entender la razón por la cual los demás actúan de la manera cómo actúan o dicen lo que dicen. Solo El Señor conoce sus corazones y sus razones. Nuestra tarea es ser compasivos con todos. Tu puedes mostrar compasión al hablar, si solo tomas unos segundos para responder sabiamente. Una respuesta sabia puede calmar la tormenta.

Actividad:

Escribe en el espacio de abajo, cómo vas a manejar tus conversaciones de ahora en adelante. ¿Cómo vas a responder?

_____

_____

_____

_____

Paso IV

Pon a Jesús primero.

Dejé este paso de ultimo porque quiero que lo recuerdes, ya que es el más importante de todos los pasos. Cada vez que tengas dificultad para ser compasiva, especialmente con personas difíciles, este paso te ayudará a ver a Jesús primero en cualquier situación.

122

Solo imagínate a Jesús parado en frente de la persona con la que estás interactuando e imagínate que estás tratando a Jesús de esa manera. Te garantizo que inmediatamente cambiará tu actitud. Recuerda que el Espíritu Santo mora en nosotras, lo que quiere decir, que cada vez que tratas a tu prójimo estás tratando con Jesús. Él está contigo y con los demás donde quiera que vayas. Ten esto siempre en cuenta.

Cuando pones a Jesús enfrente de cada persona y te preguntas a ti misma: ¿qué haría Jesús en esta situación? Verás con claridad y con ojos de compasión a la persona. Sentirás el deseo de agradar y glorificar a Dios con tu comportamiento. Se te hará más fácil tomar decisiones sabias para ser una buena representación de Jesús aquí en la tierra.

Actividad:

En tus propias palabras, escribe cómo podrías ser una buena representación de Jesús aquí en la tierra.

_____

_____

_____

_____

Pensamientos Finales

Si te pones a pensar, solo Dios conoce los corazones de las personas y sabe sus necesidades. Nunca podremos entender porqué las personas actúan de la manera que lo hacen. Lo que sí podemos hacer, es tener compasión de ellas y ayudarlas a que se acerquen y conozcan más a Dios por medio de nuestro comportamiento.

Mostrar compasión por los demás es una de las múltiples maneras que podemos representar a Jesús aquí en la tierra. El ser compasiva, te llevará a tener relaciones sanas con todos los que te rodean y servirás de inspiración y ejemplo para los demás. Verás, que cuando eres compasiva, las otras personas se motivarán a serlo con los demás también.

Debemos recordar que nuestra vida va más allá de metas y deseos. Nosotros fuimos creados para amar a Dios sobre todas las cosas y a los demás como a nosotras mismas.

Tú tienes el poder de ser esa mujer virtuosa que sirve de ejemplo a los demás por su compasión al prójimo. Lo único que tienes que hacer es: ¡Ponerlo en práctica!

124

Sé Una Mujer Líder

Proverbios 31:15-17

Se levanta de madrugada, da de comer a su familia y asigna tareas a sus criadas. Calcula el valor de un campo y lo compra; con sus ganancias planta un viñedo. Decidida se ciñe la cintura y se apresta para el trabajo.

La palabra de Dios describe a la mujer virtuosa como líder. Muchas mujeres creen que este tema no les aplica a ellas, ya que no tienen un título de liderazgo. Pero están lejos de imaginarse lo equivocadas que están. Déjame empezar por decirte como el diccionario define a un líder: "Un líder, es aquella persona que es capaz de *influenciar* a los demás."

Ahora déjame hacerte estas preguntas: ¿eres adulta? ¿eres madre? ¿eres ama de casa? ¿tienes alguna ocupación laboral? ¿eres cristiana? Si tu respuesta fue *"si"* a alguna de estas preguntas entonces ¡eres una líder!

125

Cuando aceptas a Cristo como tu Señor y salvador, estás recibiendo inmediatamente tu título y responsabilidad de liderazgo. Como cristiana, Dios te ha dado la autoridad de ser líder y tú puedes influenciar a muchas personas donde quiera que vayas. El Señor dice que eres la sal y la luz del mundo y te pide que influencies a los demás con tus actitudes, palabras y acciones.

Tú eres líder no solamente en tu hogar y tu trabajo, sino también eres líder de tu propia vida. Se requiere de liderazgo para manejar tu vida y tomar tus propias decisiones. Dios nos creó a todas con la capacidad de ser líderes, y como cristianas, tenemos la responsabilidad de influenciar la vida de los demás. Tu no naces siendo una *buena* líder, tú te haces una *buena* líder; y esto solo lo logras acercándote más a Dios. Cuando renuevas tu mente con la palabra de Dios, Él te llena de sabiduría para ser una *buena* líder donde quiera que vayas.

Se una líder que transforma vidas

Hay momentos en tu niñez que te marcan de tal manera que los llegas a recordar años después. La historia que te voy a contar, me marcó de tal manera que hasta el día de hoy me recuerda la importancia de ser un buen líder. Un líder que transforma vidas.

Desde muy temprana edad, los profesores siempre me asignaban como líder. Cuando formaban grupos en clase, yo siempre era quien dirigía al resto del grupo. Era la mano derecha de los profesores, me ponían de monitora a controlar las clases cuando ellos tenían que salir; y me pedían asignar y dirigir actividades en las horas de receso.

Recuerdo un día cuando uno de mis compañeros le preguntó a la profesora: "¿porque siempre Diana es la encargada?" y la profesora le dio una respuesta que nunca olvidaré: "¡Porque Diana es café!" y prosiguió a contar la siguiente historia:

> *"Hay tres tipos de personas en la vida que se comparan a las zanahorias, los huevos y el café.*
>
> *Si comparas las circunstancias de la vida al agua caliente, y pones cada uno de estos elementos en ella, verás cómo cada una reacciona de manera diferente.*

126

La zanahoria entra al agua fuerte y dura; pero después de estar en el agua hirviendo se vuelve débil y fácil de deshacer. El huevo entra al agua frágil, su cáscara fina protege su interior líquido; pero después de estar en agua hirviendo, su interior se endurece. Lo que concluimos, es que estos dos elementos cambian de forma y son influenciados por el agua caliente.

El café sin embargo es diferente; después de estar en agua hirviendo, cambia el color, el sabor y el olor del agua. ¡Y esto hace al café un líder!"

Durante casi 20 años estuve creyéndole al Señor que revelaría Su propósito para mi vida. Durante ese proceso, una de las áreas que Dios trabajó en mí y me dió mucha revelación fue en el área del liderazgo. Escudriñando Su palabra, entendí que Su llamado para todos, es el de ser líderes y representar a Jesús en la tierra. Pero no todos *deciden* atender a ese llamado. Comprendí que la razón por la cual desde muy temprana edad Dios me permitió estar en lugares de liderazgo, fue porque yo sabía influenciar a las demás personas con mi buen comportamiento. Mi obediencia y fidelidad al llamado de Dios me ponen en posiciones donde enseño a otras personas dando ejemplo.

Me explico; los siguientes puntos te describirán quien era Diana en su época de colegio:

- Siempre sacaba excelentes calificaciones.
- Siempre llegaba a tiempo a clase.
- Siempre seguía las instrucciones de mis profesores al pie de la letra.
- Siempre participaba en clase.
- Siempre llevaba todas mis tareas hechas.
- Siempre ayudaba a los demás cuando tenían dificultades con sus tareas.
- Siempre trataba a mis profesores y compañeros con respeto y amor.
- Siempre prestaba mucha atención en clase, lo que me permitía contestar bien a todas las preguntas que me hacían.
- Siempre tenía una buena actitud.

Esto me llevó a ocupar los primeros lugares y obtener las mejores calificaciones en el colegio. A pesar de ver a otros compañeros ser rebeldes, no llevaban sus tareas y no prestaban atención en clase, yo decidí poner todo mi esfuerzo cada día para ser excelente en todo lo que hacía. En otras palabras, yo *elegí* ser café.

Por esa razón, los profesores me ponían como líder en todo, ya que ellos sabían que sería una buena influencia para el resto del grupo. Estoy segura que a mis profesores les hubiera encantado tener más líderes en sus clases; pero debido a las malas decisiones que los estudiantes tomaban, les fue imposible.

La historia del café, se compara con el llamado que tenemos todas y cada una de nosotras a ser la sal y la luz del mundo. Tenemos todo lo necesario para ser excelentes líderes e influenciar a los demás. Tenemos el manual de la vida, el cual es la palabra de Dios, para guiar nuestras vidas y ser luz para los demás. Pero muchas veces elegimos no hacerlo y nos convertimos en zanahorias y huevos.

El Señor nos hace el llamado a todos a ser buenos líderes, pero no todos están dispuestos a ir la milla extra para lograrlo. Desde mi niñez, entendí que para influenciar a los demás, es fundamental ser un buen líder de nuestra propia vida primero. Todas las decisiones que tomamos en la vida tienen sus propias consecuencias y son el reflejo de cómo estás liderando tu vida. Debemos tener control y tomar responsabilidad sobre nuestras acciones y consecuencias. Si yo no hubiese sido una estudiante ejemplar, nunca me hubiesen puesto en posiciones de liderazgo.

Te daré un ejemplo práctico; cuando llegue a los Estados Unidos, traté de llenar el vacío de haber dejado mi tierra natal y me refugié por un par de años en la comida. Esto me llevó a sufrir de sobrepeso.

Un día en mi examen físico, mi doctora me dijo que estaba propensa a sufrir un ataque al corazón. Mi colesterol estaba muy alto. Recuerdo como si fuera ayer cuando dijo: "sería una pena que una jovencita de 23 años tuviera un ataque al corazón, usted está muy joven"

Estas palabras llegaron a mi corazón y sentí compasión por mí misma. Entendí que mi salud era mi responsabilidad y que de ahora en adelante debía tomar liderazgo sobre mi salud. Desde ese momento

128

empecé a tomar decisiones sabias para mejorar mi condición. Le pedí a la doctora que me diera una dieta balanceada y comencé a seguir la dieta todos los días.

A partir de ese día, *tomé la decisión* de comer saludable y cada vez que tenía la oportunidad de elegir entre un dulce de manzana o una manzana, elegía la manzana. Estas decisiones sabias día a día me llevaron a recuperar mi peso saludable el cual mantengo hasta el día de hoy.

Yo dije sí al llamado de Dios a ser la sal y la luz en la tierra, y aunque no soy perfecta, El Señor me da sabiduría todos los días para ser una buena líder. Pero entiendo que todo empieza con las decisiones que tomo en mi propia vida. Entiendo que para ser una buena líder y ayudar a otras personas a transformar sus vidas, debo transformar la mía primero.

Debido a que tomé responsabilidad y liderazgo sobre mi vida, hoy puedo inspirar a muchas mujeres a hacer lo mismo. Hoy puedo influenciarlas de una manera positiva para tomar control y ser buenas líderes de sus vidas.

De esta misma manera tú puedes transformar vidas e influenciar a las personas que te rodean de manera positiva con las decisiones sabias que tomas. Dile ¡SÍ! a Dios y conviértete en la sal y la luz de la tierra. En otras palabras: ¡elige ser "café" y empieza con tu propia vida!

Pasos Para Ser Una Mujer Líder

Paso I

Decide ser una buena líder.

Un título no te hará una buena líder; tus actitudes, virtudes y ejemplos son los que demostrarán si eres una buena líder o no. Es tu decisión querer ser una buena influencia en la vida de los demás. Cuando tú decides ser un buen líder en tu propia vida y pedir sabiduría a Dios para tomar buenas decisiones, comenzarás a experimentar lo que es ser la sal y la luz en la tierra. Verás como El

129

Señor cada vez más te pondrá en posiciones de liderazgo y cómo las demás personas serán influenciadas con tu buena conducta.

Jesús nos enseña cómo ser buenos líderes en **Juan 13:12-15** *"Cuando terminó de lavarles los pies, se puso el manto y volvió a su lugar. Entonces les dijo: ¿Entienden lo que he hecho con ustedes? Ustedes me llaman Maestro y Señor, y dicen bien, porque lo soy. Pues si yo, el Señor y el Maestro, les he lavado los pies, también ustedes deben lavarse los pies los unos a los otros. Les he puesto el ejemplo, para que hagan lo mismo que yo he hecho con ustedes."* Jesús estaba influenciando y enseñando a los discípulos dándoles ejemplo con Sus buenas acciones.

Tú decides ser un buen líder con decisiones tan pequeñas como llegar tarde o temprano a una cita. Con simples decisiones como éstas, estás representando a Jesús. Estás influenciando a las demás personas que son como la zanahoria y los huevos. Si quieres ser café, deberás tomar la buena decisión de llegar temprano.

Un buen líder dirige e influencia a los demás dando ejemplo con sus propias acciones. ¿Cómo le puedes exigir a alguien que llegue temprano si tú siempre estás llegando tarde? ¿Cómo le puedes exigir a tus hijos que sean organizados si tú eres desorganizada? Decide hoy ser un buen líder e influencia a los demás de la misma manera que Jesús lo hizo con nosotros, dando ejemplo.

Actividad:

1. Haz una lista de las personas a las que influencias diariamente.

_____   _____

_____   _____

_____   _____

_____   _____

_____   _____

130

2. ¿Te consideras un buen líder en sus vidas? Si no, ¿qué cambiarías? Escribe tus pensamientos.

---

3. Escudriña la palabra. ¿Qué te dice El Señor que necesitas para ser un buen líder?

1 Pedro 5:2-4
Filipenses 2:3-8
Isaías 43:7
Isaías 52:13
Jeremías 1:5
Isaías 42:1
Mateo 20:25-26
Juan 13:3-5
1 Pedro 5:2-4
1 Pedro 5:5-7

Paso II

Estudia diariamente el manual de la vida; la palabra de Dios.

Si quieres ser un excelente líder y ver vidas transformadas por medio de tu liderazgo, estudia la palabra de Dios todos los días. Este es nuestro manual para la vida y te enseñará, ayudará y aconsejará cómo ser un líder estrella.

Nunca detengas tu educación y crecimiento personal y espiritual. Aprende algo nuevo todos los días y comparte lo que aprendiste con los demás. Entre más lees la palabra de Dios, más sabiduría obtendrás y te será mucho más fácil guiar y enseñar a otras personas.

La palabra de Dios es viva y si tú la conoces, te ayudará en esos momentos de necesidad. Estará presente en esos momentos donde debes corregir, aconsejar o guiar a alguien. Recordarás el versículo que necesitas en el momento preciso para sustentar a otras personas. Te motivará a mejorar tu vida un día a la vez.

Si tu vida mejora, la vida de las personas que estás influenciando mejorará también. Entre más leas la palabra, cada vez te sentirás más segura de los pasos que das y las personas comenzarán a adoptarte como su líder. El manual de la vida contiene la sabiduría que necesitas para equiparte como líder.

Actividad:

1. ¿Estás leyendo el manual de tu vida, la palabra de Dios, todos los días? S/N

2. Si tu respuesta fue no, ¿qué piensas hacer para cambiar esta situación?

   _____

   _____

   _____

   ____

3. Escribe la hora exacta donde estudiarás la palabra de Dios todos los días:

   _____ AM / PM

Paso III

Ten una actitud de servidora.

Para ser un buen líder, debes tener una actitud de servidor. La mejor manera de lograrlo, es observando las necesidades de los demás y tomando acción. Un buen líder siempre está pendiente de las necesidades de las personas que lo rodean y está dispuesto a servir.

132

Ayuda a las personas a crecer constantemente. Si ves que están teniendo dificultad y tú sabes cómo hacerlo, enséñaselo. Comparte todo lo que sabes con los demás y siempre ten un corazón dispuesto a colaborar en todo. Si no sabes la respuesta, investiga. Pídele a Dios sabiduría y ayuda para guiar a las personas a crecer y apaciguar su necesidad.

Podrías identificar donde hay necesidades, cuando escuchas atentamente cuando te están hablando. Un buen líder sabe escuchar. Cuando aprendes a escuchar, aprendes a ser compasiva. Esto te llevará a tener buenas relaciones humanas y te ayudará a que te escuchen en el momento que tú tienes algo que decir. Tener una actitud de servidor, provocará que te tengan cariño y respeto como líder.

Actividad:

1. ¿Reconoces alguna necesidad en las personas que influencias todos los días? S/N

2. ¿Cómo puedes suplir esas necesidades?

_____

_____

_____

_____

Paso IV

Examina cuáles son tus frutos.

Mateo 7:17-20 nos dice: *"Del mismo modo, todo árbol bueno da fruto bueno, pero el árbol malo da fruto malo. Un árbol bueno no puede dar fruto malo, y un árbol malo no puede dar fruto bueno. Todo árbol que no da buen fruto se corta y se arroja al fuego. Así que por sus frutos los conocerán."* La palabra nos alerta que conoceremos a las personas por medio de sus frutos. Por eso, es muy importante examinar y reconocer cuales son nuestros frutos.

Cuando tu das buenos frutos, las personas te reconocerán como un buen líder. Aprenderán a respetarte, te creerán, admirarán y te seguirán gracias a tus frutos.

Comparte tus buenos frutos con los demás. Tú eres su guía para enseñarles cómo ellos pueden producir esos mismos frutos en sus vidas.

Si te estás preguntando: ¿Cómo sé si estoy dando buenos frutos en mi vida? Completa la actividad y te ayudará a encontrar la respuesta.

Actividad:

1. Contesta las siguientes preguntas:

    ¿Estás haciendo todo lo que agrada a Dios? S/N

    ¿Estás glorificando a Dios con tus decisiones? S/N

    ¿Las personas te halagan y te admiran por tus frutos? S/N

    ¿Estás sirviendo en el cuerpo de Cristo? S/N

    ¿Si Dios te llamara a cuentas hoy, estarías orgulloso con lo que has hecho con tu vida? S/N

2. Revisa las preguntas que contestaste no. ¿Qué podrías hacer para mejorar?

_____

_____

_____

_____

_____

_____

Pensamientos Finales

Ahora que reconocemos que todas estamos llamadas a ser líderes, es importante recordar que es nuestra decisión ser "buenas" líderes. Tú decides si quieres ser la zanahoria, el huevo o el café.

Nuestras acciones determinarán cuales son nuestros frutos y todo comienza con las pequeñas decisiones que tomas todos los días. Si tú decides ser un buen líder de tu propia vida, serás un buen líder e influenciarás de una manera positiva la vida de las personas que te rodean.

Tu puedes brillar con tu luz propia donde quiera que vayas, solo debes decir ¡SÍ! al llamado de Dios para ser la sal y la luz del mundo. Tienes todo lo que necesitas para ser una líder ejemplar, todo está plasmado en la palabra de Dios que es el manual de tu vida. Cuentas con la guía diaria de tu entrenador de vida que es el Espíritu Santo. Ahora lo único que te falta es decidir ser de buena influencia en la vida de los demás y ayudar a transformar sus vidas.

Siempre recuerda que eres líder donde quiera que vayas, que estás representando a Jesús. Tú eres el modelo para tus hijos, tus amigos, tus compañeros y para todo aquel que te reconoce como cristiana. Lleva tu título de buen líder en alto y cambia el color, sabor y olor del agua donde quiera que vayas. ¡Elige ser café!

Sé Una Mujer Apasionada

Capítulo 12:
Apasionada

Colosenses 3:23

Hagan lo que hagan, trabajen de buena gana, como para el Señor y no como para nadie en este mundo.

¿Sabías que la pasión es la llave que abre las puertas de la felicidad y la abundancia? Cuando tienes pasión por lo que haces, tus niveles de concentración, creatividad y energía se hacen más fuertes. Tu mente y tu cuerpo están sincronizados para hacer lo que te gusta, lo cual haces con más empeño. Debido a esto, te sientes feliz al completar todas tus tareas y haces un buen trabajo todo el tiempo; lo que te lleva al éxito.

Me imagino que habrás escuchado esta frase antes: "Haz lo que amas y ama lo que haces". El problema es que no todo lo que hacemos siempre es de nuestro agrado. Pero **Colosenses 3:23** nos enseña que debemos trabajar para El Señor y no para nadie en este mundo. Cuando sabemos que lo que hacemos lo hacemos para Dios y para glorificarlo a Él, nuestra actitud cambia. Y es nuestra actitud lo que al final nos lleva a tener gozo, no importando las circunstancias.

La pasión es algo que desarrollamos con práctica. Cuando ponemos pasión en lo que hacemos, eso nos lleva a terminar las cosas bien, con
buena actitud y más rápidamente. Nos motiva a hacer las cosas con amor y nos lleva a terminar todas las obras que Dios ha puesto en nuestras manos. Esto nos permite crecer cada vez más y avanzar en Su llamado para nuestras vidas. Es importante reconocer que es nuestra decisión hacer las cosas con amor y pasión; y los beneficios que experimentamos son asombrosos.

Vive una vida con pasión

¿Te puedes imaginar lo que es ser una persona adulta que de momento siente que su vida quedó en cero y tuvo que volver a empezar como cuando apenas era un bebé?

En el año 1999, llegue a los Estados Unidos a mis 20 años de edad. Con solo una maleta llena de sueños, $10 dólares en mi bolsillo y sin hablar mucho inglés. Dejé familia, amigos, idioma y todo lo que me identificaba en el pasado y tuve que empezar una vida nueva.

Al encontrarme con una cultura totalmente diferente, no poder entender completamente lo que me hablaban y sin saber que me deparaba el futuro en este nuevo país, rápidamente perdí mi identidad y la pasión por la vida. Me era muy difícil hacer amigos, estudiar la carrera que quería o tener un trabajo que me gustara debido al idioma.

Tuve que comenzar de cero. Desde crear mi identidad de nuevo hasta aprender un nuevo idioma para poder sobrevivir. Empecé a trabajar en dos supermercados, uno a tiempo completo y en el otro trabajaba medio tiempo. También empecé a estudiar en la universidad a tiempo completo. En la universidad no me permitían estudiar psicología hasta que tuviera un nivel de inglés más avanzado. Entonces, me dediqué a estudiar solo inglés por el momento. Al no poder trabajar y estudiar lo que quería, y pasar todo mi tiempo solo estudiando y trabajando, los días se convirtieron en monotonía y un martirio para mí. Rápidamente perdí la pasión por la vida.

Yo quería encontrar el llamado de Dios para mi vida, hablar inglés fluido, tener muchos amigos, trabajar en algo que me apasionara y poder estudiar psicología. Pero nada de lo que yo quería hacer era permitido en el momento. Lo que yo ignoraba, era que El Señor tenía un plan maravilloso para mi vida y todo esto era solo parte del proceso.

Recuerdo que pasé muchos meses frustrada, llorando y amargandome la vida por no poder hacer lo que yo quería hacer. Recuerdo que llegaba a mis lugares de trabajo y no hallaba la hora de salir. Todo lo hacía de mal gusto y me era difícil concentrarme en las clases debido a mi cansancio. La palabra pasión ni siquiera existía en mi vocabulario en esa época, solo quejas y pesares como los Israelitas cuando estaban en camino a la tierra prometida. Llegó un día donde no quise vivir más en Estados Unidos (lugar donde me trajo el Señor) y lo único que quería era regresar a "Egipto".

Debido a mi falta de tiempo, me acostaba a dormir a las 11 de la noche y me levantaba a estudiar y hacer tareas de la universidad a las 3 de la mañana. El resto del día lo pasaba trabajando y estudiando; lo que me llevaba a dormir alrededor de solo 4 horas diarias. Perdí el balance total de mi vida. Cómo dormía tan pocas horas llegué a debilitarme física, mental y espiritualmente. Llegó un punto donde no le vi sentido a la vida y solo le preguntaba a Dios: "¿Por qué estoy aquí?" "¿Por qué estoy pasando por esto? ¿Por qué me trajiste aquí?"

En lugar de buscar la ayuda, el refugio, la sabiduría y la fortaleza de Dios, me empecé a refugiar en la comida y en el cigarrillo. Lo que llegó a debilitar aún más mi salud. Día a día me sentía más vacía y desesperada porque hubiera un cambio. En poco tiempo me encontré deprimida y sin nada ni nadie que pudiera subirme el ánimo.

Lo que te voy a decir quizás te va a sorprender, pero hoy doy tantas gracias a Dios por esa época; hoy la valoro muchísimo. ¿Y quieres saber por qué? Porque fue en esa época que mi relación con Dios creció y mis raíces se arraigaron en Cristo. Cuando estás pasando por el fuego, es allí donde El Señor te pule de una manera maravillosa. Si tú me preguntas hoy, que cambiarías de tu vida, te contestaría que absolutamente NADA. Todo lo que he vivido, El Señor lo convirtió en una oportunidad para pulirme y hacerme una mejor persona. Fue en esa época donde crecí enormemente y desarrollé muchas cualidades con El Señor: la paciencia, la fe, la pasión y el pasar tiempo preciado con Él; entre muchas otras. Te voy a explicar cómo sucedió.

Diana Bryant

Después de haber intentado llenar mi vacío con comida, cigarrillos, amigos, trabajo y estudio; comprendí que sólo Dios podía llenar ese vacío. Nadie ni nada me ayudaría a encontrar la pasión para mi vida. Y una tarde, recuerdo que en medio de mis lágrimas y dolor, decidí buscar a Dios con todo mi corazón. Comencé a leer la Biblia de nuevo y no la he soltado desde ese día.

Aunque era cristiana y había aceptado a Jesús como mi Salvador, no estaba disfrutando de los beneficios de vivir un "estilo" de vida cristiana. Razón por la cual, estaba viviendo una vida llena de vacíos, dudas y sin falta de pasión.

Cuando comencé a leer la palabra de Dios, a buscar Su ayuda y sabiduría; comencé a ver cambios increíbles en mi vida. Desde esa época, Dios se convirtió en mi mejor amigo; ¡y aún lo es! Cada tiempo libre que tenía, lo pasaba estudiando Su palabra. Comencé a asistir a una iglesia cristiana y mi vida comenzó rápidamente a ser transformada. Con amor, El Señor comenzó a mostrarme lo que yo estaba haciendo mal y lo que no le agradaba de mí. Me mostró poco a poco las áreas que debía cambiar en mi vida y me mostró las razones por las cuales no estaba viviendo una vida con pasión. Estas son algunas de ellas:

- Entendí que debía dejar de fumar porque le estaba haciendo mucho daño a mi salud y debía honrar el templo del Espíritu Santo. Ese mismo día deje de fumar para siempre.
- Entendí que debía ir al médico y tomar control de mi salud. Fue allí donde la doctora me dijo que mi colesterol estaba alto y estaba propensa a tener un ataque al corazón. Inmediatamente tomé acción y empecé a comer saludable, hacer ejercicios y glorificar el templo de Dios.
- Entendí que debía llevar una vida balanceada, ya que el tener un desbalance es abrir una ventana al enemigo para que nos ataque. Inmediatamente tomé acción y comencé a analizar que hacía falta en mi vida y a poner todas mis áreas en balance.
- Entendí que debía dormir 8 horas diarias; ya que el sueño es fundamental para el cuerpo. Y tomé inmediatamente acción al respecto.
- Entendí que mi fe y confianza debían estar puestas en Dios y no en un título, un trabajo, un idioma o en mis habilidades. Comprendí, que mi futuro estaba en Sus manos y que Él tenía

planes maravillosos para mí. Que todo estaría bien y TODO trabajaría para mi bien.

- Entendí que todo lo que hiciera en esta tierra, no importa que trabajo fuera, era para glorificarlo a Él. Comprendí que debía trabajar para Dios y no para los hombres. Esto me llenó de mucho gozo y pasión en todo lo que hacía.

- Entendí que estaba pasando por el fuego, que El Señor me estaba transformando y que Su palabra me decía que debía estar gozosa en el proceso. Comprendí que El Señor me estaba preparando para un llamado grande en mi vida.

Y estos son apenas algunos ejemplos. El Señor me ministró muchísimo durante esa época. Todo lo que aprendí durante este proceso, hoy es un ministerio para ayudar a otras personas. Lo que pensé era la peor época de mi vida se convirtió en la mejor. Lo que el enemigo trató de destruir, Dios lo convirtió en un testimonio. ¡Toda la gloria y la honra para Dios!

Desde entonces comprendí que no necesito entender lo que Dios está haciendo en mi vida o qué planes tiene preparados para mi futuro. Confió plenamente que Sus planes son perfectos y maravillosos para mí. Aprendí a vivir el día a día con pasión. Hacer todas las cosas para glorificar y agradar a Dios y obedecer inmediatamente cuando me pide que cambie algo, ya que sé, es para mi bien.

Aunque durante esa época, El Señor aún no había revelado Su llamado para mi vida, no hablaba bien el idioma y apenas estaba comenzando a pasar por el fuego; sabía que Dios tenía un gran plan para mi vida. Hoy en día, entiendo el porqué tuve que pasar por todo lo que pasé. Hoy, soy un instrumento en las manos del Señor y mis testimonios ayudarán a muchas mujeres. Si no los hubiese vivido y dominado, no tendría material para enseñar. Dios hizo de mis cenizas un ministerio.

Tú también puedes cambiar tu actitud y vivir una vida con pasión sin importar por lo que estés pasando. Convierte a Dios en tu mejor amigo, cuéntale tus necesidades, alábalo, lee Su palabra diariamente y glorificarlo con tus acciones. Recuerda siempre que si estás pasando por el fuego es porque Dios te está preparando para algo mejor y créeme que vas a salir como un diamante brillante de allí.

Dios es perfecto, Su tiempo es perfecto y tú fuiste creada con un propósito. ¡Cree en Sus promesas para tu vida y vive cada día con pasión!

Pasos Para Ser Una Mujer Apasionada

Sé que hay muchos momentos en la vida donde nos encontramos con falta de pasión para lograr todo lo que Dios nos ha llamado a hacer. La

pasión es una actitud, y solo tú puedes ayudar a mantenerla y preservarla. Los siguientes pasos te ayudarán en el proceso:

Paso I

Glorifica el templo del Espíritu Santo.

Uno de los versículos en la palabra de Dios que ministró a mi vida en esos momentos donde me sentía deprimida y sin fuerzas, fue la historia de Elías (quien se sentía de la misma manera que yo me estaba sintiendo).

Lee lo que el ángel de El Señor le pidió a Elías que hiciera: **1 Reyes 19: 4-8** *"Se internó en el desierto y, después de caminar todo un día, se sentó a descansar debajo de un enebro. Con deseos de morirse, exclamó: 'Señor, ¡ya no puedo más! ¡Quítame la vida, pues no soy mejor que mis antepasados!' Se recostó entonces bajo la sombra del enebro, y se quedó dormido. Más tarde, un ángel vino y lo despertó. Le dijo: 'Levántate, y come.' Cuando Elías se sentó, vio cerca de su cabecera un pan que se cocía sobre las brasas y una vasija con agua. Comió y bebió, y se volvió a dormir. Pero el ángel del Señor volvió por segunda vez, lo despertó y le dijo: 'Levántate y come, que todavía tienes un largo camino por recorrer.' Elías comió y bebió y recuperó sus fuerzas, y con aquella comida pudo caminar durante cuarenta días con sus noches, hasta llegar a Horeb, el monte de Dios."*

El Señor me ministró ese día, que para tener las fuerzas suficientes para lograr lo que Él nos pide que hagamos, debemos comer bien y dormir bien. Es recomendable dormir por lo menos 8 horas todos los

141

días, llevar una dieta balanceada y comer a horas. Cuando tú comes saludablemente y duermes tus 8 horas diarias consistentemente, tu mente y cuerpo tienen la energía necesaria para resistir todo lo que le pidas. Tu cuerpo y tu mente necesitan recargarse. Cuando lo hagas, te sentirás más alegre, podrás tomar mejores decisiones y sentirás pasión por todo lo que haces.

Actividad:

1. Contesta las siguientes preguntas:

    ¿Estás durmiendo 8 horas diarias? S/N

    ¿Estás comiendo suficiente frutas y vegetales? S/N

    ¿Estás comiendo a la misma hora todos los días? S/N

2. Si la respuesta fue no, ¿qué piensas hacer para mejorar?

    _____

    _____

    _____

    _____

Paso II

Busca a Dios.

¿Qué dice Dios en Su palabra en cuanto a tu situación? ¿Qué te pide Él que hagas? Es tu responsabilidad buscar a Dios, pedirle Su ayuda, sabiduría y apoyo. Dios es un caballero y él nunca te forzará a buscarlo. el Señor te promete que cuando lo busques, lo encontrarás. En **Jeremías 29:13** Dios nos dice: *"Me buscarán y me encontrarán, cuando me busquen de todo corazón."*

142

Busca a Dios con todo tu corazón y hallarás Su gracia y Su favor. Memoriza las promesas que Él tiene para tu futuro y enfócate en ellas. No permitas que pensamientos negativos opaquen tu pasión por la vida. Siempre recuerda Sus promesas y piensa en todas las razones por las cuales haces lo que haces. Piensa en tu familia, tu salud, tu bienestar, y haz todo para agradar a Dios.

Cuando buscas a Dios en esos momentos de necesidad y te refugias en Él, sientes Su mano poderosa tomar acción sobre tu vida. Sientes Su guía y dirección; sientes Su amor incondicional corrigiéndote en todo lo que haces para poder llevarte a otro nivel. ¡Refúgiate solo en Dios!

Actividad:

1. Contesta las siguientes preguntas:

¿Te sientes con falta de pasión, gozo o felicidad? S/N

¿Te sientes estresada, confundida o deprimida? S/N

¿Sientes que necesitas un cambio en tu vida? S/N

¿Sientes que estás pasando por muchas pruebas? S/N

2. Si respondiste "si" a alguna de estas preguntas, es hora de buscar a Dios. Escudriña Su palabra y aprende que dice Él acerca de cómo te estás sintiendo. Busca Su ayuda y dirección. Escribe lo que Él ministra a tu vida.

_____

_____

_____

_____

Paso III

Ten una visión.

La palabra nos dice en **Proverbios 29:18** *"Donde no hay visión, el pueblo perece"*. Es importante tener una visión en tu vida. Tener claro que quieres y a dónde quieres llegar. Visualiza la meta final y lo bien que te sentirás una vez hayas logrado tu objetivo. Esto te motivará y te dará fuerzas para culminar tu labor con pasión.

Una visión es la capacidad de ver más allá de lo que actualmente estás viviendo. De poder imaginar el resultado final teniendo fe y sabiendo que todo trabajará para tu bien. Es poder ver realizado todo lo que te propones y deseas en la vida. Las personas más exitosas, siempre tienen un tablero de visión que los ayuda a estar enfocados y motivados a alcanzar todo lo que Dios los ha llamado a hacer. Lee el capítulo 6: "Se Una Mujer de Visión" si necesitas encontrar la tuya. Tu visión mantendrá viva tu pasión por la vida.

Actividad:

Escribe cuál es tu visión en la vida. Si tienes dificultad para escribirla, lee el capítulo 6: "Se Una Mujer de Visión".

_____

_____

_____

Paso IV

Haz todo para Dios.

Cuando te convences a ti misma y siempre piensas que todo lo que haces es para El Señor y para glorificarlo a Él, empiezas a ver lo rápido que cambia tu perspectiva. La palabra nos dice en **Colosenses 3:23** *"Hagan lo que hagan, trabajen de buena gana, como para el Señor y no como para nadie en este mundo."* Tu amor por Dios te lleva a hacer las cosas con excelencia y pasión.

144

Al saber que estás trabajando para El Señor, te sientes más entusiasmada y disfrutas más la trayectoria de lo que haces. En otras palabras, sientes pasión en la vida. No importa lo que estés haciendo: ya sea en tu trabajo, tu hogar, tu comunidad o en tu iglesia; siempre piensa que todo lo que haces es para agradar a Dios y no para agradar a un humano. Tu verás lo rápido que tu estado de ánimo cambia y con el gozo que completarás tus labores.

Actividad:

Completa las siguientes frases con la lista de nombres que siempre intentas agradar en vez de agradar a Dios:

Yo hago todas las tareas de mi *hogar* con excelencia y pasión para agradar a Dios y no a:

_____

Yo hago todas las tareas de mi *trabajo* con excelencia y pasión para agradar a Dios y no a:

_____

Yo hago todas las tareas de mi *escuela* con excelencia y pasión para agradar a Dios y no a:

_____

Yo hago todas las tareas de mi *iglesia* con excelencia y pasión para agradar a Dios y no a:

_____

Yo hago todas las tareas de mi *comunidad* con excelencia y pasión para agradar a Dios y no a:

_____

Pensamientos Finales

Para conservar la pasión en tu vida, mantén tu mirada puesta en Dios. Corre a Él cuándo sientas que estás pasando por el fuego. Dios será tu apoyo, tu refugio y tu fortaleza. No te apoyes en ti misma ni en tus propias capacidades. Nada ni nadie, podrá llenar el vacío que estás tratando de llenar. Solo Dios puede llenarlo. Búscalo y lo encontrarás.

Siempre recuerda, que todo lo que vivimos es por un propósito y nunca es en vano. No pierdas tu tiempo ni te hagas daño a ti misma tratando de entender el porqué pasas por lo que pasas. Pon tu confianza plenamente en las manos de Dios y cree que Él tiene un propósito maravilloso para tu vida. Lo que yo creí por mucho tiempo que había sido el final de mi vida,

era apenas el comienzo. Dios tiene un llamado especial para cada uno de nosotros. Solo debemos tener fe, dejar de quejarnos y vivir una vida con pasión.

Todo lo que hagas hazlo para honrar al Señor. Celebra todos tus logros y tus esfuerzos; no los pases por desapercibidos. Recompénsate a ti misma por ser una buena madre, hermana, hija, estudiante, trabajadora, cristiana y por todo lo que haces. Regálate tiempo para ti y para hacer lo que te gusta. Durante ese tiempo piensa que El Señor está complacido contigo y con todos tus esfuerzos. Él quiere que vivas una vida plena y apasionada.

Eres una mujer virtuosa con un llamado grande para tu vida, no permitas que las pequeñas piedras que se presentan en tu camino te desanimen y te roben tu pasión. ¡Sigue perseverando mujer virtuosa, haz todo para Dios y vive una vida con pasión!

Sé Una Mujer Llena de Fe

Capítulo 13: Llena de Fe

Hebreos 11:1
Ahora bien, la fe es la garantía de lo que se espera,
la certeza de lo que no se ve.

Si quieres experimentar un sentimiento de libertad, gozo y paz; pon toda tu confianza y fe en Dios. Fe es tener la certeza que cualquier cosa que pidamos a Dios, en el nombre de Jesús y que vaya de acuerdo a Su voluntad, nos será dada a Su tiempo. Fe es la convicción, de que, aunque no palpemos o podamos ver lo que esperamos, se hará realidad. Es saber con seguridad y sin duda que viene en camino. Es saber que, aunque no existe aún, existirá pronto. Fe es lo que mantiene nuestra esperanza puesta en las promesas de Dios.

Cuando activas y prácticas tu fe y tu confianza en Dios, desatas un poder sobrenatural. La palabra nos dice en *Mateo 17:20* que si tenemos fe así sea tan pequeña como un grano de mostaza, le podemos pedir a una montaña que se mueva de aquí para allá, y se moverá. Tu fe mueve la mano de Dios y permite que Él obre en tu vida. Tu fe permite que Dios haga milagros en tu salud, tu familia, tus finanzas y en todas tus situaciones. Tu fe y tu confianza en Dios son armas

147

poderosas cuando el enemigo intenta atormentarte con mentiras. Tu fe es creer en Dios, en Su palabra y en Sus promesas para tu vida.

La fe te llena de gozo y de paz. Te mantiene motivada a seguir luchando. Te ayuda a poder enfocarte a cumplir con tus tareas aquí en la tierra; confiando que tu Creador está encargado de lo sobrenatural. Sabes que Dios está en control de todas las cosas y no te preocupas por lo que has puesto en Sus poderosas manos. Tu fe te ayuda a llevar una vida más liviana.

Nuestra fe debe siempre estar puesta en Dios y Su palabra. No debemos valernos de nuestras propias fuerzas o habilidades. No debemos poner nuestra fe en nuestros esposos, jefes, dinero o en nada, ni nadie más. Dios es nuestro proveedor y sólo en Él debemos poner nuestra confianza.

¡Pon tu fe y confianza solo en Dios! No desvíes tu mirada de Él y serás testiga de milagros poderosos en tu vida.

Un acto de fe

Podría escribir todo un libro lleno de los testimonios acerca de cómo Dios ha actuado en mi vida. Sus páginas estarían llenas de la cantidad de veces que he visto mi fe mover Su mano poderosa y los milagros que he experimentado. Historias, donde El Señor me ha recordado que mi fe y confianza deben estar puestas solo en Él. Pero hoy te contaré una de ellas.

Años atrás, Dios nos bendijo a Chris y a mí con la oportunidad de comprar una casa por primera vez. Apenas llevábamos un año de casados y hasta ahora estábamos empezando a crear nuestro crédito. Para poder pagar las cuotas mensuales de la casa, los dos necesitábamos del cheque de cada uno. En esa época, los dos trabajábamos para la misma compañía y llevábamos menos de un año trabajando allí. Aunque las circunstancias en esos momentos sonaban muy riesgosas, decidimos proseguir en fe con nuestro sueño y comprar la casa.

Al año de haber comprado la casa, escuchamos las noticias que la economía en los Estados Unidos había sido afectada. Muchos empleadores estaban dando "lay off" (dejando sin empleo) a sus empleados debido a la mala economía del país. Cuando escuché esa

148

noticia, recuerdo sentir una angustia terrible de saber que alguno de los dos podríamos perder nuestro trabajo. Me afectó tanto, que no podía dormir bien en las noches pensando que pasaría si nos quedábamos sin trabajo. Quién pagaría nuestros recibos de servicios y la cuota de la casa. Pasé muchas noches en vela pensando y haciendo cálculos para ver cómo podríamos sobrevivir con Chris.

Esta noticia me afectó de tal magnitud porque mi fe y mi confianza no estaban puestas en Dios; sino en el dinero, la economía y lo que la compañía podría hacer por mí y por Chris. Pasé un par de meses atormentada con las noticias y preguntándole a Chris todos los días: "¿Cómo sigue la economía, ya mejoró?" Y sus respuestas siempre me desanimaban aún más: "no, la economía está cada vez peor. El porcentaje de desempleados sigue subiendo." Y mi preocupación se incrementaba cada día más.

Una tarde, recibí una llamada de Chris que recuerdo me dejó completamente desarmada. Me dijo: "Diana, me llamaron de la oficina de recursos humanos..." recuerdo que no escuche más, todo me dió vueltas y sentí que mi corazón se me iba a salir. A Chris le habían dado "lay off".

Son situaciones como ésta que nos hacen caer en cuenta que en realidad solo contamos con Dios y que Él siempre está allí para consolarnos y ayudarnos. En todo este proceso la mano de Dios se estaba moviendo de una manera poderosa y me estaba enseñando una lección que jamás olvidaré.

Recuerdo que Chris me dijo que iba para la casa y que se iba a poner a buscar trabajo, pero los dos (sin decir nada) sabíamos que iba a ser muy difícil conseguir algo debido a la situación económica. Todas las personas que habían perdido sus trabajos estaban buscando también sin ninguna esperanza.

Recuerdo que después de colgar el teléfono, salí de mi oficina y me monté al carro para tener un poco de privacidad. Y lloré como un bebé recién nacido que nadie puede consolar. Le preguntaba a Dios: "¿Por qué a nosotros?" "¿Y ahora qué va a pasar con nosotros y nuestra casa?" Después de haber llorado por un buen tiempo (hasta el punto que me dió dolor de cabeza) agoté todas mis lágrimas y quedé en silencio total.

149

Durante ese momento de silencio, Dios ministró a mi corazón. Comencé a ver cómo desde que escuché las noticias de la crisis de la economía, mi fe y confianza todo el tiempo habían estado puestas en el dinero, la economía y en las noticias terrenales. Todo este tiempo le pedía a Dios que nos protegiera, pero no había puesto mi confianza y fe plenamente en Él. Reconocí que al momento que terminaba de orar, corría a preguntarle a Chris cómo estaba la economía. Seguía desvelada revisando mis impuestos y preocupada todos los días esperando la llamada de recursos humanos, para decirnos que nos habíamos quedado sin trabajo. Hasta que por fin llegó la llamada que tanto estaba esperando.

Cuando me di cuenta que mi fe y confianza no estaban puestas en Dios sino en el dinero y lo que el mundo ofrece, sentí un dolor profundo en mi corazón y lloré pidiéndole perdón a Dios. Mi llanto esta vez era completamente diferente a aquel que había tenido un par de minutos atrás. Este llanto era de remordimiento y búsqueda de perdón.

Cada vez que recordaba cómo le pedía a Dios en mis oraciones que protegiera nuestro trabajo, y a los dos segundos estaba diciendo en voz alta "qué tan preocupada estaba de perder mi trabajo"; reconocía mi falta de fe y confianza en Él. Me sentí hipócrita y muy arrepentida con El Señor. Ese día le prometí a Dios que nunca más pondría mi fe y mi confianza en nada ni nadie que no fuera Él. Y así ha sido hasta el día de hoy. Él es tan maravilloso y misericordioso que esa tarde en ese carro sentí Su presencia y Su mano poderosa consolandome. Sentí en ese momento Su promesa que todo iba a estar bien; ¡Y así fue!

Cuando llegué a la casa, le dije a Chris que todo iba a estar bien. Y sentía una paz inexplicable. Él me dijo que tenía dos semanas para conseguir un trabajo ya que la compañía le había dicho que le pagarían por dos semanas más. Durante la primera semana Chris aplicó a diferentes trabajos, pero no habían puestos disponibles. Pero mi actitud había cambiado, mi fe y confianza ya no estaban puestas en las circunstancias sino en El Señor y Sus planes para mi vida. Ya nada me preocupaba, confiaba y declaraba todos los días en voz alta que Dios iba a proveer y que algo muy bueno venía para nosotros. No solo lo decía, sino también lo creía.

Un par de días antes que se vencieran las dos semanas, la compañía que le dio "lay off" a Chris, lo llamó de nuevo para dejarle saber que había un puesto vacante y superior al que tenía en un departamento diferente. El problema, era que muchas personas estaban aplicando a ese puesto. Le dijeron que si él estaba interesado podía aplicar. Y dos días después Chris estaba trabajando en la misma empresa, en una posición más alta y con un mejor sueldo que el que tenía antes.

Durante el periodo que Chris estuvo sin trabajo, fue como si le hubiesen dado dos semanas de vacaciones pagas y regreso con aumento. Nunca nos faltó nada y El Señor proveyó en sobreabundancia tal como yo lo había estado declarando. Nunca más volví a poner mi confianza y fe en nada más, sino solo en Dios.

Años después, aún con más responsabilidades que tan solo pagar la cuota de la casa, Dios me llamó a empezar un ministerio donde me pidió dejarlo todo y depender de Él al 100 por ciento. Al mismo tiempo, Chris empezó su propio negocio y dejó su trabajó en la corporación. Ninguno de los dos lo pensamos ni siquiera dos veces. No por ser irresponsables, la diferencia es que nuestra fe y confianza ya no está puesta en el mundo y lo que nos ofrece; sino en Dios y Sus promesas de darnos un futuro mejor. Dios nos estaba preparando para este llamado y aprendimos a poner nuestra confianza en Él. ¡Realmente tener tu fe y confianza puesta en Dios te libera!

Pasos Para Ser Una Mujer Llena de Fe

Ya que entendemos que fe es la garantía de lo que se espera y la certeza de lo que no se ve, como no lo enseña **Hebreos 11:1**, ahora podemos aprender los pasos para estar llenas de fe.

Jesús, nos dejó estos pasos de enseñanza en **Marcos 11: 22-25**. Los he enumerado en la escritura para que los veas fácilmente:

Paso I: Tengan fe en Dios, respondió Jesús. Paso II: Les aseguro que si alguno le dice a este monte: "Quítate de ahí y tírate al mar", Paso III: creyendo, sin abrigar la menor duda de que lo que dice sucederá, lo obtendrá. Paso IV: Por eso les digo: Crean que ya han recibido todo lo que estén pidiendo en oración, y lo obtendrán. Paso V: Y cuando estén orando, si tienen algo contra alguien, perdónenlo, para que también su Padre que está en el cielo les perdone a ustedes sus pecados.

151

Paso I

Ten fe en Dios constantemente.

En todo momento y en todo lugar debemos tener fe en Dios. Cuando ponemos nuestra fe y confianza en Dios, podemos descansar tranquilas porque Él está en control. Poner tu fe en Él no significa sólo orar, sino también dejar la petición en Sus manos. No trates de cogerla de nuevo y controlarla con tus propias fuerzas. También cuídate de lo que sale de tus labios y asegúrate que estás diciendo en voz alta lo que le estás creyendo a Dios. Asegúrate de estar de acuerdo con Sus promesas. De otra manera, ¿dónde está tu fe?

Debemos tener cuidado de no poner nuestra fe en otras cosas, personas o circunstancias, ni en nosotras mismas y en nuestras capacidades. Nuestra fe y confianza solo deben estar puestas en Dios. Solo así experimentaremos esa paz profunda y tendremos esa certeza de que todo trabajará para nuestro bien.

Actividad:

1. En la columna "A", haz una lista de todo lo que le estás creyendo a Dios.

    A   *B*

    _____   _____

    _____   _____

    _____   _____

    _____   _____

    _____   _____

    _____   _____

    _____   _____

2. En la columna "B", escribe en quién tienes puesta tu fe y tu confianza.

Paso II

Háblale a la montaña.

Jesús nos dice que debemos hablarle a la montaña. La montaña puede ser tus problemas, tus debilidades, tu falta de confianza, tus sueños o todo aquello que le estés creyendo al Señor.

Cuando le hables a la montaña, asegúrate de hablarle en voz alta y con autoridad. Tú vas en el nombre de Jesús; y con la autoridad y el poder que Él te ha dado. Habla a la montaña segura de que Dios te respalda y declárale Sus promesas. Hay poder en la palabra y lo que tú dices se manifiesta en realidad, así es que dile a esa montaña lo que le estas creyendo a Dios.

Declara sanidad, prosperidad, abundancia, sabiduría, reconciliación, perdón y todo lo que deseas sobre tu vida. Cuando tú le hablas a la montaña de esta manera, estás declarando en voz alta que le estás creyendo a Dios. Le estás dando una orden a esa montaña para que haga lo que le estás pidiendo. ¡Mueve todas tus montañas, Dios te respalda!

Actividad:

Haz una lista de tus montañas y lo que les vas a decir.

Montaña   **Mi Fe**

_____   _____

_____   _____

_____   _____

_____   _____

_____   _____

153

Paso III

Cree sin tener la menor duda.

Jesús nos dice que cuando le hablemos a las montañas, debemos asegurarnos que estamos creyendo lo que le estamos diciendo a esa montaña. Debemos creer que lo que decimos sucederá. Cuando hablamos con autoridad y seguridad a la montaña, no debe ser solo con palabras; pero nuestro corazón, mente y actitudes deben respaldar lo que decimos.

El Señor nos promete que cuando creemos lo que le estamos diciendo a esa montaña, lo obtendremos. Por ejemplo, si tu montaña es una enfermedad, tú debes hablar con autoridad creyendo que El Señor te sanará. Debes decirle a tu enfermedad: "Dolor, usted no tiene ninguna autoridad sobre mi cuerpo y ha sido eliminado. Soy declarada sana, en el Santo y poderoso nombre de Jesús, Amén." La palabra de Dios dice que cuando lo dices creyendo y sin tener la menor duda de lo que dices, sucederá.

Después de declararlo en voz alta, es importante continuar demostrando que lo crees. La mejor manera de demostrarlo es por medio de tus actitudes, tus palabras y tus acciones diarias. Ellas deben respaldar siempre lo que tú le estás diciendo a tu montaña, de esta manera tu montaña no tendrá otra opción que moverse.

¡El poder de mover montañas está en ti, solo tienes que creer al declarar las promesas de Dios sobre tu vida!

Actividad:

1. Revisa la lista de la actividad anterior y pregúntate a ti misma: ¿Estoy respaldando con mis acciones, palabras y actitudes diarias lo que le estoy diciendo a mis montañas? S/N

2. Si tu respuesta fue no, entonces: ¿Qué piensas hacer al respecto? Escribe tus decisiones:

_____

_____

_____

154

Paso IV

Cree que ya lo has recibido.

Jesús nos dice que debemos creer que todo lo que hemos pedido a Dios en oración por medio de Su Hijo lo hemos recibido. Cuando ores al Señor, cree que lo que estás pidiendo lo recibirás y dale gracias a Él por haber escuchado tu oración. Es la promesa de Jesús que todo lo que pedimos a Dios en Su nombre Él nos lo dará, de acuerdo a Su voluntad. Así es que no tengas duda al pedirle al Señor que mueva montañas por ti. Pídele con fe y Él lo hará.

Es el deseo de Dios conceder todos los deseos de tu corazón, de darte un mejor trabajo, de sanar tu enfermedad, de darte un futuro mejor; pero depende de ti el obtenerlo. Tu fe permite que Dios mueva Su mano y actué en tu vida. Por eso cuando pidas algo al señor asegúrate que estás creyendo que Él ha escuchado tu oración y que a Su tiempo verás Su respuesta. Mientras esperas, ten una buena actitud y declara que el Señor está trabajando en mover esa montaña en tu vida; así no lo veas al comienzo. El tiempo de Dios es perfecto y Él nunca llega tarde.

Tu oración es efectiva cuando llegas al trono de Dios en el nombre de Jesús. Con expectativas que Él escuchará tu oración y moverá tu montaña. ¡Cree que Dios puede hacerlo y que ya has recibido lo que pediste; y así será!

===

Actividad:

Revisa cada montaña de la actividad número uno y declara que ya has recibido lo que has pedido. Escribe tus pensamientos.

_____

_____

_____

_____

_____

===

155

Paso V

Pide perdón y perdona.

Jesús concluye Su enseñanza recordándonos la importancia de pedir perdón y perdonar. Nos dice que mientras estemos orando, si nos acordamos que tenemos algo contra alguien, debemos pedir perdón y perdonar.

Para que El Señor pueda escuchar tu oración, es fundamental estar en paz con todos los que nos rodean. Antes de llevar cualquier petición al altar, asegúrate de estar en paz con todas las personas. Si quieres tener una relación más cercana con El Señor, vive en paz con todo el mundo. No tengas orgullo al pedir perdón y sé rápido al perdonar. Solo así, podrás acercarte al Señor y Él podrá escuchar tu petición.

Actividad:

1. Haz una lista de las personas que sabes haz ofendido o te han ofendido y comienza el proceso de pedir perdón y perdonar. Esto agrada al Señor.

   _____   _____

   _____   _____

   _____   _____

   _____   _____

2. Escudriña la palabra. ¿Qué te ministra El Señor en cuanto a tu fe en cada uno de estos versículos?
   Mateo 17:20
   Marcos 11:23
   Romanos 5:2
   Romanos 10:17
   Romanos 15:13
   1 Corintios 2:5
   2 Corintios 5:7
   Efesios 6:16
   Hebreos 10:22-23
   Hebreos 11:1-3
   Hebreos 11:6
   Santiago 2:17

Pensamientos Finales

El poder de la fe está en poner toda tu confianza solo en Dios, en todo momento y en todo lugar. Está en hablar a tus montañas con autoridad y creyendo que se moverán. Está en no dudar ni siquiera un segundo de las promesas de Dios. Está en creer que todo lo que le pides a Dios, en el nombre de Jesús, ha sido concedido y lo verás manifestarse en tu vida en el tiempo perfecto de Dios. El poder de la fe, está al pedir perdón y perdonar a todos los que te rodean.

Es allí cuando comienzas a ver milagros pasar en tu vida y todas tus montañas comienzan a moverse. No permitas que nada ni nadie reemplace tu confianza en Dios. Cree que a Su tiempo te dará lo que necesitas y que tu futuro está en Sus manos. No necesitas entender todo lo que Dios está haciendo en tu vida, solo tienes que creer que todo trabajará para tu bien. Si Dios lo pudo hacer conmigo, lo puede hacer contigo también. Lo que parecía que venía a destruirnos, Él lo convirtió en una bendición y en un testimonio.

Solo tienes que cambiar tu perspectiva y poner toda tu confianza y fe en Dios. Demuestra todos los días con tus actitudes, palabras y acciones que estás creyendo en Sus promesas, sin importar lo que las circunstancias te digan. Cree que Él está actuando en tu vida y así será. Él ya dijo "*¡Sí!*" a tu petición, solo tienes que creerlo.

Cuando tu fe y confianza están arraigadas solo en Dios en todo momento y en todo lugar, verás las bendiciones y milagros palpables en tu vida y los que te rodean. ¡Mantén tu fe y confianza puesta SOLO en Dios!

Sé Una Mujer Bendecida

Salmos 33:12

Dichosa la nación cuyo Dios es el SEÑOR,
el pueblo que escogió por su heredad.

Ser una mujer bendecida es un regalo que Dios nos da por medio de Su gracia. Es un honor y un privilegio cuando Dios nos bendice, ya que, como pecadores, no merecemos nada. Debemos dar gracias a Dios todos los días porque somos mujeres más que bendecidas. El Señor nos dió el regalo más preciado donde nos demostró Su amor infinito por cada una de nosotras, y es Su hijo amado. Todos los días, contamos con la presencia, la misericordia y el amor incondicional de nuestro Creador. Somos bienaventuradas y más que bendecidas ya que somos el pueblo de Dios. ¡Gloria a Dios por Su misericordia y amor!

El amor de Dios es tan grande para con nosotras, que no le bastó con solo darnos a Su hijo amado, sino que busca cada día bendecirnos más y más. Dios nos amó primero y nos muestra cada día su inmensa misericordia, gracia y favor. El Señor se deleita bendiciendo a Sus hijos y es por eso que Su amor es incomparable. Su palabra está llena

158

de promesas maravillosas para cada una de nosotras y lo único que nos pide para obtenerlas es que le creamos y tengamos fe.

Cuando eres una mujer llena de fe y crees que El Señor puede bendecirte, recibes las bendiciones adicionales que Él tiene preparadas para ti. Dios nos promete en **Jeremías 29:11** *"Porque yo sé muy bien los planes que tengo para ustedes, afirma el Señor, planes de bienestar y no de calamidad, a fin de darles un futuro y una esperanza."* Y nosotras, solo tenemos que creerlo y así se hará.

Agradece al Señor todos los días por la manera que Él te ama, por la manera que Él te bendice y por los planes maravillosos que tiene para ti y tu familia. Despierta cada mañana con la expectativa de recibir una bendición nueva cada día. ¡Goza a plenitud los beneficios de ser hija del Rey de reyes y Señor de señores!

Una bendición que nunca acaba

Cuando nos ponemos a pensar todo lo que Dios hace por nosotras todos los días, nos damos cuenta que Su infinita gracia nunca termina. Que, aunque seamos infieles, Él es fiel. Y cuando obedecemos lo que Él pone en nuestro corazón, vemos Su mano poderosa moverse en nuestra vida de una manera sobrenatural; y Él nos recompensa llenándonos de bendiciones.

Algo que he aprendido con el paso de los años, es que entre más tú te preocupas y pones las necesidades de los demás antes que las tuyas, más bendecida eres; ya que Dios se encarga de tus deseos y tus necesidades. Cuando tú eres bendecida por El Señor, es ahora tu responsabilidad ir y bendecir a alguien más. Y entre más compartes tus bendiciones, más bendecida eres y se convierte en un círculo que nunca acaba.

El Señor me ha enseñado que hay diferentes maneras de bendecir a otras personas. Podemos bendecirlas con:

- Dinero
- Nuestro tiempo
- Compartiendo la palabra de Dios
- Nuestros talentos y dones
- Nuestra compañía
- Nuestros testimonios

159

...y hasta con un simple abrazo o una palabra de aliento. La clave es prestar atención a lo que El Señor pone en nuestro corazón y ser obediente inmediatamente. Cuando sentimos en nuestro corazón hacer algo por alguien es porque hay una necesidad en esa persona que necesita ser suplida y El Señor te está pidiendo que la suplas. Cuando lo haces, no solo estás bendiciendo a tu hermano(a), si no estás siendo obediente a Dios y Él te bendice a ti.

Muchas veces el Espíritu Santo me ha hecho el llamado de hablar, dar o ayudar a alguien que a veces ni siquiera conozco. Y cuando he sido obediente, El Señor me ha recompensado de maneras sorprendentes. Dios conoce tu corazón y Él sabe cuándo lo haces por un interés o lo estás haciendo para agradarlo a Él y por amor a tu prójimo. Nunca pases desapercibido lo que el Espíritu Santo te pide que hagas, no importa lo grande o pequeño que sea.

Recuerdo una vez cuando el Espíritu Santo me llevó a bendecir a alguien en algo tan sencillo como darle el bolso que llevaba ese día. Años atrás, hacía mucho tiempo, estaba tratando de conseguir un bolso que fuera práctico para mi uso diario. Lo buscaba en un color específico y no lo quería muy grande/ni muy pequeño, y lo quería con bastantes compartimientos. Lo busqué por muchos meses sin encontrarlo, hasta que por fin encontré uno similar al que yo quería, pero en otro color. Como era el último que les quedaba, entonces decidí comprarlo.

Esa misma tarde, cuando llegue a la casa, vino la abuelita de Chris a visitarnos y lo primero que notó fue mi bolso. Me dijo que ella llevaba mucho tiempo tratando de encontrar un bolso así. Inmediatamente sentí en mi corazón desocupar mi bolso y dárselo a ella, y así lo hice. Tomé todas mis cosas y las saqué del bolso y le conté a ella que sentí en mi corazón hacerlo y debía ser obediente a ese sentimiento. Ella se puso muy feliz y cargó ese bolso hasta el último día de su vida.

Un par de semanas después, paseando por las calles de Nueva York con Chris, decidí entrar a un almacén y allí estaba el bolso que tanto había buscado. Era exacto como lo quería; el color, el diseño y todo lo que tenía en mi mente estaban en ese bolso. No solo era exacto como lo quería, pero también lo tenían en descuento y con los puntos que tenía en mi tarjeta me salió por solo diez dólares. En ese momento me sentí muy bendecida. El Señor me recordó que unas semanas atrás yo había sido de bendición a alguien más.

160

En otra ocasión, con Chris estábamos ahorrando para comprar un carro nuevo y ya teníamos todo listo para ir a reservarlo ese fin de semana. Pero durante la semana escuchamos de una tragedia que ocurrió en Colombia y como muchas personas fueron afectadas quedándose sin vivienda. Los dos sentimos en nuestro corazón enviar esos ahorros a Colombia y así ayudar a esas personas que necesitaban de ese dinero más que nosotros.

Con gozo enviamos el dinero y decidimos esperar el tiempo de Dios para comprar el carro nuevo. Un mes después, sin esperarlo, Chris firmó un contrato con una empresa para filmar un video y a mí me llegó un cheque de bonos de mi empresa. Estas dos inesperadas bendiciones, combinadas, triplicaban la cantidad de dinero que habíamos enviado a Colombia. Y ese mismo día pudimos comprar el carro. Allí vi como la mano de Dios se mueve poderosamente en tu vida cuando decides poner las necesidades de los demás enfrente de tus deseos sin esperar nada a cambio.

Para darte otro testimonio, durante muchos años, fue nuestro deseo con Chris ir a Europa. Cada año planeábamos ir, pero siempre algo sucedía y no lográbamos hacerlo. Un día dijimos que, aunque fuera por una semana iríamos para celebrar nuestros 10 años de casados, y pedíamos a Dios que así fuera.

Cada año para navidad, siempre decidíamos dar cualquier cantidad que el Señor pusiera en nuestro corazón a personas necesitadas. Cuando era tiempo de decidir la cantidad siempre pensábamos en las necesidades de los demás más que en nuestros propios deseos, razón por la cual siempre posponíamos nuestro viaje a Europa.

Pero en el otoño del 2015, Dios nos bendijo a Chris y a mí de una manera sobrenatural. Ese otoño celebramos los 10 años de aniversario con Chris y decidimos regalarnos pasar una semana en París. Comenzamos a planear nuestro viaje desde el comienzo del año, pero cada vez los costos eran más altos y veíamos que no valía la pena ir por una semana solamente. Por un momento creí que pospondríamos nuestro sueño una vez más, pero Dios estaba a punto de sorprendernos.

Una tarde, El Señor puso en mi corazón el deseo de ir a Europa por un mes. Cuando sentí ese deseo en mi corazón, me reí irónicamente

161

sabiendo que sería imposible y creyendo que ese "pensamiento" solo había venido de mí. Yo sabía que no podríamos pagar la estadía de un mes en Europa, pero el deseo en mi corazón seguía ahí y cada vez era más intenso. Entonces decidí decirle a Chris: "¿Qué tal si vamos a Europa por un mes?" Me acuerdo que él me volteó a mirar con cara de asombro y comenzó a reírse; se reía de la misma manera que yo me reí cuando sentí ese deseo por primera vez. Le dije, miremos el costo, nada perdemos con solo mirar.

Para nuestro asombro, el Señor ya tenía planeado enviarnos a Europa por un mes. El costo para quedarnos un mes en París era mucho más razonable que quedarnos por solo una semana o dos. Y decidimos hacerlo. Lo que es más sorprendente aún, es que hicimos los mismos cálculos un par de días después y los precios eran el doble. Era ese día el que Dios había preparado esa bendición para nosotros. El deseo que por tantos años habíamos tenido con Chris, Dios lo triplicó y lo hizo realidad en una tarde.

Estas son apenas unas de las muchas veces que he visto la mano de Dios moverse en nuestras vidas para bendecirnos. He visto Su mano poderosa en situaciones mucho más sencillas y en situaciones mucho más grandes y delicadas que éstas. Él quiere bendecirte mucho más de lo que te bendice cada día. Estoy segura que, si paras por un momento, verás como Él ha movido Su mano en tu vida de una manera poderosa también.

Entre más tú bendices incondicionalmente a las personas que te rodean y eres obediente a lo que el Espíritu Santo te pide que hagas, más bendecida serás. Cuando pones las necesidades de los demás primero antes que cumplir tus deseos, Dios se encarga de ti. Siempre busca a quien bendecir sin esperar nada a cambio. El hecho de estar respirando el día de hoy, es una bendición muy grande y ahora es tiempo de bendecir a los demás. ¡Dios se encargará de los deseos de tu corazón!

Pasos Para Ser Una Mujer Bendecida

Dios quiere bendecirte aún mucho más de lo que te bendice cada día. Entre más disfrutas de la gracia y el favor de Dios, más crece tu responsabilidad para ser bendición a otras personas. No es casualidad que hoy te sientas bendecida, Dios te bendice para que bendigas a los demás.

Estos pasos te ayudarán a mantener tu perspectiva clara para ser aún más bendecida de lo que hoy eres:

Paso I

Obedece al Espíritu Santo.

Siempre mantente atenta a lo que el Espíritu Santo pone en tu corazón. Él conoce las necesidades de las demás personas y te buscará a ti para suplirlas de acuerdo a cómo estés equipada. Me explico, si tú has pasado tiempo con el Señor y Él ha ministrado a tu vida y te ha bendecido con Su palabra, Él pondrá a personas que necesiten escuchar esa palabra que Él ha depositado en ti. Cuando sientas El deseo de compartir un versículo o una palabra con alguien, hazlo, tu nunca sabes que tanto necesitaban escuchar eso de ti.

¿Cuántas veces ha habido personas que te han dicho algo que solo tú y El Señor sabían?, o ¿cuántas veces te han consolado con la palabra que necesitabas escuchar en esos precisos momentos? Esto ha sucedido, porque la obediencia de esas personas bendijeron tu vida cuando lo necesitabas. De la misma manera funciona con los demás.

La misma aplicación trabaja cuando sientes el deseo de regalar un par de zapatos, donar cierta cantidad de dinero a una persona necesitada, o de dar una ofrenda especial en la iglesia. Cuando tú eres obediente al Espíritu Santo, suples la necesidad de las demás personas, lo que te lleva a bendecirlas. Y tu recompensa es dada por El Señor.

Tu obediencia para bendecir a los demás mueve la mano de Dios para actuar de una manera sobrenatural en tu vida. Él te bendecirá cada vez más de lo que ya te bendice.

Actividad:

1. Haz una lista de las veces que El Señor te ha bendecido en tu vida:

_____

_____

_____

_____

2. ¿A quién y cómo te está pidiendo Dios bendecir a alguien hoy?

_____

_____

_____

_____

_____

Paso II

Dale gracias a Dios todos los días.

La gratitud es una de las maneras que nos ayudan a mantener en cuenta todas las bendiciones que Dios nos da cada día. Asegúrate de darle gracias a Dios todos los días por lo que Él ha hecho, hace y hará por ti. Cuando agradecemos a Dios, estamos mostrando humildad y reconociendo que no merecemos las maravillas que Él nos da. Estamos reconociendo Su infinita gracia, favor y misericordia sobre nuestras vidas.

Cada día recuerda lo que Jesús hizo en la cruz por ti y por los seres que amas. Recuerda Sus promesas para tu vida y que Él es el mismo

164

ayer, hoy y siempre. Que todo lo que Él hace por ti y por mí es por amor. Un amor incondicional que no se compara con ningún otro. Agradécele por todo; por lo que ves y lo que no ves. Alaba a tu Dios y demuéstrale lo agradecida que estás por cada una de las bendiciones que Él te ha dado.

La gratitud te acercará más a Dios y te ayudará a reconocer lo bendecida que eres. Es la decisión de Dios el querer bendecirnos cada día, no hemos hecho nada para merecerlo. ¡Gracias Señor por tu inmensa misericordia y por la gracia y el favor que nos das todos los días!

Actividad:

Revisa el ejercicio número uno de la actividad anterior y dale gracias a Dios por todas tus bendiciones.

Paso III

Comparte tus bendiciones.

Ser bendecidas trae una responsabilidad. Cuando recibes una bendición, sirve de bendición a alguien más. Dios te bendice para que puedas ser de bendición. Cada vez que te sientas bendecida por el Señor, pregúntate a ti misma: ¿Con quién puedo compartir mi bendición?

Hay muchas maneras de compartir tus bendiciones:

- Puedes motivar o inspirar a otras personas compartiendo tus testimonios.
- Cuando el Señor te bendice con un algún objeto nuevo; dona el que ya no usas.
- Cuando te aumentan el sueldo, busca a alguien en necesidad para bendecir.
- Cuando te dan un bono que no esperabas, compártelo con personas en necesidad.
- Cuando eres bendecida con un paseo, piensa en las personas que no pudieron ir y tráeles un detalle.

165

- Cuando El Señor te ministra y te da revelación por medio de Su palabra, comparte lo que aprendiste con alguien más.
- Cuando estás disfrutando de la compañía de los seres que amas, acuérdate de esa persona que está sola o está pasando por un momento de necesidad y llámala.
- Cuando el Espíritu Santo te pida hacer algo por alguien más, no lo pienses tanto, toma acción inmediata.

Entre más bendecidos somos, más debemos bendecir a los demás. ¡No te canses de bendecir, así como tu Padre Celestial nunca se cansa de bendecirte!

Actividad:

Haz una lista de las personas que piensas bendecir y escribe cómo las vas a bendecir:

Nombre: _____

Bendición: _____

Nombre: _____

Bendición: _____

Nombre: _____

Bendición: _____

Pensamientos Finales

Hay más placer en dar que en recibir; y es solo cuando bendecimos a los demás que realmente experimentamos gozo en nuestras vidas. Cada vez que Dios nos bendice, Él espera de nosotros que seamos de bendición a alguien más. Es nuestra responsabilidad compartir nuestras bendiciones.

Cuando eres obediente al Espíritu Santo y tomas acción inmediata a lo que te está pidiendo, sirves de instrumento para bendecir a otra

166

persona. Cuando ponemos las necesidades de los demás primero (por encima de nuestros deseos) estamos demostrando un amor puro, genuino y que no espera nada a cambio. Es allí donde la mano de Dios se mueve en nuestras vidas de manera sobrenatural; sorprendiéndote y concediéndote (cuando menos lo esperas) con los deseos de tu corazón.

Cuando compartes tus bendiciones, le estas demostrando a Dios agradecimiento por lo que Él te ha dado. Le estás diciendo que tú crees en Su promesa de seguir proveyendo para ti cada día. Dale gracias a Dios todos los días, porque ya Él te ha bendecido con sobreabundancia, y quiere seguir bendiciéndote cada vez más.

¡Se la mujer virtuosa que es un instrumento del Señor para bendecir a los demás!

Sé Una Mujer Confiada

Capítulo 15:
Confiada

Proverbios 3:26
*Porque el Señor estará siempre a tu lado
y te librará de caer en la trampa.*

La confianza es creer con todo tu corazón, mente y fuerzas en algo/alguien. Es saber que puedes contar con algo/alguien plenamente y sin ninguna duda o miedo a ser defraudada. La confianza es lo que nos ayuda a tomar decisiones sabiendo que todo estará y saldrá bien. Nuestra confianza siempre debe estar puesta en Dios.

Cuando ponemos nuestra confianza en otras personas o en nuestras habilidades, es allí donde perdemos nuestra paz y llega la duda. Pues sabemos que no somos perfectos y que podemos fallar en cualquier momento. Es por eso que en cualquier circunstancia debemos tener nuestra confianza puesta en Dios. Al confiar en El Señor, ya no nos preocupamos más de cómo las otras personas van a responder, o si nuestras habilidades serán suficientes o no; pues sabemos que Dios está en control.

Al poner toda tu confianza en El Señor, experimentas paz. Cuando tienes paz, eres capaz de tomar decisiones más sabias en la vida y puedes tener mejor control de tus emociones. **Mateo 8:24** nos cuenta la historia de Jesús y los discípulos cuando estaban en la barca y se levantó la tormenta: *"Y he aquí que se levantó en el mar una tempestad tan grande que las olas cubrían la barca; pero Él dormía."* Esta historia nos demuestra que Jesús tenía Su confianza puesta en Dios y no importaba que tan fuerte fuera la tempestad, él confiaba y tenía paz. La historia continua en **Mateo 8:25-30** *"Los discípulos fueron a despertarlo. ¡Señor, gritaron, sálvanos, que nos vamos a ahogar! Hombres de poca fe les contestó, ¿por qué tienen tanto miedo? Entonces se levantó y reprendió a los vientos y a las olas, y todo quedó completamente tranquilo."* Jesús pudo calmar la tormenta porque tenía paz y su confianza estaba puesta en Dios.

¡Mantén tu confianza puesta en Dios y goza de sus beneficios!

Una confianza que sobrepasa todo entendimiento

Debido a mi falta de paciencia, muchas veces he puesto mi confianza en mí, mis habilidades o en otras cosas, menos en Dios. Y es allí donde he experimentado estrés, ansiedad, falta de paz y muchos dolores de cabeza. He sido desilusionada multitud de veces por otras personas y las cosas no me han salido como yo esperaba.

Para tener éxito en esos momentos donde sientes que estás en medio de la tormenta, o cuando El Señor te pide hacer algo que te saca totalmente de tu zona de confort, solo tienes que poner tu confianza en Él. Poner mi confianza en Dios es algo que ahora practico todos los días.

Cuando El Señor me llamó a manejar el ministerio a tiempo completo, entendí que, para triunfar en Su llamado, debía siempre tener mi confianza puesta en Él. Desde que empecé el ministerio ningún día ha sido el mismo. Todos los días El Señor me pide hacer algo nuevo y diferente que me saca por completo de mi zona de confort. Para darte algunos ejemplos:

- Nunca había manejado un ministerio antes. Pero Dios me estaba pidiendo que manejara uno sola.

169

- No había hablado en un grupo de más de 20 personas y no me gustaba hablar en público. Pero Dios me estaba pidiendo ministrar a un grupo de 30 mujeres todas las semanas y a participar en conferencias.
- Nunca me sentí preparada para escribir un libro. Pero aquí estoy escribiendo esto, por el llamado de Dios.
- Nunca había grabado videos en mi vida. Pero El Señor me llamó a publicar videos cada semana en YouTube y me hizo el llamado de formar parte de la televisión cristiana en el futuro.

Todo esto era totalmente nuevo para mí y sabía que sin Dios no podría lograr nada. Sabía que, si ponía mi confianza en otras personas o en mis habilidades, nunca llegaría a tener éxito en todo lo que Él había puesto en mi corazón. Así es que tomé la decisión que cada vez que Dios me hiciera un llamado diría "¡Si Señor!" y pondría mis manos a la obra inmediatamente confiando plenamente en Él. En menos de un año he visto como El Señor ha avanzado el ministerio de una manera sorprendente.

Al comienzo, cuando El Señor me llamó a comenzar un ministerio, en vez de angustiarme por cómo lo iba a manejar, lo puse en Sus manos y entendí que no era mi ministerio sino de Él. Sabía que él proveería todo lo que necesitaba para que fuese exitoso. Aunque busqué apoyo y ayuda de personas que tenían más experiencia en manejar ministerios, mi confianza no estaba puesta en ellas sino en Dios. Entendía que ellos eran simplemente ángeles que El Señor había puesto en mi camino para guiarme y ayudarme. Entendía que solo debía confiar en Dios y Él se encargaría de lo demás.

Cuando El Señor me pidió empezar a ministrar y enseñar a un grupo de alrededor de 30 mujeres cada semana y participar en conferencias (en inglés y español), sentí ansiedad y muchos nervios; ya que nunca lo había hecho antes. Pero Dios me recordó que Él estaría allí conmigo y que no debía temer. Cuando puse mi confianza completamente en Él y no en mis habilidades, recuperé mi paz. Sabía que Él me capacitaría, me daría la fuerza y la gracia para completar todo lo que Él me pedía; y solo así pude planear todas las clases. Pocos meses después, El Señor me pidió escribir este libro y aquí estoy, confiando plenamente en Él.

Aunque nunca manejé un ministerio antes, tengo paz porque mi confianza está puesta en Él y no en mis habilidades. Ahora, cada día me levanto muy emocionada y con muchas expectativas de saber que El Señor me va a pedir que haga algo nuevo. Con certeza sé que será algo diferente y completamente fuera de mi zona de confort. Ya que mi confianza está puesta SOLO en Él, no tengo nada que temer. Sé que Él me capacitará, me llenará de fuerzas, me proveerá todo lo que necesito y me mostrará el camino a seguir sin dejarme tropezar, porque esa es Su promesa para mi vida.

¡Pon tu confianza solo en El Señor y experimentarás una paz que sobrepasa todo entendimiento!

Pasos Para Ser Una Mujer Confiada

Cuando sientas que te falta paz o que estás dudando de tus capacidades, cuando sientas que estás nadando contra la corriente o simplemente te sientas desilusionada de los demás; pregúntate a ti misma en quien estás poniendo tu confianza.

Los siguientes pasos te ayudarán a poner tu confianza plena y completamente en Dios:

Paso I

Decide trabajar con el Espíritu Santo.

Una de las maneras más fáciles de poner tu confianza plena en Dios, es decidir trabajar con el Espíritu Santo. Jesús nos envió al Espíritu Santo para que fuera nuestra guía y ayuda. *Juan 14:26* dice: *"Pero el Consolador, el Espíritu Santo, a quien el Padre enviará en mi nombre, les enseñará todas las cosas y les hará recordar todo lo que les he dicho."* El Espíritu Santo te guía de día y de noche, solo tienes que aprender a escucharlo y decidir trabajar con Él.

Él te enseñará todo lo que necesitas. Cuando tu pasas tiempo de calidad con El Señor, lees Su palabra y te congregas en Su iglesia; el Espíritu Santo siempre te recuerda todo lo que has aprendido durante tu tiempo con Dios. Te recuerda las citas Bíblicas cuando las necesitas y te fortalece y ayuda a mantener tu confianza puesta en Dios.

171

Para escuchar al Espíritu Santo, es importante callar tus propios pensamientos y sentimientos. Es importante pasar tiempo en silencio y dejarte guiar a donde Él te quiere llevar. Solo así aprenderás a tener paz en cualquier circunstancia. Poner tu confianza en Dios y tener paz en toda situación es una <u>decisión</u> que tú debes tomar. Decide trabajar con el Espíritu Santo y permite que Él te enseñe.

Actividad:

1. Toma la decisión ahora de trabajar de ahora en adelante con el Espíritu Santo.

2. Pasa tiempo a solas y en silencio. Permite que el Espíritu Santo hable a tu corazón. Escribe lo que está poniendo en tu corazón:

_____

_____

_____

Paso II

Controla lo que sale de tus labios.

Para poder poner tu confianza en Dios, es importante prestar atención a lo que sale de tus labios. Tus palabras tienen poder sobre ti, tus emociones y tus decisiones. Tus palabras pueden ayudarte a decidir en quién tienes tu confianza puesta. *1 Pedro 3:10-11* nos enseña: *"En efecto, el que quiera amar la vida y gozar de días felices, que refrene su lengua de hablar el mal y sus labios de proferir engaños; que se aparte del mal y haga el bien; que busque la paz y la siga."* ¡Hay poder en tus palabras!

Asegúrate de decir en voz alta, en todo momento y en todo lugar, que tu confianza está puesta solo en Dios. No importa cómo te sientas o que tan difícil parezca la situación, siempre di que tu confías en Dios y en Su propósito para tu vida. En vez de decir: "esto es muy difícil no estoy preparada", di: "todo lo puedo en Cristo Jesús que me fortalece; El me equipa y mi confianza está puesta solo en Dios."

172

Cuando tu proclamas en voz alta en quien tienes tu confianza puesta, el enemigo no podrá desilusionarte. Ya que él sabe que le has permitido a Dios tomar control de tus circunstancias. En todo tiempo debemos estar atentos a lo que decimos ya que lo que sale de nuestra boca no solo nos afectará a nosotras, sino a los que nos rodea también.

Personas como tus hijos, esposo, hermanos, vecinos, compañeros podrán beneficiarse de todo aquello que sale de tus labios. Ya que indirectamente, les estarás recordando en quien deben ellos poner su confianza. Declara siempre que tu confianza está puesta solo en Dios.

Actividad:

1.   Haz un análisis de lo que ha salido de tus labios últimamente y contesta las siguientes preguntas:

¿He declarado que mi confianza está puesta solo en Dios? S/N

¿He declarado que todo lo puedo en Cristo que me fortalece? S/N

¿He declarado que Dios tiene el control de mi vida? S/N

¿He declarado que nada debo temer pues Dios está conmigo donde quiera que voy? S/N

¿He declarado que Dios tiene planes maravillosos para mí, mi familia y mi futuro? S/N

2.   Si tus respuestas fueron no, escribe que vas a decir en voz alta de ahora en adelante:

_____

_____

_____

_____

_____

Paso III

Ten gozo.

Santiago 1:2-4 dice: *"Hermanos míos, considérense muy dichosos cuando tengan que enfrentarse con diversas pruebas, pues ya saben que la prueba de su fe produce constancia. Y la constancia debe llevar a feliz término la obra, para que sean perfectos e íntegros, sin que les falte nada."* La palabra nos dice que debemos sentirnos dichosos cuando estemos pasando por diversas pruebas. Cuando tú tienes gozo, sin importar las circunstancias, quiere decir que tienes tu confianza puesta en Dios.

Gózate, cuando estés pasando por tribulaciones o momentos difíciles. Gózate, cuando estés fuera de tu zona de confort. Gózate, cuando estés en medio de la tormenta. Gózate, porque es allí cuando más cerca estás a Dios. Cuando tu pones tu confianza en Él, le permites que se acerque más a ti. Le permites que te ayude y te cargue en Sus poderosas manos.

Cuando estás pasando por momentos de inconformidad, es allí donde tú creces y tu carácter es formado. En vez de andar por la vida permitiendo que el enemigo robe tu gozo y tu paz, alégrate ya que El Señor está contigo y Él te promete la victoria. ¡No tienes nada que temer ya que tu confianza está puesta en Él!

Actividad:

1. Responde las siguientes preguntas:

   ¿Sientes que estás fuera de tu zona de confort? S/N

   ¿Sientes que estás en medio de la tormenta? S/N

   ¿Sientes que estás pasando por una prueba? S/N

2. Si tus respuestas fueron sí, ¿qué piensas hacer para mantener tu gozo? Escribe tu plan de acción:

_____

_____

_____

Pensamientos Finales

Ahora que has tomado la decisión de confiar solo en Dios, comenzarás a ver tu vida progresar de una manera más fácil y rápida. Experimentarás más paz en todo lo que haces y verás cómo nada te quedará grande. Podrás manejar todas las situaciones y adversidades con más sabiduría y avanzarás más rápido en todo lo que El Señor pone en tus manos. Todo esto lo he experimentado con el ministerio desde El momento que comencé a confiar solo en Dios.

Deja de culpar a los demás y a ti misma por tu falta de confianza. Para de culpar a tus circunstancias por tu falta de paz. Reconoce que es tu responsabilidad trabajar con el Espíritu Santo y poner todo en las manos de Dios, solo así podrás gozar durante esos momentos de inconformidad.

Tú estás donde estás porque así lo deseas. Debemos reconocer que la responsabilidad de decidir dónde ponemos nuestra confianza es nuestra; y de nadie más. No importa quién sea tu jefe, tu esposo o tu hijo; tu confianza siempre debe estar arraigada en Dios y en nadie más. El Señor te ha equipado con todo lo que necesitas. Dios y tú son un equipo; El necesita que tú hagas lo natural y Él hará lo sobrenatural, solo tienes que confiar en Él.

Disfruta del lugar donde estás mientras El Señor te promueve a donde te ha prometido. ¡Tú confianza en Él determinará qué tan rápido serás promovida!

Sé Una Mujer Llena de Paz

Capítulo 16:
Llena de Paz

Juan 14:27

La paz les dejo, mi paz les doy.
No se la doy a ustedes como el mundo la da.
No se angustien ni se acobarden.

Estoy segura que quieres experimentar esa paz que sobrepasa todo entendimiento, sin importar por la situación que estés pasando en la vida. La buena noticia es que El Señor nos promete darnos esa paz que no podremos experimentar con nada, ni nadie más. Paz que sobrepasa todo entendimiento sin importar que tan malas sean las circunstancias que estés pasando, no podrán robarte tu gozo y tu confianza en Dios.

Si tu estás esperando a que todo sea perfecto en tu vida, nunca vas a experimentar paz. Dios te promete darte paz en medio de la tormenta. Solo recuerda la historia de Jesús cuando estaba en la barca con los discípulos y Jesús dormía en medio de la tormenta, la puedes leer en *Mateo 8:24-30*. Jesús nos dejó el ejemplo de conservar nuestra paz sin importar por qué estemos pasando, y esta paz solo se puede lograr cuando tenemos nuestra fe y confianza arraigadas en Dios.

176

Tu paz es afectada cuando pones tu confianza en las cosas terrenales. Entre más pensamos y nos aferramos a lo que nos está preocupando, nuestra paz cada vez se ve más y más afectada. Las preocupaciones empiezan con nuestros propios pensamientos. Imagínate que cada pensamiento es una piedrita pequeña. Entre más piensas y piensas más grande se hace la piedrita, hasta terminar en una roca pesada. Ahora imagínate cuántos pensamientos y preocupaciones tienes encima en las diversas áreas de tu vida; ¿cómo crees que puedes preservar tu paz?

Es tiempo de poner todas esas rocas pesadas en un maletín y entregárselas a Dios. Jesús nos dice que entreguemos a Él nuestros yugos ya que el Suyo es más liviano. **Mateo 11:28-30** dice: *"Vengan a mí todos ustedes que están cansados y agobiados, y yo les daré descanso. Carguen con mi yugo y aprendan de mí, pues yo soy apacible y humilde de corazón, y encontrarán descanso para su alma. Porque mi yugo es suave y mi carga es liviana."* No cargues ese maletín pesado más; entrégaselo a Jesús y permite que Él te dé esa paz que sobrepasa todo entendimiento.

Reemplaza todas tus rocas por la roca de Dios

Cada vez que mi paz es afectada, recuerdo esa tarde de invierno cuando entregué todas mis rocas al Señor. Durante muchos años cargué con muchas rocas pesadas. Siempre permitía que el enemigo robara mi paz en cada área de mi vida. Pasaba mucho tiempo pensando cómo podría solucionar mis problemas y me angustiaba fácilmente cuando no obtenía respuestas rápidas.

Creía que El Señor no había escuchado mi oración si no respondía rápidamente a mis peticiones y trataba de tomar control sobre todas las cosas. Para mí era imposible preservar mi paz durante las tormentas en la vida o en los momentos de prueba. Esto causó que llegara a un punto donde no encontraba gozo en nada de lo que hacía y me sentía muy cargada. Sentía que algo hacía falta en mi vida, pero no sabía que era. Siempre trataba de llenar ese vacío estando ocupada o siempre estando en la compañía de alguien.

Una tarde de invierno, recuerdo que estaba nevando tan fuerte que no podía salir a ningún lado. Me vi obligada a quedarme en casa todo el día. Ese día sentí un gran deseo de pasar tiempo en silencio y a solas con El Señor. Recuerdo que traté de explicarle lo que estaba sintiendo y le dije que ni yo misma sabía lo que sentía. Él me dejó saber esa tarde lo que estaba pasando conmigo.

El Señor me reveló que mi paz había sido afectada por todas esas rocas pesadas que estaba cargando. Me enseñó que debía entregarle todas mis cargas a Él. Solo así, Él podría tomar el control de todas las áreas de mi vida de nuevo. Me recordó que Él es Dios y yo solo debía confiar en Él. Esa misma tarde, hice una lista de todas esas rocas pesadas que me estaban atormentando; las puse en una maleta y se las entregué a Él con mi granito de mostaza de fe. Y al instante que dejé ir todas mis preocupaciones, sentí una paz que nunca había experimentado. Ya nada me angustiaba y tenía una certeza infinita que todo iba a estar bien, ¡y así fue!

A partir de ese día, aprendí a entregar las piedritas pequeñas al Señor. Aprendí a no meditar en ellas y a no permitir que se volvieran rocas pesadas de nuevo; permitiendo así que robaran mi paz. Aprendí a tener paz en el proceso y a hacer todo lo que esté a mi alcance y dejar el resto en las manos de Dios.

Pero el enemigo no quedó tranquilo de ver que mi paz había sido restaurada y esa misma semana intentó robarme la paz de nuevo. Sin darme cuenta una de las piedritas estaba creciendo rápidamente. Comencé a darle mucha importancia y a retomar el control en el área de mi profesión.

En ese tiempo yo trabajaba para una corporación de negocios internacionales, y estaba muy interesada en tomar una posición de gerente que había quedado vacante. Sin pensarlo dos veces aplique a ese trabajo motivada por mis gerentes los cuales me decían que yo calificaba para la posición. Al principio sentí mucha alegría de ver que había aplicado para la posición de gerente, pero rápidamente llegó la duda y permití que me robara mi paz. Me enteré que había muchas personas interesadas en esa posición y que habría mucha competencia para obtenerla. Me enteré que las personas que iban a aplicar ya llevaban más de 15 años en la compañía y yo apenas llevaba 3. Todo esto me desanimó terriblemente.

Sin darme cuenta esa piedrita se convirtió en una roca gigante que causó que comenzara a sacar de ese maletín (que ya le había entregado a Dios) otras rocas gigantes. Y en poco tiempo me sentía peor que antes; pero la diferencia fue que ya podía reconocer el sentimiento y sabía que debía hacer para mejorarlo. Sabía que el enemigo había vuelto a atormentarme y que necesitaría ayuda para salir de esta situación.

Entonces, le pedí a mi mamá y a mi hermana que me ayudaran a orar. Pusimos la posición de gerente en las manos de Dios y volví a entregar el maletín con todas las rocas a Él. Cada vez que me acordaba de la posición y la duda trataba de atormentarme y robarme mi paz, decía en voz alta: "que se haga la voluntad de Dios y no la mía, Él sabe mejor lo que me conviene." Le daba gracias a Dios por hacer Su voluntad en mi vida, pues sabía que Sus planes eran perfectos para mí. Después de declarar en voz alta esas palabras y creerlas en mi corazón, me llenaba de mucha paz. No permitía que esos pensamientos tomaran raíz en mi mente y constantemente le entregaba las piedritas a Dios.

Mientras que la fecha de la entrevista se acercaba; yo seguía orando, siendo positiva, gozando, preparándome para la entrevista y poniendo mi confianza en Dios. El día de la entrevista llegó, y yo sentía una paz profunda. Todo salió bien durante la entrevista y la directora me dijo que estaba muy impresionada con todas mis respuestas. Me dijo que ellos necesitaban llenar la posición de gerente esa misma semana y que me darían la respuesta en 2 días. Cuando salí de la sala de conferencias, puse de nuevo todo en las manos de Dios y continúe con mi día llena de paz.

Al paso de dos días, no escuché nada y me preguntaba qué habría pasado. Al paso de una semana no escuché nada, y el enemigo intentó de nuevo robarme mi paz; pero yo ya sabía cuál era la solución. Ya no permitía que esa piedrita creciera y se la entregué inmediatamente al Señor. Me recordaba a mí misma que todo estaba en Sus manos y que solo Él sabía si ese trabajo me convenía o no.

Después de dos semanas, recibí una llamada de recursos humanos. Mientras caminaba hacia la oficina, me recordaba a mí misma que Dios tenía el control y que fuera lo que fuera sentaría gozo. Yo creía en Él y en Sus planes para mi vida. Cuando entre en la oficina, la gerente de recursos humanos me dijo que la razón por la cual se habían demorado dos semanas para darnos el veredicto final, fue porque había sido una decisión muy difícil. Me dijo que la decisión

179

había quedado entre otra candidata y yo. La directora del departamento tuvo un tiempo muy difícil para tomar la decisión. Pero me dijo que al final eligió a la otra candidata, ya que ella lleva muchos años más en la compañía y tenía más experiencia. Recuerdo que cuando escuché esas palabras, mi paz siguió intacta y sentí mucho gozo. Sabía que Dios tenía algo mejor para mí; ¡y así fue!

Un mes después, una mejor oportunidad tocó a mi puerta la cual me permitió cumplir uno de mis más grandes sueños. Esta nueva oportunidad requería mudarme a la ciudad de Nueva York. Si yo hubiese tomado el trabajo de gerente no lo hubiese podido lograr. En menos de dos meses, estaba viviendo uno de mis sueños. Le di tantas gracias a Dios por haber cerrado una ventana y haber abierto una puerta gigante para mí.

Poco tiempo después, en una de mis visitas a la oficina me encontré con la chica que tomó la posición de gerente. Me dijo que el trabajo era demasiado pesado y que hasta había tenido que visitar a un médico para que le recetara medicina para los nervios. En ese momento sentí compasión por ella y la puse en las manos de Dios. Allí comprendí que nada sacamos afanándonos en la vida, preocupándonos y perdiendo nuestra paz.

Los planes de Dios son perfectos para nuestra vida. Solo Él sabe lo que nos conviene y lo que no. Lo único que debemos hacer, es entregarle a Él ese maletín lleno de rocas y creer que Él está en control en nuestras vidas. Dios tomará tus rocas y te llenará de paz.

Entrega tu maletín a Dios. ¡Reemplaza todas esas rocas por la roca del Señor!

Pasos Para Ser Una Mujer Llena de Paz

Cuando pones todas tus preocupaciones en un maletín y se lo entregas a Dios, él comienza a trabajar por ti. No trates de ser Dios y solucionar todos tus problemas. Nada sacas con angustiarte o afanarte en la vida. El Señor nos dice en *Mateo 6:23* que debemos buscarlo a Él primero y su justicia y todo lo demás será añadido. No permitas que esas rocas remplacen a Dios. No importa la tormenta por la que estés pasando, tu puedes tener paz como Jesús lo hizo y calmar las aguas con solo tener fe.

180

La paz viene de Dios y donde está Su presencia hay paz. Busca la presencia de Dios siempre. De nada nos sirve tenerlo todo si no tenemos paz y si Su presencia no está entre nosotras.

Los siguientes pasos te ayudarán a preservar tu paz:

Paso I

Confía en Dios y en Su tiempo perfecto.

La palabra nos dice en **Isaías 26:3-4** *"Al carácter firme lo guardarás en perfecta paz, porque en ti confía. Confien en el Señor para siempre, porque El Señor es una roca eterna."* Cuando entregamos nuestras rocas a Dios y confiamos plenamente en Él y en Su tiempo perfecto, Él nos llena de paz.

Confiar en Dios y en su tiempo perfecto, es descansar tranquilas sabiendo que Él está en control de todas las situaciones y que Él proveerá lo que necesitamos en el tiempo perfecto. No te angusties ni te atormentes haciendo preguntas que no puedes contestar, o tratando de resolver todo sola. Solo Dios sabe el final desde el principio y tiene planes perfectos para ti. Confiar en Dios es el hecho de decir: "Señor, aunque no entiendo lo que está pasando confío en Ti y en Tu tiempo."

No necesitamos entender o saberlo todo, de otra manera, ¿estaríamos realmente confiando en Él, si ya tenemos todas nuestras respuestas? Dios nunca llega tarde, confía en Él y en Su tiempo perfecto. ¡Él nunca te decepcionará!

Actividad:

1. Contesta las siguientes preguntas:

   ¿Te sientes ansiosa? S/N

   ¿Te sientes preocupada? S/N

   ¿Te sientes estresada? S/N

   ¿Te sientes deprimida? S/N

   ¿Te sientes con falta de paz? S/N

2. Si la respuesta es sí, haz una lista de todo aquello que está robando tu paz:

_____

_____

_____

_____

_____

Paso II

Entrégale tus rocas a Dios.

Hay liberación cuando entregamos nuestras rocas a Dios. ¿Te puedes imaginar cargando un edificio en tus hombros? Eso es exactamente lo que hacemos cuando cargamos con todas esas

182

preocupaciones, ansiedades y dudas. Si cargas un par de piedras por cada área de tu vida, terminarás cargando con un edificio entero; ¿y cómo quieres así preservar tu paz? Déjale tus cargas al Señor y no te valgas de tus propias fuerzas.

Zacarías 4:6 nos confirma: *"No depende del ejército, ni de la fuerza, sino de mi Espíritu, dice el Señor todopoderoso."* No importa que tanto te preocupes o cuantas horas pases pensando que vas a hacer, todo depende de Dios. Nosotros solo debemos hacer lo que Él nos está pidiendo que hagamos en el momento; lo que es humanamente posible, y lo demás debemos dejarlo en las manos de Dios y proseguir con nuestra vida con paz y gozo.

¡Entrégale todas tus rocas a Dios y disfruta de Su paz que sobrepasa todo entendimiento!

Actividad:

1. Revisa la lista que creaste en la actividad del paso I. Esta será la última vez que cargarás con estas piedras.

2. Ahora es tiempo de entregar esa maleta llena de rocas a Dios. Sigue los siguientes pasos:

   a. *Busca un lugar cómodo y donde nadie ni nada te interrumpa.*

   b. *Entra a ese lugar con la expectativa de tener un encuentro con el Señor. Con la expectativa que Él tomará tu maleta llena de rocas y saldrás de allí experimentando una paz que sobrepasa todo entendimiento.*

   c. *Cierra los ojos y no los abras hasta que hayas experimentado esa paz que Dios te promete darte; hasta que hayas tenido un encuentro con El Señor.*

   d. *Empieza por tomar aire profundo por la nariz, cuenta hasta 3 y deja salir el aire por la boca. Repite este paso 3 veces. Deja caer tus hombros, relaja todo el cuerpo y sonríe.*

   e. *Ahora, empieza a darle gracias a Dios por todo lo que Él hace por ti todos los días. Alaba y reconoce Su presencia. Mantente en comunión con El Señor el tiempo que sea necesario.*

183

f. *Luego, toma cada una de las cosas que pusiste en esa lista. Llama a cada roca por su nombre. Toma aquellas rocas que te están atormentando, preocupando, deprimiendo o que te estén robando tu sueño en la noche; y ponlas en una maleta. Siente como tus hombros quedan más livianos cada vez que pones una de esas rocas en la maleta.*

g. *Ahora entrega a Dios esa maleta. Deja ir toda preocupación, ansiedad, desánimo y depresión. Dile a tu Padre Celestial que tú confías en Él. Dile que dejas todo en Sus santas y poderosas manos. Dile que no te preocuparás más ya que tú sabes Él está en control. Dile que le entregas esa maleta con tu grano de mostaza de fe y que sabes que Su tiempo es perfecto. Dile todo lo que tu corazón le quiera decir. Entrega de corazón tu maleta y suéltala. Déjala en las manos de Dios que Él se encargará. Dale gracias por tomar tu maleta y por ser un Dios tan maravilloso. Toma el tiempo que necesites hasta que sientas que ya has dejado ir todo lo que roba tu paz.*

h. *Ahora es tiempo de quedar en silencio. Respira profundo y disfruta de la presencia de Dios. ¡Recibe Su paz! Mantente en esa posición el tiempo que desees.*

Repite este proceso cada vez que sientas que estás perdiendo tu paz.

Paso III

Para de pensar.

Entre más meditamos en nuestros problemas, más le permitimos a satanás que nos atormente. Como te explicaba antes, todo pensamiento empieza con una piedrita diminuta. Entre más meditas en ese pensamiento, más grande se hace la piedra hasta convertirse en una roca pesada. Cuando pensamos mucho, nos robamos a nosotras mismas nuestra paz y lo único que hacemos es confundirnos.

Salmo 85:8 nos dice: *"Voy a escuchar lo que Dios el Señor dice: "Él promete paz a su pueblo y a sus fieles; siempre y cuando no se vuelvan a su necedad."* Si ya le entregaste al Señor tu maleta de rocas, no vuelvas a tu necedad de tus viejos hábitos. No medites en tus viejos pensamientos, renueva tu mente con la palabra de Dios. En vez de desperdiciar tiempo pensando en tus problemas, busca que dice la palabra de Dios en cuanto a tu situación. Medita en Sus promesas de día y de noche. Deja que tu mente te guíe a la paz.

Actividad:

1. Haz un análisis de tus pensamientos y contesta esta pregunta: ¿Estos pensamientos me están conduciendo a la paz? S/N

2. Si la respuesta es no, ¿qué piensas hacer al respecto? Escribe tu plan de acción:

_____

_____

_____

_____

Paso IV

Vive solo un día a la vez.

En *Génesis*, la palabra de Dios nos enseña y nos cuenta la historia de cómo El Señor creó el mundo. Dios creó cada área de la tierra una a la vez. Trabajó en cada área un día a la vez. De igual manera, si quieres preservar tu paz, debes trabajar y enfocarte solo en lo que Dios te está pidiendo que hagas. Dando solo un paso y viviendo un día a la vez.

Enfócate en cada: *hora, minuto y segundo* solamente. *Mateo 6:34* nos motiva: *"Por lo tanto, no se angustien por el mañana, el cual tendrá sus propios afanes. Cada día tiene ya sus problemas."* Una vez le hayas entregado tu maleta llena de rocas al Señor, ya no tienes que preocuparte por el mañana. Dios ya tomó el control de todo lo que tu pusiste en Sus poderosas manos. Si ya hiciste tu parte (lo que El

185

Señor puso en tu corazón para completar hoy) entonces te resta solo disfrutar cada momento sin preocuparte del mañana.

Cuando disfrutas del día al día sin preocuparte del mañana, la paz siempre te acompaña.

Actividad:

1. ¿Hay algo que te preocupe del mañana? Es hora de entregárselo a Dios. Repite el proceso de la actividad en el paso II.

2. Haz una lista de todo lo que El Señor ha puesto en tu corazón hacer, y ponte en acción. Completa cada labor una un paso y un día a la vez.

_____   _____

_____   _____

_____   _____

_____   _____

_____   _____

Pensamientos Finales

Cuando tienes paz en tu vida, eres capaz de tomar decisiones más sabias. Puedes disfrutar cada día con más libertad y con la certeza que todo estará bien. Solo conseguirás disfrutar de esa paz cuando le

186

hayas entregado a Dios todas tus rocas de corazón. Cuando aceptes Su roca que es más liviana.

Filipenses 4:4-7 nos alienta: *"Alégrense siempre en el Señor. Insisto: ¡Alégrense! Que su amabilidad sea evidente a todos. El Señor está cerca. No se inquieten por nada; más bien, en toda ocasión, con oración y ruego, presenten sus peticiones a Dios y denle gracias. Y la paz de Dios, que sobrepasa todo entendimiento, cuidará sus corazones y sus pensamientos en Cristo Jesús."* Estas instrucciones son muy claras. Debemos alegrarnos en El Señor y presentar nuestras peticiones en oración y ruego a Dios. Sabiendo que nuestra vida está en Sus manos y que Sus planes son mejores que los nuestros.

El tiempo de Dios es perfecto y si lo crees, el enemigo no podrá atormentarte. Así como me sorprendió a mí con un mejor plan para mi vida, también lo hará contigo. Solo tienes que entregarle tu maletín y disfrutar de la paz que sobrepasa todo entendimiento; la paz que solo Él te puede dar.

¡Mujer virtuosa, reemplaza todas tus rocas pesadas por la roca del Señor que es tu salvación!

Sé Una Mujer Sabia

Capítulo 17:
Sabia

Proverbios 3: 13-14
Dichoso el que halla sabiduría, el que adquiere inteligencia. Porque ella es de más provecho que la plata y rinde más ganancias que el oro.

Sabiduría es saber discernir entre lo bueno y lo malo. Es saber tomar decisiones que agradan a Dios. Actuar con sabiduría nos ayuda a tener éxito en nuestra vida. Si estás buscando sabiduría, tengo un libro que te ayudará a encontrarla; y ese libro es Proverbios.

Esta, es la introducción que la palabra de Dios da al libro de Proverbios:

Proverbios 1:1-7 *"Proverbios de Salomón hijo de David, rey de Israel: para adquirir sabiduría y disciplina; para discernir palabras de inteligencia; para recibir la corrección que dan la prudencia, la rectitud, la justicia y la equidad; para infundir sagacidad en los inexpertos, conocimiento y discreción en los jóvenes. Escuche esto el sabio, y aumente su saber; reciba dirección el entendido, para discernir el* *proverbio y la parábola, los dichos de los sabios y sus enigmas. El temor del Señor es el principio del conocimiento; los necios desprecian la sabiduría y la disciplina.”* El libro de Proverbios te dará todos los secretos que necesitas saber para ser una mujer sabia.

Este libro fue escrito por Salomón, un joven que fue coronado rey a muy temprana edad. Una noche, El Señor le dijo a Salomón que le pidiera lo que él quisiera y Él se lo concedería. Salomón le pidió al Señor sabiduría para gobernar a Su pueblo. Al Señor le agradó mucho su petición y se lo concedió, además de darle todos los deseos de su corazón. Salomón, comparte en el libro de Proverbios sabiduría en diferentes áreas de la vida, las cuales podemos aplicar hoy en día.

El libro de Proverbios ministrará sabiduría a tu vida en áreas como:

- Manejar tus pensamientos y palabras
- Manejar tu hogar y tus finanzas
- Planear el futuro y hallar la felicidad
- Tratar correctamente a todas las personas y perdonar ofensas
- Ser una buena cristiana, esposa, amiga, trabajadora y madre
- Ser una mujer virtuosa

Hay un proverbio para cada día del mes. Te motivo a leer uno todos los días. Entre más lo estudias más ministrará y transformará tu vida y la de los que te rodean.

Toma decisiones que agradan a Dios y *TODO* te saldrá bien

¿Te has encontrado alguna vez en la vida en una situación donde tienes muchas opciones y no sabes qué hacer? El Señor nos dice en *1 Corintios 10:23 “Todo está permitido, pero no todo es provechoso. Todo está permitido, pero no todo es constructivo.”* Es muy importante tomar decisiones hoy que agradan a Dios y con las que te sentirás orgullosa mañana.

Cuando estábamos recién casados con Chris, teníamos muchos sueños y metas que queríamos cumplir, lo cual requería tener un buen capital. Como apenas estábamos empezando nuestra carrera laboral y estábamos recién graduados de la universidad, no teníamos mucho dinero en el momento. Vivíamos de arriendo y todo nuestro sueldo se nos iba en pagar servicios, dejándonos muy poco dinero para poder ahorrar.

Recuerdo que, en esa época, cualquier entrada extra de dinero era una gran bendición para nosotros. Por eso cuando llegaban nuestros cumpleaños o navidad, pedíamos a nuestros familiares que nos dieran dinero en vez de regalos, así podíamos ahorrar más dinero. Chris trabajaba de tiempo completo en una compañía y tenía su negocio de producción de video de medio tiempo. Yo, trabajaba enseñando inglés y estaba buscando un trabajo de tiempo completo y clamando a Dios que revelara Su llamado para mi vida.

Una tarde de verano, decidimos con Chris salir a comer helado, algo que era un lujo para nosotros en esa época. Recuerdo que estábamos sentados en una banca, cuando se acercó un señor a hablarnos. Su aspecto era muy elegante y se dirigió a mí con mucha convicción. Me preguntó, si yo estaría interesada en ser modelo, y procedió a contarnos que las modelos ganaban mucho dinero y lo único que tenían que hacer era posar para una cámara. Me dijo que yo tenía el porte, la cara y la estatura para hacerlo. Me dijo, piénselo podría hacer buen dinero. Me entregó una tarjeta y se fue.

Su tarjeta decía que era fotógrafo profesional para revistas y posters, pero no daba más información. Con Chris, quedamos sorprendidos de lo que había pasado, y yo me preguntaba si esto era una oportunidad que Dios me estaba dando. Decidí guardar la tarjeta y pensarlo. La idea de hacer dinero fácil y rápido sonaba muy tentadora, especialmente en las condiciones que nos encontrábamos con Chris en el momento.

Varios días pasaron y las palabras de ese fotógrafo seguían rondando en mi mente. Hasta que por fin decidí llamarlo. Cuando lo llamé, él reconoció mi voz e inmediatamente me dijo que tenía un proyecto para mí y que estaba muy contento que yo lo hubiera llamado. Nos pusimos de acuerdo para ir a su estudio y hacer un "casting".

Recuerdo que desde el momento en que entré en el estudio, no sentí paz. El Espíritu Santo me decía que no era allí donde yo debía estar. Pensando que lo que sentía eran solo nervios, procedí a

190

completar el casting. Me di cuenta que en realidad era muy fácil pararse enfrente de una cámara y sonreír de diferentes maneras. Al terminar el casting, el fotógrafo me dijo que enviaría mis fotos junto con las otras modelos a la empresa con la que firmaría el contrato. Me dijo que él me llamaría cuando escuchara de ellos. Ellos escogerían a las modelos que les gustaran y entonces él me llamaría para discutir los siguientes pasos. Me dijo que no me podía dar más detalles hasta saber que yo había sido elegida y que me llamaría en 3 días.

De camino a casa, la falta de paz seguía en mi corazón. Pero una vez más lo ignoré pensando que era solo residuos de los nervios que llevaba conmigo. Cuando llegué a casa, recordé que yo había tomado esta decisión sin consultar con Dios primero. Estaba tomando decisiones sin ponerlas en las manos de Él. Y fue entonces cuando pedí perdón a Dios y le pedí que me diera sabiduría para tomar una decisión. Que confirmara si eso era lo que Él quería que yo hiciera y si eso le agradaba a Él.

Durante esos 3 días de espera, El Señor ministró a mi corazón. Escrituras como **Mateo 7:13** me llenaron de sabiduría: *"Entren por la puerta estrecha. Porque es ancha la puerta y espacioso el camino que conduce a la destrucción, y muchos entran por ella."* Me hicieron darme cuenta que mi corazón no estaba en el lugar correcto y estaba escogiendo la puerta ancha.

Tal como acordamos, al tercer día el fotógrafo me llamó y me pidió que fuera al estudio. Antes de entrar pedí al Señor que hiciera Su voluntad y no la mía. Le recordé que solo quería agradarle a Él y que, si Él sabía que este trabajo no me convenía, que me ayudara a decidir hoy mismo. Cuando entré, el fotógrafo me felicitó y me dijo que la compañía me había elegido como una de las modelos. Le pregunté de qué se trataba el proyecto, y su respuesta confirmó lo que sentía en mi corazón.

La compañía era una empresa reconocida de licor. Yo debía ponerme un vestido rojo ceñido al cuerpo y debía modelar con una botella de whisky en mis manos. Esta foto sería puesta junto con otras modelos en Times Square, Nueva York. Procedió a decirme la cantidad que me pagarían, lo cual cubriría todos mis gastos por 1 año con Chris y nos sobraría hasta para ir de vacaciones. Concluyó diciendo: "Este es el tipo de dinero que podrías ganar si te animas a firmar un contrato con nuestra agencia."

Con esto, ya no necesitaba más confirmación, El Señor me había hablado claramente. Con una sonrisa en mi rostro y con mucho respeto, le dije que no estaba interesada. Le confesé que ser modelo no era el tipo de trabajo que yo había sido llamada a hacer. Le agradecí por la oferta y su tiempo y me despedí.

Al salir de ese estudio sentí un gozo inmenso en mi corazón. Sabía que había elegido agradar a Dios. No me tomes a mal, yo sé que ser modelo no tiene nada de malo, lo malo es lo que eliges modelar. Yo sabía que ser modelo no era lo que Dios quería para mí, Él conoce mi corazón mejor que nadie y esa carrera no me hubiese hecho feliz. Ministrar Su palabra hoy es lo que me hace feliz.

Un par de meses después, Chris y yo conseguimos un trabajo estable en una de las compañías que mejor pagan en el área. Y rápidamente comenzamos a ver nuestros ahorros crecer; ahora podíamos salir a comer helado cuántas veces quisiéramos. Y el resto es historia.

Dios nos bendice de manera sobreabundante cuando elegimos agradarle a Él. No hay dinero, posición o carrera que te pueda llenar de gozo; sólo Él puede hacerlo. Hoy, me siento muy orgullosa de mi decisión. Los frutos de mi obediencia al siempre buscar agradar a Dios son incontables e incomparables.

Busca siempre agradar a Dios en todas tus decisiones. Siempre escoge la puerta angosta, la cual te llevará a la vida, y todo te saldrá bien. Pide sabiduría a Dios antes de tomar cualquier decisión y Él te la dará en sobreabundancia.

¡Siempre recuerda que el principio de la sabiduría es El temor a Jehová; *Salmos 111:10*!

Pasos Para Ser Una Mujer Sabia

Cuando tomes decisiones en la vida piensa siempre en agradar al Señor en todo lo que haces, y todo te saldrá bien. Es fundamental seguir la paz al tomar cualquier decisión. Si no sientes paz, pide a Dios que te revele la razón por la cual no sientes paz. Mantente

192

siempre atenta a lo que El Señor está poniendo en tu corazón y permite que el Espíritu Santo dirija tus pasos.

Los siguientes pasos te ayudarán a tomar decisiones sabias:
Paso I

Escudriña la palabra de Dios.

Proverbios 2:1-5 nos enseña: *"Hijo mío, si haces tuyas mis palabras y atesoras mis mandamientos; si tu oído inclinas hacia la sabiduría y de corazón te entregas a la inteligencia; si llamas a la inteligencia y pides discernimiento; si la buscas como a la plata, como a un tesoro escondido, entonces comprenderás el temor del Señor y hallarás el conocimiento de Dios. Porque el Señor da la sabiduría; conocimiento y ciencia brotan de sus labios."* Si quieres ser una mujer sabia, escudriña la palabra de Dios todos los días.

La palabra de Dios es tu manual para la vida. Entre más la lees, más te instruye para llevar una vida exitosa y en obediencia a Dios. Cuando tu lees Su palabra, aprendes a conocer a Dios y descubres qué le agrada y qué no. Todo lo que aprendes cuando estudias la palabra de Dios, el Espíritu Santo te lo recuerda en momentos de necesidad. Crece en la palabra de Dios todos los días y disfruta de sus beneficios.

===

Actividad:

1. ¿Estás leyendo la palabra de Dios todos los días? S/N

2. Si tu respuesta es no, ¿Cuál es tu plan de acción para hacerlo? Escribe tu plan:

_____

_____

_____

_____

3. Lee un capítulo de Proverbios todos los días empezando con la fecha de hoy. Pídele al Señor sabiduría para entender Su palabra y deja que Él te ministre.

Paso II

Pídele sabiduría a Dios.

Cuando sientas que te falta sabiduría, pídele al Señor que te la dé y Él te la dará en sobreabundancia. Dios nos promete en ***Santiago 1:5*** *"Si a alguno de ustedes le falta sabiduría, pídasela a Dios, y Él se la dará, pues Dios da a todos generosamente sin menospreciar a nadie."* Es El deseo de Dios que tú prosperes y tengas éxito en todas las áreas de tu vida.

Siempre que debas tomar alguna decisión, pídele a Dios sabiduría primero. Todo se te hará mucho más fácil y te saldrá bien. El Señor te quiere equipar para ser una buena madre, hermana, hija, trabajadora, compañera, amiga y todo lo que Él te ha llamado a ser. Lo único que tienes que hacer es pedirle sabiduría para poder tomar decisiones que lo agraden a Él y creer que lo has recibido y así será.

La sabiduría es un don que Dios te da por gracia cuando solo se lo pides. ¿Le has pedido sabiduría a Dios hoy?

Actividad:

1. Haz una lista de todas las decisiones que tienes pendientes por tomar.

_____   _____

_____   _____

_____   _____

_____   _____

_____   _____

_____   _____

194

2. Revisa la lista y contesta las siguientes preguntas:

¿Le has pedido sabiduría a Dios por cada una de ellas? S/N

¿Has escudriñado Su palabra para saber qué le agrada? S/N

¿Has puesto estas decisiones en las manos de Dios primero? S/N

3. Si la respuesta es nó. Toma acción inmediata.

Paso III

No tomes decisiones bajo emociones.

Nunca tomes una decisión en la vida cuando estés bajo alguna emoción. Sea que te sientas triste, aburrida, deprimida, cansada, angustiada, desesperada, o demasiado feliz y entusiasmada. Cuando estamos bajo el efecto de nuestras emociones, no estamos en nuestros cinco sentidos y totalmente equilibradas para tomar una decisión sabia.

Siempre usa prudencia y piensa bien antes de actuar. Ten en cuenta las consecuencias de tus actos. Haz una lista de ventajas y desventajas y razona bien antes de tomar una decisión final. Tómate por lo menos 24 horas antes de tomar una decisión delicada y pregúntate:

- ¿Esta decisión que voy a tomar agrada a Dios?
- ¿Siento paz al tomar esta decisión?
- ¿Qué consecuencias traerá el tomar esta decisión?
- ¿Me sentiré feliz y orgullosa en el futuro con esta decisión?

Nunca tomes acción antes de poner TODAS tus decisiones en las manos de Dios primero.

Actividad:

1. Revisa la lista de decisiones que creaste en la actividad anterior y pregúntate si tienes algún tipo de emoción ligada a alguna de estas decisiones.

_____

_____

_____

____

2. Contesta las siguientes preguntas para cada decisión:

    a. ¿Esta decisión que voy a tomar agrada a Dios?

    b. ¿Siento paz al tomar esta decisión?

    c. ¿Qué consecuencias traerá el tomar esta decisión?

    d. ¿Me sentiré feliz y orgullosa en el futuro con esta decisión?

Paso IV

Piensa antes de hablar.

Una persona sabia cuida siempre lo que sale de Su boca. No te comprometas rápidamente a algo que quizás no puedas lograr o a algo que después te puedas arrepentir. Usa sabiduría al hablar y pide algún tiempo para pensar antes de responder. No seas rápida al contestar, sino piensa bien y tómate tu tiempo antes de dar tus respuestas.

Ten en cuenta también que de tu boca no puede salir maldición y bendición. Con la misma boca que bendices al Señor, no puedes maldecir. Cuídate de hablar mal de otras personas, de criticar, de decir malas palabras. Con la misma boca que le pides y le dices al Señor que le crees, no puedes decir lo contrario. Si le estás creyendo al Señor que Él está guiando tus pasos y te está llenando de sabiduría, no andes diciendo que no sabes que hacer y proclamando que estás muy angustiada por tu futuro.

Asegúrate que tus palabras siempre estén de acuerdo con la palabra de Dios y lo que Él dice de ti, de tu futuro y de las promesas que Él tiene para tu vida.

Actividad:

Trata de recordar:

¿Qué ha salido de tu boca en las últimas 5 horas?

_____

_____

_____

¿Te sientes orgullosa de lo que has dicho? S/N

Si no, ¿Cómo piensas cambiar lo que dices para ser más sabia?

_____

_____

_____

Pensamientos Finales

Ahora que sabemos que la sabiduría es poder discernir entre lo bueno y lo malo, y saber tomar decisiones que agradan a Dios; ser una mujer sabia es algo que todas añoramos. La buena noticia es que es muy fácil conseguirlo. Lo único que debemos hacer es pedirle a Dios que nos de sabiduría y Él no la dará en sobreabundancia. La

197

sabiduría nos lleva a tener vidas exitosas y a agradar a Dios en todo lo que hacemos. Por eso, Dios está complacido en darnos sabiduría y ayudarnos en el proceso.

Para conservar la sabiduría que Dios nos da, debemos escudriñar Su palabra todos los días, estar atentas a lo que el Espíritu Santo nos dice, poner siempre nuestras decisiones en las manos de Dios y cuidar lo que sale de nuestra boca.

Cuando pongamos todo esto en práctica, notaremos nuestras vidas tomar otro camino. Un camino que nos llevará al éxito y al gozo.

Cuando eres sabia, todos los que te rodean se benefician de tus decisiones. Solo tienes que asegurarte que cada decisión que tomes agrade a Dios y que te hará sentir orgullosa y feliz en el futuro.

¡Como mujer virtuosa que eres, tú también puedes ser una mujer sabia, solo tienes que pedírselo al Señor!

Sé Una Mujer Positiva

**Capítulo 18:
Positiva**

Proverbios 18:21
*En la lengua hay poder de vida y muerte;
quienes la aman comerán de su fruto.*

Ser positiva es creer, hablar, pensar y enfocarte en las cosas buenas. Ser positiva es creer plenamente en las promesas de Dios para tu vida. Para tener éxito en tu vida y en todo lo que haces, es crucial que seas una mujer positiva. Tu desarrollas la virtud de ser positiva cuando te enfocas en tus pensamientos, palabras y acciones.

¿Sabías que tus acciones son el resultado de tus pensamientos? Toda acción que tomas, se desarrolla en tu mente. Los pensamientos a los que les das más importancia son los que prevalecen en tu mente y luego se convierten en tus palabras. A su vez, tus palabras son tan poderosas que profetizan tu futuro y determinan tus acciones. Debemos escoger nuestras palabras con sabiduría, ya que nuestras palabras se convierten en nuestra realidad.

199

Tus palabras son como semillas que en el futuro darán frutos, y como nos advierte **Proverbios 18:21**, terminaremos comiendo de los frutos de nuestras palabras. Sea que tus pensamientos y palabras sean positivas o no, tu vida se moverá en la dirección de ellas. Asegúrate de plantar las semillas que tú quieres cosechar. No pienses negativamente y esperes tener una vida positiva. En otras palabras, si quieres tener una vida exitosa, declara y siembra semillas de esperanza y llenas de las promesas de Dios.

Piensa, medita y declara lo que quieres ver en tu vida. Declara victoria sobre tu vida. Si vas a hablar sobre tu futuro siempre habla de una manera positiva.

Bendice tu vida con tus palabras. Declara que tienes buena salud, llámate a ti misma hermosa, próspera, llama a tus hijos inteligentes, proclama tu matrimonio bendecido. Tu llamas a tu vida lo que tú quieres ver.

Todos los días recuerda las promesas de Dios para tu vida, medita en ellas, habla de ellas y actúa en ellas. Cuando menos lo esperes estarás comiendo de sus frutos.

Una vida positiva

Dios es tan maravilloso y nos ama tanto, que Él nos encuentra y nos ministra donde quiera que estemos. Lo que nunca me imaginé, es que, en una tarde ordinaria, El Señor cambiaría mi perspectiva hacia la vida para siempre.

Un día, mientras esperaba para pagar en la línea del supermercado, un pequeño y simple libro me llamó la atención. Su título era "Las Promesas de Dios Para Tu Vida". Recuerdo que mientras esperaba mi turno, lo comencé a mirar e inmediatamente El Señor comenzó a ministrar a mi vida. Sin pensarlo dos veces lo compré y leí el libro de carátula a carátula esa misma tarde.

El libro compartía varios versículos de la palabra de Dios donde hablaba de Sus promesas para mi vida. Recuerdo que entre más leía los grandes planes que Dios tenía para mi vida, sentía cómo mis pensamientos comenzaron a transformarse por completo. Después de ver lo motivada, inspirada y lo positiva que me sentía; entendí la importancia de declarar victoria sobre mi vida. Vi la necesidad de memorizar las promesas que Dios tenía para mí y de cambiar todos mis pensamientos negativos.

En esa época, no llevaba mucho tiempo viviendo en los Estados Unidos, y estaba peleando diariamente con pensamientos y actitudes negativas. Tenía muchos sueños y deseos que quería cumplir; y entendía que debía declarar victoria sobre mi vida si quería alcanzar todo lo que me estaba proponiendo. Entendía que El Señor quería darme un futuro brillante, pero dependía de mí el alcanzarlo o no. El Señor ya me había confrontado no hacía mucho tiempo a cambiar ciertas áreas de mi vida y sabía que necesitaría cambiar mis pensamientos y mis palabras para poder transformar mis acciones.

Entonces, decidí escoger qué semillas iba a sembrar para mi futuro. Yo ya sabía que Dios tenía planes maravillosos para mí y solo tenía que declararlo en voz alta todos los días. Tome cada área de mi vida y comencé a declarar lo que quería ver acontecer en ella y la acompañaba con la promesa del Señor. Para darte un ejemplo, mi doctora me había advertido que mi colesterol estaba alto y que estaba propensa a tener un infarto; entonces escribí: *"Gozo de buena salud. Mi colesterol está regulado. Tendré el peso ideal para mi estatura, ya que amo hacer ejercicios y comer saludable. Gracias Señor por Tu promesa en* **Jeremías 30:17:** *Porque yo te restauraré y sanaré todas tus heridas dice Jehová".* De la misma manera, busqué declaraciones para cada área de mi vida y puse fotos que me motivaban a crear una visión positiva de lo que quería para mi vida.

Todos los días comencé a declarar victoria sobre mi vida. Todos los días, declaraba lo que quería ver acontecer en mi vida y actuaba como si ya hubiese pasado. Dejé de hablar acerca de mis problemas y comencé a hablarle a mis problemas y a declarar victoria sobre ellos. Después de orar, siempre sustentaba mi oración con mis palabras y acciones. Solo permitía cosas positivas en mi mente, mis palabras y mis acciones.

Hoy, con orgullo y humildad te puedo decir que todo lo que estaba en esa lista lo he logrado por la gracia de Dios. Mi colesterol está regulado y gozo de un peso ideal. Así mismo sucedió con las otras metas y propósitos que me propuse para todas las áreas de mi vida.

Hasta el día de hoy sigo logrando todo lo que me propongo, gracias a Dios y las semillas que elijo plantar para mi futuro.

Declarar victoria sobre mi vida y mis sueños, se convirtió en mi nuevo estilo de vida. Y esto es algo que enseño y comparto no solo con mi familia sino con todas las personas a las cuales les ministro. Es muy importante elegir con cuidado las semillas que piensas sembrar hoy; ya que de sus frutos comerás en el futuro.

No te puedo expresar con palabras lo agradecida que estoy con Dios por revelarnos Sus maravillosas promesas para nuestra vida. Es nuestra responsabilidad conocerlas y empezar a declarar día y noche victoria sobre nuestro futuro.

Tú también puedes gozar del buen fruto, solo debes escoger las semillas que quieres cosechar. ¡Declara victoria sobre tu vida todos los días!

Pasos Para Ser Una Mujer Positiva

Dios tiene un plan maravilloso para tu vida y tu apoyas y aceleras el proceso cuando declaras victoria sobre tu vida. Muchas veces no nos damos cuenta que con nuestras palabras atraemos lo que queremos. Bendice tu vida todos los días en vez de maldecirla.

Proverbios 6:2 nos dice que muchas veces nuestras palabras nos pueden servir de tropiezo para nuestro futuro. Es fundamental que seas positiva y apoyes lo que Dios dice de ti y los planes que Él tiene para tu vida. ¡Se sabía al escoger tus semillas!

Los siguientes pasos te ayudarán a tener pensamientos, palabras y acciones positivas:

Paso I

Memoriza las promesas de Dios.

La fe es una de las armas más poderosas para llevar una vida positiva. Cuando tienes tu fe y confianza puesta en Dios, no hay nada

202

ni nadie que pueda cambiar tu positivismo y optimismo hacia tu futuro. **Romanos 10:17** nos dice: *"Así que la fe viene como resultado de oír el mensaje, y el mensaje que se oye es la palabra de Cristo."* Entre más escuches y leas la palabra de Dios, más fe y confianza tendrás.

Cuando memorizas la palabra de Dios y Sus promesas, transformarán tus pensamientos. Cuando estás pensando en las promesas de Dios para tu vida todo el día, no le darás cabida a los pensamientos negativos. Comenzarás a hablar positivamente y actuar de igual manera. Lo que te llevará a obtener más rápidamente todo lo que te propongas.

Memoriza las promesas de Dios para tu vida y recítalas todos los días en voz alta. Así estarás sembrando buenas semillas y podrás disfrutar de sus frutos en el futuro.

Actividad:

1. Haz una lista de las promesas favoritas de Dios para tu vida. Escribe los versículos que quieres memorizar:

_____

_____

_____

_____

_____

2. Escribe lo que Dios promete para ti en los siguientes versículos:

Jeremías 29:11

Mateo 11:28-29

Isaías 40:29-31

Filipenses 4:19

203

Romanos 8:37-39

Proverbios 1:33

Juan 14:27

Romanos 10:9

Romanos 6:23

Paso II

Enfócate solo en pensamientos positivos.

Habrá momentos donde pensamientos negativos querrán tomar control de tu mente de nuevo. Lo que es importante aquí, es parar de darle importancia a los pensamientos negativos. Enfócate solo en los pensamientos positivos. Interrumpe tus malos pensamientos, reemplázalos con un pensamiento opuesto. Por ejemplo, si estás pensando hacer ejercicios cuando salgas del trabajo, y tu mente te dice que estás muy cansada. No permitas que salgan esas palabras de tu boca, en vez di en voz alta: "Que emoción que iré al gimnasio después del trabajo. Me llenará aún más de energía."

No digas en voz alta lo que tu mente esté proyectando negativamente. Di lo contrario, di lo que quieres que pase. Si tú dices lo contrario repetidas veces, terminarás pensando positivamente y sintiéndote diferente también. Imagina, cómo se sentía David cuando se enfrentó a Goliat. Recuerda que David era apenas un jovencito, su trabajo era pastorear ovejas y se estaba enfrentando a un gigante a quien todos le tenían miedo. Pero mira las palabras que salían de la boca de David: *1 Samuel 17:45-47* *"Tú vienes contra mí con espada, lanza y jabalina, pero yo vengo a ti en el Nombre del Señor Todopoderoso, el Dios de los ejércitos de Israel, a los que has desafiado. Hoy mismo el Señor te entregará en mis manos; y yo te mataré y te cortaré la cabeza. Hoy mismo echaré los cadáveres del ejército filisteo a las aves del cielo y a las fieras del campo, y todo el mundo sabrá que hay un Dios en Israel. Todos los que están aquí reconocerán que el Señor salva sin necesidad de espada ni de lanza. La batalla es del Señor, y Él los entregará a ustedes en nuestras manos."*

Todo lo que declaró David en voz alta se hizo realidad. Él conocía las promesas de Dios para su vida y declaró lo que esperaba ver y así sucedió. Él no se enfocó en el hecho que era un pastor de ovejas y un jovencito; o en qué tan grande y fuerte era Goliat. Su enfoque fue en las promesas de Dios para su vida. Él sabía que iba en El nombre de Dios y sabía que Dios lo ayudaría. Sus palabras se hicieron realidad.

Así como David, tú también te puedes enfocar en tus pensamientos positivos y en las promesas de Dios para tu vida. Declara en voz alta lo que quieres ver acontecer en tu futuro. No des vida a tus malos pensamientos diciéndolos en voz alta.

Enfócate solo en pensamientos positivos ya que en el momento que tú los dejas salir de tu boca, estás sembrando una semilla para tu futuro.

Actividad:

1. Contesta la siguiente pregunta: ¿Qué tipo de pensamientos has tenido últimamente?

2. Estos pensamientos, ¿Son el tipo de semilla que quieres plantar para tu futuro? S/N

3. Si no, ¿Qué cambiarías?

Paso III

Para de preguntar: "¿Y cómo lo voy a hacer?"

La pregunta: "¿Cómo lo voy a hacer?" nos paraliza y nos hace enfocarnos en nuestras propias habilidades. Cuando el Señor pone algo en tu corazón, no te preguntes cómo lo vas a hacer. Cree que El Señor te capacitará y te dará la sabiduría para lograrlo, y simplemente toma acción.

David tenía la certeza que podía vencer a Goliat porque su confianza estaba puesta en Dios. Él nunca se preguntó, ¿cómo lo voy a hacer? David solo sabía que Dios lo equiparía y lo ayudaría. Mira lo que le contesta David al Rey Saúl en *1 Samuel 17:32-37* *"Entonces David le dijo a Saúl: ¡Nadie tiene por qué desanimarse a causa de este filisteo! Yo mismo iré a pelear contra él. ¡Cómo vas a pelear tú solo contra este filisteo!, replicó Saúl. No eres más que un muchacho, mientras que él ha sido un guerrero toda la vida. David le respondió: A mí me toca cuidar el rebaño de mi padre. Cuando un león o un oso viene y se lleva una oveja del rebaño, yo lo persigo y lo golpeo hasta que suelta la presa. Y si el animal me ataca, lo sigo golpeando hasta matarlo. Si este siervo de su majestad ha matado leones y osos, lo mismo puede hacer con ese filisteo pagano, porque está desafiando al ejército del Dios viviente. El Señor, que me libró de las garras del león y del oso, también me librará del poder de ese filisteo."*

David tenía toda su confianza puesta en Dios y sabía que Él lo equiparía y le daría la victoria. Ya que David pensaba de esa manera, nunca se preguntó "¿cómo?" ni puso su confianza en sus propias habilidades sino dijo: *"El Señor, que me libró de las garras del león y del oso, también me librará del poder de ese filisteo."*

Tú y yo servimos al mismo Dios que libró a David del filisteo. Cuando tu dejas de preguntarte "¿Y cómo lo haré?" y pones toda tu confianza en Dios, tus pensamientos, palabras y acciones serán positivas y así mismo serán tus resultados.

Diana Bryant

Actividad:

1. Reflexiona en tus pensamientos, palabras y actitudes y contesta las siguientes preguntas:

    Te has estado preguntando: *"¿Y cómo lo haré?"* S/N

    ¿Has puesto tu confianza en tus habilidades? S/N

    ¿Crees que el gigante es más grande que tú y te has dejado intimidar? S/N

2. Si la respuesta es sí, ¿Qué piensas hacer al respecto? Escribe tu plan de acción:

    _____

    _____

    _____

    _____

    _____

Paso IV

Pon cuidado a tus expectativas.

Para ser positivas, es importante tener en cuenta nuestras expectativas. Tu atraerás lo que esperas. Si tú quieres gozar de una buena salud, un matrimonio exitoso y una vida abundante, no puedes esperar algo diferente.

Tus deseos siempre deben estar sincronizados con tus expectativas. La manera que demuestras lo que esperas es por medio de tus pensamientos, palabras y acciones. Es importante esperar y profetizar abundancia sobre nuestras vidas y lo que deseamos.

207

Santiago 3:4 nos dice: *"Fíjense también en los barcos. A pesar de ser tan grandes y de ser impulsados por fuertes vientos, se gobiernan por un pequeño timón a voluntad del piloto."* Podemos comparar ese gran barco con tu vida. Tú eres el piloto que maneja el timón de tu propia voluntad. Tu llevas el control de tus expectativas, pensamientos, palabras y acciones. Al tener control y dominio sobre el "timón" dirigirás el barco completo donde quieras que él se dirija.

Para darte otro ejemplo, tus expectativas son las semillas de las que hablamos anteriormente. No puedes sembrar semillas de manzana y esperar que crezca un árbol de naranjas, ¿verdad? De igual manera funciona con tus expectativas para la vida. Asegúrate que llevas el control de tu timón para dirigir el barco a dónde quieres que llegue. Siembra las semillas correctas para el árbol que quieres plantar. ¡Todo lo que esperas se materializará!

Actividad:

1. Haz una lista de todo lo que quieres y esperas en la vida. Escribe esta lista como si ya existieran.

_____

_____

_____

_____

_____

_____

_____

_____

2. Lee esta lista en voz alta todos los días.

Pensamientos Finales

Para tener éxito en la vida, debemos ser mujeres positivas. Ser positiva es tan sencillo como creer, hablar, pensar y enfocarnos en las promesas de Dios para nuestra vida. No desvíes el destino que Dios tiene para ti. Haz tu parte y habla victoria sobre tu vida. *Habla a* tus problemas en vez de *hablar de* tus problemas.

Cuando hablas continuamente del problema, más fuerza toma y más débil te hace. Declara victoria y hazla más fuerte que tu problema. No creas en las noticias de este mundo, solo cree en las noticias del Señor.

Declara y espera las promesas de Dios para tu vida. Entre más las repites, más estás sembrando para tu futuro. La voz de la fe y la voz del negativismo siempre estarán presentes, es tu decisión cuál decides escuchar. Es tu decisión si decides estar de acuerdo con Dios y Sus promesas para tu futuro, o con el enemigo y sus mentiras. Elige siempre la voz de la fe, así como David lo hizo. No confíes en tus propias habilidades, solo pon tu confianza en Dios y profetiza lo que quieres ver acontecer.

David profetizó victoria sobre su vida y la obtuvo. Cuando te enfrentes con gigantes, tienes que hablarle a ellos, así como David lo hizo. Lo que tú esperas, piensas y hablas; no solo transformará tu vida sino tu futuro y el de los que te rodean también. Tú y los tuyos comerán de los frutos de las semillas que plantas cada día.

Mujer virtuosa, si quieres un árbol de manzanas, asegúrate que las semillas que estás sembrando hoy (con tus expectativas, pensamientos, palabras y acciones) sean las correctas; así, disfrutarás de jugosas manzanas cuando tus semillas den fruto.

Sé Una Mujer Perseverante

Lucas 21:19
Con su perseverancia ganarán sus almas.

Ser perseverante significa tener firmeza y constancia; nunca darse por vencida. Cuando tú eres perseverante, garantizas llegar a la meta final. Lo que nos mantiene motivadas a llegar a la meta final son la esperanza y la fe. Ellas, nos llenan de fuerzas y vitalidad para seguir luchando. Lo que nos hace feliz cada día es la esperanza y la fe de saber que tendremos un futuro mejor. Te ayuda a tener entusiasmo en todo lo que haces, por lo tanto, te mantienes perseverando.

Saber que Dios tiene un plan perfecto para nuestras vidas, es lo que nos llena de esperanza. Él creó todo con un propósito y te creó a ti y a mí con un llamado para nuestras vidas. Si sabemos que Dios conoce el final desde el principio, Su tiempo es perfecto y Sus planes son maravillosos; ¿por qué a veces nos desanimamos y queremos rendirnos?

No importa que tan sencillo o complicado sea lo que El Señor haya puesto en tus manos, en la vida siempre tendremos momentos fáciles y momentos difíciles. Lo único que nos mantendrá motivadas para no

210

renunciar en esos momentos difíciles, es la esperanza y la fe. Debemos entender que el grado de esperanza y de fe es determinada por el tiempo que pasas con El Señor. Nosotras podemos afectar nuestra fe y esperanza con nuestros pensamientos y en lo que decidimos enfocarnos. Ellas se pueden descargar en cualquier momento.

Así como necesitamos cargar la batería de nuestro celular constantemente, así mismo sucede con nuestra esperanza y nuestra fe. Ellas se recargan cuando nos conectamos de nuevo con Dios; cuando leemos Su palabra y recordamos Sus promesas para nuestra vida. **Romanos 10:17** nos recuerda: *"Así que la fe viene como resultado de oír el mensaje, y el mensaje que se oye es la palabra de Cristo."* La palabra de Dios recarga nuestra fe y esperanza.

Cuando permitimos que nuestra fe y esperanza se descarguen, es allí cuando sentimos que queremos renunciar. Cuando te sientas de esa manera, ¡conéctate a Dios! El restaurará tus fuerzas, tu fe y tu esperanza para seguir perseverando hasta el final.

Un alma que nunca se rinde

Todo es fácil en la vida cuando todo te sale como esperabas, y cuando tienes el apoyo y la ayuda de las personas que te rodean. Cuando sientes que todas tus oraciones están siendo contestadas a tu tiempo y cuando todo lo que haces te sale bien. Pero, ¿qué pasa cuando es lo contrario? Nos preguntamos: ¿Será que Dios quiere que renuncie a lo que estoy haciendo?

Algo que he aprendido en mi caminar con El Señor, es que cuando estás haciendo algo que le agrada a Dios, el enemigo intentará hacer lo que pueda para distraerte, desanimarte y hacerte renunciar a lo que Dios te ha llamado a hacer.

Durante casi 20 años clamé al Señor que revelara Su llamado para mi vida. Pero no fue hasta Su tiempo perfecto que Él me lo reveló. Durante esos 20 años de espera, siempre supe que Dios tenía un plan maravilloso para mí, que Él me había creado con un propósito y a Su tiempo me lo revelaría. No te estoy diciendo que fue fácil, muchas veces quise rendirme y fui tentada muchas veces a renunciar. Pero fue

211

mi fe y esperanza en Sus promesas para mi vida lo que me mantenían perseverando.

La historia de José siempre ha ministrado mucho a mi vida, especialmente, durante esas épocas difíciles. José era un joven que tenía un sueño y sin importar lo difícil que fueran las situaciones, él decidió creer en el sueño que Dios había puesto en su corazón. Nunca se rindió y cumplía con todos sus deberes con buena actitud mientras esperaba que su sueño se hiciera realidad.

Génesis 37 nos cuenta cómo sus hermanos no entendieron el sueño que había sido revelado a José y lo pusieron en situaciones muy vergonzosas; una de ellas, venderlo como esclavo a los egipcios. Durante muchos años, José no vio ni siquiera una señal que los sueños que había tenido se harían realidad. Por el contrario, hasta a la cárcel fue a parar. Pero la actitud de José siempre fue optimista y nunca se dió por vencido a los sueños que Dios había opuesto en su corazón. Su fe y esperanza en los planes de Dios lo mantuvieron motivado a seguir perseverando.

Génesis 41 nos cuenta cómo terminó José, con mucho honor pasó de ser un esclavo a ser la mano derecha del faraón. De esa manera cumplió el sueño que El Señor había puesto en su corazón; y salvó las vidas de muchas personas. Pero lo que es admirable aquí, es el hecho que José nunca se rindió, a pesar de todo lo que pasó y todo el tiempo que él tuvo que esperar. José persistió hasta el final y logró alcanzar los planes que Dios tenía para él.

Lo que Dios hizo por José lo puede hacer por ti también. José pasó de ser esclavo y estar en una cárcel, a vivir en un palacio y ser gobernador de Egipto. Tú también puedes estar en el palacio que Dios prometió para tu vida, si te lo propones y no te rindes.

Dios nunca te va a pedir que hagas algo que Él no te haya dado la gracia y te haya equipado para hacerlo. Lo que quiero decir es que no importa la circunstancia por la que estés pasando, o lo difícil que esté tu situación en estos momentos, o el tiempo que lleves esperando; Dios te capacitó para enfrentarlo. Él ya tiene la fecha señalada para darte la solución y la respuesta a tu problema, solo tienes que perseverar mientras esperas en Su tiempo perfecto. Él ya conoce tu fin y te ha equipo para ser ganadora, para tener control sobre tus sentimientos y para perseverar hasta el final.

212

Durante mis 20 años de espera, vi a muchas personas rendirse sin llegar a ver sus sueños hechos realidad. No estuvieron dispuestos a pelear por sus sueños y creer en las promesas de Dios para sus vidas. Hoy están inconformes con sus vidas y sienten que es demasiado tarde para intentarlo de nuevo. Lo grandioso de servirle a un Dios tan maravilloso es que para Él nunca es tarde. Si tu sientes que has abandonado tus sueños o el llamado que Dios hizo a tu vida años atrás, lo puedes retomar. Dios siempre está dispuesto a ayudarte y a cumplir Su propósito para tu vida. ¡Así es que anímate a retomarlo!

Perseverar es algo que debemos hacer todos los días y en toda ocasión. Aun cuando sientes que has llegado a la meta, surgirán nuevas metas por alcanzar. Después de casi 20 años de espera, Dios reveló el llamado para mi vida, pero eso no significó que dejé de perseverar en ese momento. Cuando Él me llamó a ministrar, no te exagero, fue el día más feliz de mi vida; ahora sabía para qué había sido creada. Pero rápidamente noté que el llamado trajo consigo sus momentos fáciles y difíciles. A pesar de estar viviendo el llamado de Dios para mi vida, han surgido circunstancias donde me he visto tentada a renunciar. Lo que me ha mantenido en marcha, es el saber que Dios está en control, el tener mi esperanza y mi fe puestas en Sus promesas para mi vida. Todos los días me recuerdo a mí misma que Dios está en control, que yo soy solo un instrumento para Su uso y que Él me equipa todos los días para completar Su obra. Día a día he visto el ministerio crecer y transformar vidas. Cada día me levanto con un propósito y con la felicidad de haber alcanzado el deseo que El Señor había puesto en mis manos. Hoy, como José, estoy viviendo en ese palacio y haciendo mi sueño realidad. ¿Te imaginas que hubiese pasado si hubiese decidido rendirme durante esos 20 años de espera? ¿Te imaginas que pasaría si decido rendirme hoy?

Tú también puedes vivir en ese palacio, solo sigue perseverando en lo que Dios ha puesto en tus manos hoy. Sigue con tu esperanza y fe puestas en Sus promesas y lo lograrás. ¡No te rindas!

Pasos Para Ser Una Mujer Perseverante

El perseverar y no rendirte garantizará que llegues a la meta final. En momentos de dificultad, solo tienes que mantener tu esperanza y tu fe puesta en las promesas que Dios tiene para tu vida. Dios tiene un

213

plan maravilloso para ti. Si sigues perseverando y tomando pasos de fe, llegarás a cualquier lugar que te propongas.

Los siguientes pasos te ayudarán a seguir perseverando y alcanzar todo lo que Dios ha puesto en tu corazón:

Paso I

Mantén tu armadura puesta. No te rindas; ¡pelea!

No importa por lo que estés pasando, el enemigo siempre tratará de desanimarte, desilusionarte y convencerte que sería mejor abandonar lo que estás haciendo. Te llenará de mentiras, y si tú las crees y no peleas, terminarás rindiéndote. Es importante reconocer las ventanas por donde el enemigo puede entrar, tomar fuerza para atormentarnos y robar nuestros sueños.

Son situaciones como las siguientes donde te sentirás tentada a renunciar:

- Cuando las circunstancias se ponen difíciles.
- Cuando nada sale como querías o esperabas.
- Cuando sientes que se cierran las puertas.
- Cuando no escuchas una respuesta rápida a lo que "necesitas".
- Cuando sales de tu zona de confort y te sientes vulnerable.
- Cuando sientes duda que lo que estás haciendo es lo correcto.
- Cuando no sientes apoyo de los demás.
- Cuando no sientes validación por lo que haces.
- Cuando ha pasado mucho tiempo y no ves el resultado de tus esfuerzos.
- Cuando sientes que nada te está saliendo bien.
- Cuando no has pasado tiempo con Dios y tu fe y esperanza necesitan ser recargadas.

Estas son apenas algunas de las ventanas por donde el enemigo puede entrar, tomar ventaja y convencerte que sería mejor rendirte. Si tu no estás preparada para la batalla, la vas a perder. Terminarás rindiéndote y abandonando lo que El Señor ha puesto en tus manos. Te desviarás del camino que te llevará a cumplir las promesas que Dios tiene para tu vida.

214

La palabra nos dice en **Efesios 6:10-18:** *"Por último, fortalézcanse con el gran poder del Señor. Pónganse toda la armadura de Dios para que puedan hacer frente a las artimañas del diablo. Porque nuestra lucha no es contra seres humanos, sino contra poderes, contra autoridades, contra potestades que dominan este mundo de tinieblas, contra fuerzas espirituales malignas en las regiones celestiales. Por lo tanto, pónganse toda la armadura de Dios, para que cuando llegue el día malo puedan resistir hasta el fin con firmeza. Manténganse firmes, ceñidos con el cinturón de la verdad, protegidos por la coraza de justicia, y calzados con la disposición de proclamar el evangelio de la paz. Además de todo esto, tomen el escudo de la fe, con el cual pueden apagar todas las flechas encendidas del maligno. Tomen el casco de la salvación y la espada del Espíritu, que es la palabra de Dios. Oren en el Espíritu en todo momento, con peticiones y ruegos. Manténganse alerta y perseveren en oración por todos los santos."*

Para defendernos de los ataques y ganar la batalla contra el enemigo, debemos mantener nuestra armadura puesta todos los días. Estar en constante comunión con Dios en oración y leyendo Su palabra. Debemos mantenernos conectadas a la fuente que nos llena de fe y esperanza para un futuro mejor.

Mantén tu armadura puesta todos los días. Pelea por tus sueños y las promesas de Dios para tu vida. ¡Enfrenta la batalla con confianza, Dios te respalda!

Actividad:

Estudia a fondo **Efesios 6:10-18** y contesta las siguientes preguntas:

¿Por qué debemos ponernos *toda* la armadura de Dios?

_____

_____

_____

_____

_____

¿Cómo te protege cada pieza de la armadura de Dios?

Cinturón

Coraza

Calzado

Escudo

Casco

Espada

¿Cómo estaban orando los Efesios? ¿Por qué oraban?

_____

_____

¿Cuáles son los beneficios de ponernos la armadura de Dios todos los días?

_____

_____

Paso II

Recarga tu esperanza y tu fe.

Como te mencionaba antes, la esperanza y la fe deben ser constantemente recargadas. De la misma manera que desesperadamente buscas el cable para cargar tu celular debes buscar y conectarte a Dios. Si tu esperanza y tu fe no están recargadas, no tendrás las fuerzas suficientes para seguir avanzando y te rendirás muy fácilmente.

216

Si te mantienes conectada a tu fuente de energía (por medio de la oración, la alabanza, el ayuno y leyendo la palabra de Dios) nunca te verás falta de fe y esperanza. Solo El Señor puede restaurar tus fuerzas y equiparte para lograr todo lo que Él te ha llamado a ser. Recuerda y declara Sus promesas para tu vida todos los días, solo así te mantendrás motivada a seguir luchando. Ten en mente las veces que Dios te ha ayudado, los milagros que Él ha hecho en tu vida. Las veces que Él te ha tomado en Sus manos y te ha restaurado. Esto te ayudará a mantener tu fe y tu esperanza.

Actividad:

1. Haz una lista de las veces que Dios se ha manifestado en tu vida. Las veces que Él te ha ayudado, las bendiciones que te ha dado y los milagros que Él ha hecho por ti.

   _____

   _____

   _____

   _____

   _____

2. Revísala cada vez que sientas el deseo de rendirte. Esto te ayudará a recuperar tu fe y esperanza.

Paso III

Busca apoyo.

Cuando estamos pasando por momentos difíciles, es fundamental buscar el apoyo y la ayuda de otras personas. Debemos identificar personas que puedan motivarnos, apoyarnos y que nos ayuden a recordar las promesas de Dios para nuestra vida. Que estén dispuestas a unirse en oración con nosotras y que puedan compartir una palabra de aliento.

217

Es fundamental identificar una o dos personas con las que te sientas cómoda para que se puedan servir de apoyo y motivación la una a la otra. Es mucho más difícil rendirse cuando alguien más está de tu lado. En **Marcos 6:7** la palabra de Dios nos cuenta: *"Reunió a los doce, y comenzó a enviarlos de dos en dos, dándoles autoridad sobre los espíritus malignos."* Cuando Jesús envió a los discípulos, los envió de dos en dos para que se apoyaran el uno al otro.

Recuerda siempre que, aunque tú tengas el apoyo de los demás, tu confianza siempre debe estar puesta en Dios. Las demás personas te podrán ayudar y apoyar, pero ellos nunca podrán hacer lo que Dios puede hacer por ti.

===

Actividad:

Identifica a una o dos personas a las que te puedas unir y servir de mutuo apoyo en momentos de dificultad. ¡Invítalas a ser parte de tu círculo!

Nombre: _____

Nombre: _____

===

Paso IV

Siempre di: "¡Dios en ti confío!"

No importa por lo que estés pasando, siempre di: "Dios en ti confío!". Hay poder cuando pones tu confianza en Dios y lo declaras constantemente. Cuando tú declaras en voz alta que estás confiando en Dios y en Sus planes para tu vida sin importar por lo que estés pasando, le estás demostrando al enemigo que no puede contigo; ya que tu confianza está puesta en Dios.

La palabra de Dios nos enseña, cómo Jesús ponía Su confianza plenamente en Dios, hasta en momentos de injusticia y dificultad. **1 Pedro 2:23** nos dice: *"Cuando proferían insultos contra él, no replicaba con insultos; cuando padecía, no amenazaba, sino que se entregaba a aquel que juzga con justicia."* Aunque Jesús estaba siendo acusado de

218

pecados que Él no cometió y el pueblo lo insultaba; Él confiaba en Dios y se entregaba a Su justicia.

Si quieres perseverar en lo que haces, mantén tu mirada y confianza puesta en Dios y en lo que Él te llamó a hacer. Verás, como el proceso de llegar a tu meta final será más fácil cuando lo haces. Cree en el tiempo de Dios y espera que Él tome acción. Tu encárgate de completar todo lo que Dios ha puesto en tus manos y Él se encargará de lo sobrenatural. ¡Dios puede convertir tus dificultades en testimonios, solo tienes que creerlo!

===

Actividad:

Haz una lista de dificultades por las que estás pasando en estos momentos y escribe "¡Dios en ti confío!"

_____. "¡_____!"

_____. "¡_____!"

_____. "¡_____!"

_____. "¡_____!"

_____. "¡_____!"

===

Paso V

Mantén tus promesas.

Gálatas 6:9 nos enseña: *"No nos cansemos de hacer el bien, porque a su debido tiempo cosecharemos si no nos damos por vencidos."* Si no nos cansamos de mantener nuestras promesas y terminar todo lo que Dios ha puesto en nuestras manos, lograremos gozar de todo lo que hemos sembrado.

219

Mantén tu palabra de terminar lo que Dios ha puesto en tu corazón. Si aún no sabes que ha puesto El Señor en tu corazón, las siguientes preguntas te ayudarán:

- ¿Qué quieres hacer en tu vida?
- ¿Qué quieres crear?
- ¿Qué quieres hacer por otras personas? ¿Cómo las quieres ayudar?
- ¿Qué quieres arreglar?
- ¿Qué te hace llorar?
- ¿Qué te hace feliz?
- ¿Qué sueño o deseo del pasado has abandonado y aún desearías hacer?

Si te enfocas y cumples diariamente con las tareas que El Señor te da, lograrás llegar a la meta final. Mantente enfocada en tu meta y las promesas que le has hecho al Señor. Si te rindes, está garantizado que nunca llegarás; pero si perseveras, ¡es garantizado que llegarás! Mantén tu enfoque en lo que Dios quiere para ti, Él quiere bendecirte. Los obstáculos te hacen más fuerte y más persistente; y cuando Dios ve tus esfuerzos Él te ayuda y te bendice.

Retoma todas las promesas que le has hecho al Señor y ponte a trabajar en ellas. ¡A su tiempo cosecharás si no te das por vencida!

===

Actividad:

1. ¿Qué sueños has abandonado y El Señor te está llamando a retomar? Haz una lista:

_____

_____

_____

_____

_____

_____

2. Haz 3 cosas todos los días que te ayudarán a cumplir con la promesa que le has hecho a Dios de trabajar en los deseos que Él ha puesto en tu corazón.

Pensamientos Finales

Se requiere de perseverancia, no cuando las cosas van bien y todo sale como queremos, sino cuando logramos sacar nuestros sueños adelante en medio de la dificultad. Si queremos dejar de ser esclavos y vivir en una cárcel y pasar a vivir a un palacio como José lo hizo; no podemos dejar de soñar y perseverar para lograrlo.

Así como lo hizo con José, Dios también lo quiere hacer contigo y tiene planes maravillosos para ti. No permitas que satanás robe lo que es tuyo; pelea por alcanzar todo lo que te pertenece. Cuando tienes tu esperanza y tu fe puesta en Dios, te sentirás segura de lograr todo lo que Dios te ha llamado a hacer. Busca apoyo, usa tu armadura todos los días y mantén tus promesas; verás cómo día a día te acercarás más a tu meta final. Todo cambia y avanza cuando no te rindes.

Tu mereces llegar a esa meta. No te rindas porque algo no sale a tu manera. Persevera en todo lo que Dios ha puesto en tus manos. Cuando sientes que nada está trabajando a tu favor, cuando sientes que tus sueños o lo que te propones está fuera de tu alcance; es cuando más debes luchar.

La mayoría de las personas se rinden justo antes de recibir la recompensa por sus esfuerzos; justo antes de ver sus sueños hechos realidad. Si Dios ha puesto algo en tu corazón, cuando las circunstancias se pongan difíciles, no significa que debes rendirte o que Dios cambió de opinión. Significa que debes perseverar y luchar por lo que quieres hasta alcanzarlo.

Dios quiere que goces de una vida llena de salud, prosperidad, abundancia y que hagas tus sueños realidad. Dios es fiel en cualquier situación y Él trabaja todo a tu favor. ¡Es tu decisión perseverar y nunca rendirte!

221

Sé Una Mujer de Propósito

Capítulo 20: Propósito

Salmos 138:8

El Señor cumplirá en mí Su propósito.
Tu gran amor, SEÑOR, perdura para siempre;
¡no abandones la obra de tus manos!

Cuando Dios creó el mundo, todo lo creó con un propósito, y eso te incluye a ti. Cada una de nosotras fuimos creadas con talentos y dones espirituales diferentes para cumplir con una tarea aquí en la tierra. El Señor quiere utilizarte para cumplir Su obra y es tu decisión permitírselo y vivir una vida con propósito.

Vivir una vida con propósito significa tener la voluntad de hacer lo que Dios nos pide y tomar acción inmediata. Debemos tener cuidado en que estamos enfocando nuestras fuerzas, de nada nos sirve afanarnos en la vida si no estamos dando frutos. Es muy diferente estar ocupados todo el tiempo, a ser productivos y llevar una vida con propósito. Entre más pases tiempo con Dios, y aplicas lo que Él está ministrando a tu vida, más claro será el propósito para tu vida y empezarás a ver los frutos.

222

Si quieres llevar una vida con propósito debes buscar a Dios primero. **Mateo 6:33** nos dice: *"Más bien, busquen primeramente el reino de Dios y su justicia, y todas estas cosas les serán añadidas."* Cuando buscas a Dios primero, Él transformará tu vida un día a la vez y te ayudará a cumplir el propósito por el cual Él te ha creado.

De nada nos sirve tener una vida llena de lujos si no tenemos propósito. De nada nos sirve ir a la iglesia todos los días, o leer la palabra de Dios en todo momento si no estamos aplicando lo que hemos aprendido. De nada te sirve leer este libro si no pones en práctica lo que aprendes. Para vivir una vida con propósito, debes decidir tomar acción en todo lo que Dios está ministrando a tu vida. Cuando vives con propósito, y eres obediente y fiel en lo que Dios pone en tus manos, Él continúa prosperando tu vida. Dios nos da el libre albedrío para tomar nuestras propias decisiones, Él nunca te obligará a hacer algo que no quieres. Es tu decisión vivir una vida con propósito y convertirte en todo lo que Dios te ha llamado a ser.

Una Vida Con Propósito

Durante muchos años, busqué el propósito de mi vida en lugares diferentes y equivocados, pero no fue hasta que crecí en mi relación con el Señor que por fin pude encontrarlo. La mejor manera de explicarte cómo ha sido mi caminar con El Señor, es comparándolo como cuando somos bebés y aprendemos a caminar en la vida. Empezamos gateando, y cada vez nuestras piernas y nuestros músculos se hacen más fuertes. Después, comenzamos a dar pasos pequeños hasta que por fin nos sentimos listos y preparados para correr. Pero este proceso necesita tiempo, dedicación y práctica. Para aprender a caminar necesitas ejercitar tus músculos todos los días hasta que por fin lo logras.

De la misma manera crecí en mi relación con El Señor. Cuando por fin entendí que Él tenía un propósito para mi vida, comencé a ejercitar mi caminar en Él y día a día tuve que aprender a aplicar todo lo que Él me enseñaba. Entre más obediente era a Sus enseñanzas, más responsabilidades me daba. Poco a poco comencé a reconocer que estaba viviendo una vida con propósito y que Dios me estaba preparando para una carrera.

Por mucho tiempo, aunque era cristiana, realmente no entendía el privilegio de serlo. Iba a la iglesia todos los domingos y creía que con eso era suficiente para vivir una vida con propósito. Pero con el paso de los años, entendí que, si no ejercitaba mi caminar con el Señor, nunca llegaría a experimentar qué es vivir una vida con propósito. Y me propuse todos los días a crecer en mi caminar con El Señor.

Decidí, no solo asistir los domingos a la iglesia, sino también prestar atención cuando el Espíritu Santo me revelara áreas que debía transformar en mi vida; y tomar acción inmediata en ellas. Decidí, servir en la iglesia y asistir a los estudios Bíblicos. Decidí pasar más tiempo con Dios y leer su palabra todos los días. Comencé a notar cómo día a día mi relación con Él Señor se volvió más y más fuerte. Noté, como El Señor comenzó a transformar mi vida y cómo ahora llevaba una vida con propósito. Con el paso del tiempo, me di cuenta que pasé de gatear a correr con El Señor.

El día que Dios me llamó a ministrar, me sentía preparada para hacerlo, al punto que Él me decía "camine", y yo corría. Diariamente aprendemos de Dios y de Su palabra. Entre más pasas tiempo con El Señor y pones en práctica Sus enseñanzas, más aprendes a depender del Espíritu Santo y permites que Él te dirija.

1 Corintios 9:24 nos dice: *"¿No saben que en una carrera todos los corredores compiten, pero sólo uno obtiene el premio? Corran, pues, de tal modo que lo obtengan."* Cuando tu pones todo tu esfuerzo y tu propósito por agradar a Dios y te enfocas en Su caminar, estarás corriendo la carrera de tal modo que garantizarás ganar tu premio. Entre más te acercas al Señor, más fuertes y preparadas estarán tus piernas para correr.

Convierte el caminar con el Señor en el propósito de tu vida. Ejercita tu relación con Él todos los días y Él se encargará de revelar los propósitos que Él tiene preparados para ti. Entre más crezcas y te acerques a Dios, más podrás experimentar Su gracia y Su amor. Te conocerás más a ti misma y podrás encontrar rápidamente tus dones espirituales, lo que te llevará a cumplir con Su propósito y tu llamado aquí en la tierra.

No fue hasta cuando puse mi enfoque y propósito en mi caminar con El Señor, que puede encontrar Su llamado para mi vida. En mi caminar con Él, aprendí a aplicar Su palabra en cada área de mi vida.

224

Al ver los milagros y transformaciones que Él hizo en mí, vivo cada día para enseñarlo a otras personas.

Te puedo asegurar que, así como aprendemos a caminar, la única manera de aprender en la vida, es cuando pasamos por la experiencia y podemos aplicar lo que hemos aprendido. Cuando estás dispuesta a pasar más tiempo con Dios y aplicar lo que Él te ministra comienzas a vivir una vida con propósito.

Pasos Para Ser Una Mujer con Propósito

Vive una vida con propósito, comienza con tu decisión de querer agradar a Dios primero. De querer conocerlo más y acercarte más a Él. Cuando tú enfocas tus esfuerzos en convertirte en todo lo que Él te ha llamado a ser, comienzas a dar pasos firmes hasta que te sientes preparada para tu llamado en la vida.

El que estés leyendo este libro y este capítulo, quiere decir que has decidido llevar una vida con propósito y convertirte en todo lo que Dios te ha llamado a ser. Cuando comienzas a tomar acción empiezas a vivir una vida con propósito.

Los siguientes pasos te ayudarán en el proceso:

Paso I

Pasa de gatear a correr.

Este paso es fundamental para empezar a vivir una vida con propósito. Lo que debemos entender aquí, es que no necesitamos pretender ser buenas cristianas, debemos ser buenas cristianas. Nosotras no beneficiamos a nadie más que a nosotras mismas cuando nos acercamos a Dios. Cuando decides asistir a la iglesia todos los domingos, servir en el cuerpo de Cristo, ir a todos los estudios Bíblicos, leer la palabra de Dios y pasar tiempo con Él todos los días; te estás beneficiando a ti misma.

Dios no te va a poder revelar el propósito para tu vida si aún no estás lista; ¿le pedirías a un bebé que corra? De igual manera, El

225

Señor no te va a pedir que hagas algo para lo cual no estas aún preparada. Por eso es fundamental aprender a caminar primero y después querer correr. La manera que aprendes a caminar es creciendo en la relación con tu Creador.

Entre más ejercitas tu caminar con el Señor más fuertes serán tus piernas y más preparada estarás para el día de la carrera. Tu tiempo con Dios es lo que te llevará a conocer Su llamado para tu vida. Busca a Dios primero y agradarle a Él y todo lo demás será añadido.

Actividad:

1. Contesta las siguientes preguntas:

   ¿Vas a la iglesia todos los domingos? S/N

   ¿Estás activa en el cuerpo de Cristo? ¿Sirves en tu iglesia? S/N

   ¿Lees la palabra de Dios todos los días? S/N

   ¿Pasas tiempo con El Señor todos los días? S/N

   ¿Pones en práctica lo que aprendes? S/N

   ¿Vas al estudio Bíblico? S/N

2. Si tu respuesta fue no, ¿Cuál es tu plan para crecer en tu caminar con El Señor? Escribe tu plan de acción:

   _____

   _____

   _____

   _____

Paso II

Busca agradar a Dios en todo lo que haces.

Uno de los propósitos en la vida de todos los seres humanos, debe ser agradar a Dios en todo lo que hagamos. Es importante glorificar a Dios con nuestras decisiones. Tú puedes glorificar a Dios con tus pensamientos, palabras y acciones.

Dios nos ha dado libre albedrío para tomar nuestras propias decisiones. **Deuteronomio 30:19** nos enseña: *"Hoy pongo al cielo y a la tierra por testigos contra ti, de que te he dado a elegir entre la vida y la muerte, entre la bendición y la maldición. Elige, pues, la vida, para que vivan tú y tus descendientes."* Cuando tú vives con El propósito de agradar a Dios, estás eligiendo ser una persona bendecida y de igual manera bendecirás a las personas que te rodean.

Cuando tú tomas buenas decisiones, estás invirtiendo en tu vida y en tu futuro.

El Señor nos recompensa cuando hacemos el bien y tomamos decisiones que nos llevaran a disfrutar de la eternidad. **Apocalipsis 22:12** nos recuerda: *"¡Miren que vengo pronto! Traigo conmigo mi recompensa, y le pagaré a cada uno según lo que haya hecho."* Disfruta el momento en el que estás ahora, toma buenas decisiones y agrada a Dios.

¡Cuando haces este paso uno de tus propósitos primordiales en la vida, El Señor te recompensa!

Actividad:

1. Reflexiona en tus pensamientos, palabras y acciones. ¿Estás agradando a Dios con tus decisiones? S/N

227

2. Si la respuesta fue no, ¿Qué puedes hacer para agradar a Dios de hoy en adelante?

_____

_____

_____

_____

Paso III

Escucha lo que Dios te quiere decir.

Para crecer en tu caminar con Dios y encontrar Su llamado para tu vida, es fundamental aprender a escuchar de Él. Es importante estar atenta a lo que El Señor pone en tu corazón. Solo puedes escuchar lo que Él te quiere decir cuando le permites hablar. Dios se comunica con nosotros de diferentes maneras. Lo hace por medio de Su palabra, pastores, amigos, familia, extraños, o simplemente por medio de la voz sutil del Espíritu Santo.

Es tu trabajo pasar tiempo a solas con Dios en silencio y permitiendo que Él hable a tu vida. Dios quiere revelar Su propósito para tu vida y por eso es crucial tener un oído atento a Su voz. Si le has estado pidiendo a El que te revele Su llamado y propósito para tu vida, presta atención a lo que Él te está pidiendo que hagas. Muchas veces, Él te puede pedir cosas simples como hacer una llamada o cambiar alguna actitud. Cuando tú completas el paso número uno, Él entonces te revela el paso número dos.

Mantente atenta a la voz del Señor y se rápida a obedecer cualquier cosa que te pida. Día a día Él te capacita para revelarte El llamado para tu vida. Vive cada día con la expectativa de escuchar Su voz y de prepararte cada vez más para tu llamado. Cuando tu atención está puesta en Dios, tu llamando cada vez es más claro y llegará el momento donde estés lista para la carrera.

228

Actividad:

1. Reflexiona en las últimas semanas. ¿Qué te ha pedido El Señor que hagas?

_____

_____

_____

2. Pasa tiempo a solas con Dios. ¿Qué ha puesto en tu corazón? ¿Cómo piensas tomar acción en lo que Él te ha pedido que hagas?

_____

_____

_____

_____

_____

Paso IV

Pon atención a lo que te inspira.

Para vivir una vida con propósito, es fundamental conocer que nos inspira y motiva en la vida. Todos fuimos creados con diferentes gustos, talentos y virtudes; todo con un propósito. No es casualidad que a ti te guste tanto dibujar, enseñar o hacer deporte. Dios nos creó con esos deseos para que nosotros pudiéramos cumplir con Su llamado en la tierra.

Lo que nos inspira, generalmente es lo que nos llama la atención hacer. Por ejemplo, cuando vez a una profesora enseñar, ¿te sientes inspirada y quisieras hacer algo así? Esto es porque quizás el enseñar es uno de tus dones espirituales. Si pones en práctica lo que te inspira, te darás cuenta que disfrutarás hacerlo y que eres mucho más buena en ello de lo que creías.

La siguiente actividad te ayudará a descifrar lo que te inspira. Una vez lo encuentres, intenta hacerlo y con práctica verás lo lejos que llegarás.

Actividad:

Contesta las siguientes preguntas y reflexiona en tus respuestas:

¿Si pudieras hacer algo por el resto de tu vida sin necesidad que te dieran un sueldo que sería?

_____

¿Qué te hace sonreír y suspirar cuando lo ves? ¿Te imaginas haciéndolo?

_____

¿Cuáles son tus fortalezas?

_____

¿Cuáles son tus regalos espirituales?

_____

¿Qué te ha gustado hacer desde que eras niña?

_____

¿Cuáles son tus pasiones en la vida?

_____

Si pudieras transformar algo en el mundo, ¿qué seria?

_____

230

Pensamientos Finales

Todos fuimos creados con un propósito y un llamado. Nuestro propósito es buscar a Dios con todo nuestro corazón y Él revelará Su llamado para nuestra vida. Cuando tu propósito en la vida es crecer en tu relación con Dios, aprenderás a caminar y cada vez te preparas más y más para la carrera. Una vez estés lista, Dios entonces revelará Su llamado para tu vida.

Debemos aprender a caminar en los caminos de Dios y buscar agradarlo a Él en todo lo que hagamos. Cuando aprendemos a escuchar Su voz y descubrimos nuestros dones espirituales y lo que nos inspira; entenderemos que siempre hemos vivido una vida con propósito. Si hoy estás dando un paso en la vida para acercarte más a Dios, quiere decir que has tomado una decisión, y ese paso es el resultado de tu propósito. El lugar en el que estás hoy es el fruto de las decisiones que tomaste ayer. Dónde estarás mañana será el fruto de las decisiones que tomaste hoy. Tú decides donde quieres ir y donde quieres estar.

No te desanimes si no ves cambios inmediatos en tu vida, Dios trabaja en nuestras vidas de adentro hacia fuera. Así como nos tomó tiempo de bebés aprender a gatear, caminar y luego correr; también tomará tiempo ver nuestros cambios y estar listas para nuestro llamado. Siempre verás los resultados de tus acciones y decisiones, sean buenas o malas; así es que debes tener cuidado qué decisiones estás tomando. Siempre busca agradar a Dios y no a los hombres en todo lo que hagas. Si nos acercamos a Dios cada día, aprenderemos a vivir una vida mejor y agradarlo a Él.

Haz tu propósito en la vida el acercarte y conocer más a Dios. Búscalo con todo tu corazón y Él te guiará y concederá los deseos de tu corazón. ¡Vive una vida con propósito mujer virtuosa!

Sé Una Mujer Guerrera

Capítulo 21:
Guerrera

Romanos 8:37
Sin embargo, en todo esto somos más que vencedores
por medio de aquel que nos amó.

Dios quiere que te conviertas en todo lo que Él te ha llamado a ser. Él quiere que alcances todo lo que Él ha preparado para ti. El plan del enemigo y su meta es mentir, matar, destruir y hará lo necesario para impedir que logres alcanzar los planes que Dios tiene para tu vida y la de los seres que amas. El plan del enemigo es impedir que obtengas las bendiciones que Dios tiene para tu vida. Para alcanzar los planes de Dios para tu vida, tendrás que pelear una guerra espiritual.

La buena noticia es que la palabra de Dios nos dice en ***Romanos 8:37*** que en Jesús somos más que vencedores. Él nos ha dejado todas las herramientas que necesitamos para pelear y ganar la batalla contra el enemigo y así alcanzar todas las promesas que Dios tiene para nosotros. Lo único que necesitas es creerlo y tener una mentalidad de campeona.

Cuando un soldado sabe que va a la batalla, él se prepara, se arma y se viste adecuadamente para la guerra. Debe tener una mentalidad de campeón e ir con la expectativa que ganará la batalla. Debe saber y conocer bien las herramientas con las que vencerá al enemigo. De igual manera, nosotros debemos saber con qué herramientas contamos para vencer al enemigo, conocer el poder que Jesús ha dejado en nosotros y saber que ya hemos ganado la batalla.

Es obvio, que todas queremos ganar esa batalla contra el enemigo, y ahora lo que debemos hacer es prepararnos para ella. *Efesios 6:10-11* nos recuerda: *"Por último, fortalézcanse con el gran poder del Señor. Pónganse toda la armadura de Dios para que puedan hacer frente a las artimañas del enemigo."* La palabra de Dios nos instruye a estar alerta, preparadas y mantener la armadura puesta en todo momento y en todo lugar; para poder así hacer frente a los ataques del enemigo. Debemos caminar en Su autoridad y vestirnos cada día con la armadura de Dios.

Así como nos vestimos cada mañana, es nuestra responsabilidad ponernos la armadura para protegernos espiritualmente. ¿Tienes puesta tu armadura hoy?

Listas para la batalla

Debemos estar siempre alertas al ataque del enemigo. Satanás llega y te ataca por donde menos lo esperas y cuando menos lo esperas. Te conoce tanto que sabe cómo afligirte; conoce lo que te gusta, lo que no te gusta y te conoce más de lo que te conoces a ti misma. Por eso es muy importante siempre estar alertas y listas para la batalla.

No te alcanzas a imaginar los ataques que el enemigo ha atentado contra mí, desde el día que dije "¡SÍ!" al Señor, a Su llamado para empezar el ministerio. Pero yo ya sabía que debía estar preparada para la guerra. Sabía que no sería fácil y que me convertiría en una de las personas menos favoritas del enemigo. Pero eso nunca me intimidó, pues siempre he sabido que yo le sirvo al Rey de reyes y Señor de señores y que Él me protegerá. Sabía que Dios ya me había dado la victoria y la batalla ya estaba ganada.

233

Mi actitud estaba en el lugar correcto y sabía que estaba caminando en autoridad. También sabía que ahora más que nunca, debía estar cerca de Dios y aprender todo acerca de la batalla. Entendía que Dios haría lo sobrenatural y yo tendría que hacer mi parte para protegerme.

Entonces dupliqué mi tiempo con El Señor en oración, ayuno y leyendo Su palabra. Me aseguré de vestirme espiritualmente con la armadura de Dios todas las mañanas y no dejaba de faltar a la iglesia y al estudio Bíblico todas las semanas. Aunque veía los ataques del enemigo llegar a mi vida, no me afectaban porque estaba protegida.

Pero un día, dejé una ventana abierta al enemigo y él entró con todas sus fuerzas. Comencé a notar que estaba irritable, tenía constantes argumentos con Chris y con mi familia. Poco a poco comencé a perder la pasión por lo que estaba haciendo. Comencé a dudar si era en realidad un ministerio lo que El Señor quería para mi vida y comencé a dudar de mis habilidades. Sin entender lo que estaba pasando, me sentía sin fuerzas y a punto de renunciar a todo. Ya no le hallaba sentido a lo que hacía y todos los días se convirtieron en monotonía para mí.

Entonces clamé al Señor y pedí que me mostrara qué estaba haciendo mal, qué había pasado. Y Él, en Su infinita misericordia me mostró. Esa misma semana el pastor de mi iglesia, nos recordó la importancia de llevar una vida balanceada. Mientras él ministraba, el Espíritu Santo me dejó saber que era allí donde estaba fallando.

En esa época estuve muy ocupada trabajando en diferentes logísticas del ministerio. Esto me llevó a perder el balance en algunas áreas de mi vida. Comencé a reducir mi tiempo con El Señor, a faltar al estudio Bíblico y a dejar mi armadura en casa cada mañana. Pero esa no fue la única confinación que recibí del Señor.

Al día siguiente, mi mentor espiritual me llamó y me habló de la importancia de tener una buena fundación en el ministerio. Me dijo, que él estaba viendo el crecimiento rápido que el ministerio estaba teniendo y que era fundamental tener una buena infraestructura. Me recordó la importancia de poner a Dios primero en todo lo que hacía. Me dijo: "Ya han pasado un par de semanas que no la veo en el estudio Bíblico". En ese instante confirmé lo que el Espíritu Santo me había dicho el día anterior.

234

Entendí que le había dejado una ventana abierta al enemigo y que poco a poco y lentamente sin darme cuenta estaba eliminando lo que Dios quería hacer en mi vida. Pero El Señor nos ama tanto, que Él busca diferentes maneras de recordarnos Su amor y misericordia. Mis dos pastores, sin saber por lo que yo estaba pasando, fueron instrumentos del Señor para hacerme caer en cuenta que si seguía como iba terminaría perdiendo la batalla.

Tenemos que entender que el enemigo nunca se rinde. Él siempre está atento a que tú le des una oportunidad para poder entrar y acabar con todo lo que Dios está haciendo en ti. ¡No debemos permitírselo! Tenemos que asegurarnos de poner a Dios primero en todo sin importar por lo que estemos pasando.

Cuando reconocí que la ventana que dejé abierta para el enemigo, había sido la falta de balance en mi vida, hice los cambios necesarios y cerré la ventana de nuevo. Mi estado de ánimo y la manera de ver las cosas cambió inmediatamente. Ya el enemigo no pudo afectarme más. Ahora cada vez que me siento atacada por el enemigo me hago las siguientes preguntas:

¿Estoy dando a Dios la primicia en todo lo que hago?
¿Estoy usando mi armadura todos los días?
¿Tengo balance en todas las áreas de mi vida?
¿Qué ventana he dejado abierta para que él entre?

Presta atención a tus actitudes y comportamiento, **Colosenses 3:12** nos dice: *"Por lo tanto, como escogidos de Dios, santos y amados, revístanse de afecto entrañable y de bondad, humildad, amabilidad y paciencia."* Debemos decidir con tiempo cómo nos vamos a comportar y debemos entender que Dios nos ha dado el poder del dominio propio. Cuando tu sientes que has perdido el control de tu comportamiento, estás tratando mal a las personas o te sientes irritable es porque algo anda mal. Es tu responsabilidad evaluar y corregir. Identifica la ventana que dejaste abierta para el enemigo y ciérrala inmediatamente.

Si le das siempre a Dios la primicia en todo, pasas tiempo preciado con Él, usas siempre tu armadura y declaras victoria sobre tu vida; estarás lista para la batalla. ¡Verás que fácil es vencer al enemigo!

Pasos Para Ser Una Mujer Guerrera

Es fundamental saber cómo armarte correctamente para la batalla. Si estás preparada diariamente, el enemigo no podrá contra ti. Dios ya te ha dado la victoria, pero es importante siempre recordar que es tu responsabilidad armarte y prepararte adecuadamente.

Efesios 6:10-18 nos enseña paso a paso cómo debemos protegernos de los ataques del enemigo:

Paso I: Por último, fortalézcanse con el gran poder del Señor. Paso II: Pónganse toda la armadura de Dios para que puedan hacer frente a las artimañas del diablo. Porque nuestra lucha no es contra seres humanos, sino contra poderes, contra autoridades, contra potestades que dominan este mundo de tinieblas, contra fuerzas espirituales malignas en las regiones celestiales. Por lo tanto, pónganse toda la armadura de Dios, para que cuando llegue el día malo puedan resistir hasta el fin con firmeza. Manténganse firmes, ceñidos con el cinturón de la verdad, protegidos por la coraza de justicia, y calzados con la disposición de proclamar el evangelio de la paz. Además de todo esto, tomen el escudo de la fe, con el cual pueden apagar todas las flechas encendidas del maligno. Tomen el casco de la salvación y la espada del Espíritu, que es la palabra de Dios. Paso III: Oren en el Espíritu en todo momento, con peticiones y ruegos. Paso VI: Manténganse alerta y perseveren en oración por todos los santos."

Los siguientes pasos te ayudarán a mantenerte preparada:

Paso I

Busca tu fortaleza en Dios.

Algo que debemos entender es que nunca podremos vencer al enemigo sin la ayuda de Dios. Nuestra dependencia, fe y confianza deben estar puestas siempre en Él; lo que garantizará que ganes la batalla. Él siempre renovará tus fuerzas y te llenará de valor para enfrentar al enemigo. Siempre pon todos tus planes, sueños y metas en las manos de Dios y Él los protegerá.

236

La manera de buscar fortaleza en Dios es por medio de oración, ayuno y comunión diaria con Él. Leyendo Su palabra, asistiendo constantemente a la iglesia, tomando acción en Su palabra y declarando Sus promesas sobre tu vida. Cuando tu buscas a Dios, Él te llena de fortaleza sobrenatural para vencer al enemigo. ¡Fortalécete en el gran poder del Señor!

Actividad:

1. Contesta las siguientes preguntas:

¿Estás dando a Dios la primicia en todo lo que haces? S/N

¿Estás usando tu armadura todos los días? S/N

¿Tienes balance en todas las áreas de tu vida? S/N

¿Has dejado alguna ventana abierta para que el enemigo entre? S/N

¿Has buscado la fortaleza de Dios hoy? S/N

2. Si respondiste no, entonces ¿qué piensas hacer al respecto? Escribe tu plan de acción:

_____

_____

_____

Paso II

Ponte toda la armadura de Dios.

La manera que te puedes proteger de los ataques del enemigo, es manteniendo TODA tu armadura puesta y estando alerta. El enemigo no pierde oportunidad para atacar y es fundamental que estés protegida en todo momento y en todo lugar.

Cuando un soldado está en medio de la guerra, él está alerta y con su armadura puesta para protegerse de su enemigo. De igual manera debemos hacerlo nosotras. Como mujeres guerreras, debemos ser firmes no solo en nuestro carácter, obras y decisiones; sino también en nuestra fe.

Se requiere de firmeza para enfrentar y ganar una batalla. Así como decides vestir tu cuerpo cada mañana, decide también usar tu armadura espiritual. Esta es la armadura del creyente:

a. **EL CINTURÓN:** *"Ceñidos con el cinturón de la verdad."*

Usa tu cinturón de la verdad todos los días. El enemigo no te podrá confundir con sus mentiras si tú conoces la verdad. La verdad es Cristo y lo que Él hizo por ti en la cruz. La verdad es el evangelio; la palabra de Dios la cual es vida. La verdad son las promesas de Dios para tu vida.

De igual manera, anda siempre en la verdad y sin mentir a nadie. No permitas que el enemigo robe tu bendición por medio de la mentira.

El cinturón te protegerá de ser confundida por el enemigo y de andar en mentiras.

b. **LA CORAZA:** *"Protegidos por la coraza de justicia"*

La justicia es símbolo de santidad y de vida. Te ayudará a andar en rectitud. La justicia es una característica de Dios, la cual nosotros debemos poseer. En **Proverbios 4:23** la palabra nos dice que debemos guardar y cuidar nuestro corazón, ya que de él mana la vida. Es un mandamiento buscar y obtener la justicia de Dios.

Debemos ser justos con todos los que nos rodean. No permitas que la injusticia robe tu bendición.

La coraza protegerá tu corazón de ser tocado por el enemigo.

c. **EL CALZADO:** *"Calzados con la disposición de proclamar el evangelio de la paz"*

El calzado simboliza firmeza espiritual. Esto significa que debemos estar firmes en el evangelio y dispuestos a compartirlo con otras personas sin importar las circunstancias. Nosotros debemos aprender a mantener nuestra paz sin importar por la dificultad que estemos pasando.

El calzado nos ayudará a estar firmes en el evangelio sin permitir que el enemigo nos desvíe del camino y nos robe nuestra paz.

d. **EL ESCUDO** *"Tomen el escudo de la fe"*

La fe es una de las armas más poderosas que tenemos para defendernos y protegernos del enemigo. El Señor nos dice que es imposible agradarlo a Él si no tenemos fe. Recargaremos nuestra fe cuando leemos la palabra de Dios y recordemos Sus promesas.

El escudo te ayudará a proteger tu fe de las mentiras y dudas del enemigo.

e. **EL CASCO** *"Tomen el casco de la salvación"*

La cabeza es otra parte delicada del cuerpo. El casco simboliza cuidar nuestros pensamientos. Nos protege de las mentiras y dudas del enemigo acerca de nuestra salvación. Nos protege de pensamientos inoportunos que terminan alejándonos de Dios. La mayoría de nuestras peleas contra el enemigo suceden en nuestra mente.

El casco te mantendrá protegida de malos pensamientos y dudas que el enemigo quiera poner en tu mente acerca de tu salvación.

239

f. **LA ESPADA** *"La espada del Espíritu, que es la palabra de Dios"*

Todas las otras piezas de la armadura son para protegernos, pero la espada es la única arma poderosa de defensa, la cual es la palabra de Dios. Es fundamental conocer la palabra de Dios para poder atacar al enemigo cuando llegue con sus mentiras y engaños. La Palabra de Dios nos sirve de aliento, guía y defensa contra el enemigo.

La palabra de Dios te ayudará a derrotar al enemigo.

Actividad:

Crea una lista en notas adhesivas para ponerlas en tu espejo como recordatorio que te pregunten todas las mañanas si llevas puesta la armadura de Dios:

-- El cinturón

-- La coraza

-- El calzado

-- El escudo

-- El casco

-- La espada

Paso III

Ora en todo momento.

La palabra nos dice que oremos en todo momento. Cuando oramos y estamos en comunicación con Dios; estamos en búsqueda de fortaleza, protección y sabiduría en el Señor. La oración constante es la única manera por medio de la cual nosotros podremos fortalecernos espiritualmente. La oración debe de estar presente antes, durante y después de la batalla.

240

Ora a Dios en todo momento y en todo lugar. La oración es el medio por el que te comunicas con Dios. Tu puedes orar en voz alta, voz baja o simplemente en tu mente. Puedes orar por 10 horas, 10 minutos o 10 segundos. Puedes orar en el templo de Dios o mientras esperas tu turno en la línea del supermercado. En realidad, puedes estar en comunicación con Dios todo el día. Pídele Su opinión, protección y fortaleza en todo lo que haces.

Tu oración no solo te acercará más a Dios, sino que también te mantendrá protegida contra los ataques del enemigo.

Actividad:

Haz una lista de los lugares donde podrías orar al Señor. Tenlas en cuenta cuando estés en esos lugares:

_____   _____

_____   _____

_____   _____

_____   _____

_____   _____

Paso IV

Mantente alerta.

Cuando un soldado está en la guerra, es muy importante para su protección mantenerse alerta. De esta manera no podrá ser sorprendido por su enemigo y así ser derribado. De la misma manera, nosotras debemos estar vigilantes y alertas a los ataques del enemigo.

Tenemos que prestar atención en todo momento a las artimañas del enemigo. De diferentes maneras, el enemigo buscará robarte tu paz. Puede ser un ataque indirecto como con alguna actitud de tu esposo o con alguna mala noticia. También puede ser con un ataque directo como algún mal pensamiento o duda. Cuando estás alerta, te das cuenta que en realidad no es tu esposo, tus propios pensamientos o las circunstancias; sino el enemigo tratando de atacarte.

Es por eso que debemos estar en continua vigilancia. Así, podremos identificar cuando el enemigo está planeando un ataque o cuando estamos siendo directamente atacados. Si estamos alertas cuando esto sucede, podremos rápidamente contraatacar.

Actividad:

¿Qué ataques del enemigo en el pasado, podrían ayudarte a estar alerta en el futuro? Escribe tus pensamientos aquí:

_____

_____

_____

_____

_____

Pensamientos Finales

Dios tiene planes maravillosos para ti y los que amas. Pero el enemigo hará lo que sea necesario para impedir que logres alcanzar los planes que Dios tiene para tu vida. Es tu decisión ser una mujer guerrera y defender lo que es tuyo y reclamar las promesas de Dios para tu vida.

El enemigo intentará lo que sea posible para distraerte, desanimarte, confundirte y para que no disfrutes de las promesas de Dios. Él buscará cualquier excusa para entrar en tu camino y destruir lo que ya hayas logrado. ¡No se lo permitas!

La buena noticia es que Dios ya te ha dado la victoria y las herramientas para vencer al enemigo. Lo que tienes que hacer es declarar victoria, buscar tu fortaleza en Dios, usar tu armadura todos los días, estar vigilante y en oración continua. Solo así garantizarás victoria sobre las artimañas del enemigo.

2 Corintios 10:3-5 nos dice: *"Pues, aunque andamos en la carne, no militamos según la carne; porque las armas de nuestra milicia no son carnales, sino poderosas en Dios para la destrucción de fortalezas, derribando argumentos y toda altivez que se levanta contra el conocimiento de Dios, y llevando cautivo todo pensamiento a la obediencia a Cristo."* Con esta poderosa promesa, podremos estar totalmente confiadas y asegurarnos que la victoria siempre es nuestra. ¡No tenemos nada que temer!

Dios te creó y te equipó para ser una mujer guerrera, para luchar por lo que es tuyo. La palabra nos garantiza que el mismo poder que levantó a Jesús de la tumba vive en ti - **Romanos 8:11**.

¡Mujer virtuosa, usa tu poder y tu armadura todos los días!

Sé Una Mujer Disciplinada

Capítulo 22: Disciplinada

Hebreos 12:11

Ciertamente, ninguna disciplina, en el momento de recibirla, parece agradable, sino más bien penosa; sin embargo, después produce una cosecha de justicia y paz para quienes han sido entrenados por ella.

¿Deseas alcanzar todos tus sueños, metas y convertirte en todo lo que Dios te ha llamado a ser? Estoy segura que tu respuesta es ¡SÍ! Uno de los secretos para tener éxito en todo lo que quieres alcanzar en la vida, es tener disciplina.

Las personas más exitosas del mundo, comparten una misma cualidad, y es la disciplina. Cuando eres disciplinada, te conviertes en una persona constante y garantizas alcanzar lo que te propones. Lo que distingue a las personas que son disciplinadas, es que ellas se enfocan en el resultado que quieren alcanzar. Cuando eres disciplinada, todo te sale como planeas ya que tienes el control sobre cada detalle.

244

Ser disciplinada es tener la capacidad de poner en práctica el orden y la constancia; tanto para la ejecución de tareas y actividades cotidianas, como para la vida en general. La palabra de Dios nos dice en **Hebreos 12:11** que la disciplina nos trae una cosecha de justicia y paz. Lo que significa que vale la pena aprender todo acerca de la disciplina pues traerá grandes frutos para nuestra vida.

No importa el tipo de sueño o meta que tengas, pueden ser: perder peso, ahorrar dinero, escribir un libro, ir de vacaciones o conseguir un mejor trabajo; la disciplina siempre te garantizará el éxito para lograrlo. Muchas personas se sienten intimidadas por esta palabra. La verdad es que es un hábito muy sencillo de formar. Solo necesitas determinación para querer lograrlo y la disposición para tomar acción.

¡Tú puedes alcanzar todo lo que te propongas, solo necesitas ser más disciplinada!

Una disciplina que hace milagros

La disciplina es algo que aprendí a valorar desde muy pequeña. Siempre entendí que si era disciplinada lograría alcanzar todo lo que me propusiera. En el colegio, sacaba buenas calificaciones ya que siempre llevaba mis tareas completas. Recuerdo que cuando llegaba a la casa después del colegio, hacía un horario para asegurarme de hacer cada tarea. El tiempo siempre me rendía y lograba terminar todo lo que me proponía.

Esta técnica la he seguido implementando hasta el día de hoy. Y he visto milagros suceder en mi vida cuando implemento disciplina. El Señor valora nuestros esfuerzos y cuando tú has hecho todo lo posible, Él se encarga de lo imposible.

Para darte un par de ejemplos, cuando llegue a los Estados Unidos, no hablaba mucho inglés y me era muy difícil comunicarme con las demás personas. Esto me frustraba muchísimo, especialmente cuando las puertas se cerraban debido a mi falta de fluidez en el idioma.

Llevaba apenas unos días de haber llegado a los Estados Unidos, y recuerdo que una tarde mi hermana y yo acompañamos a mi mamá a visitar una amiga. Con mi hermana estábamos sentadas en la sala y llegaron las hijas de la amiga de mi mamá. Nos saludaron en español y estuvieron un rato hablando con nosotras. Pero de un momento a otro, comenzaron a hablar entre ellas en inglés y alternaban entre inglés y español. Recuerdo que con mi hermana nos miramos y con la mirada nos dijimos: "nosotras tenemos que hacer lo mismo". Nos impactó tanto ver como ellas podían manejar los dos idiomas tan fluidamente que nos inspiraron a hacer lo mismo cuanto antes. Las dos nos propusimos a hablar inglés fluido en un par de meses.

Mi hermana y yo decidimos comenzar a aprendernos 10 palabras nuevas en inglés todos los días. Nos hacíamos exámenes todas las noches de pronunciación y memoria. Sin importar que tan cansadas estuviéramos, cumplíamos cada día con la meta. Estábamos determinadas a aprender el idioma lo más pronto posible. Alrededor de esa época, tuve la oportunidad de entrar a la universidad y me requerían un examen de inglés para ingresar. Yo ya había presentado el examen y me habían puesto en un bajo nivel. Esto significaba que debía durar por lo menos cinco semestres más aprendiendo inglés antes de poder estudiar la carrera de psicología. Decidí esperar un poco más y volver a presentar el examen.

Después de haber estudiado con mi hermana de la manera disciplinada que lo hicimos, decidí tomar el examen de nuevo. Solo había pasado un mes y la directora de la universidad me dijo que el puntaje podría empeorar. Yo le dije que tenía la expectativa de que iba a mejorar. Me permitió tomar el examen con la condición que, si empeoraba el puntaje, me tendría que poner en un nivel aún mucho más bajo. Pero decidí tomar el riesgo, ya que yo sabía que mis esfuerzos no serían en vano. Cuando llegaron los resultados, me encontré con la sorpresa que mi puntaje había sido tres veces más alto. Me pusieron en un nivel alto y solo me tomó un par de semestres aprender inglés antes de estudiar psicología.

En otra ocasión, con Chris habíamos comprado un carro y teníamos una cuota de pago por 5 años. Llevábamos dos meses pagando la cuota cuando un día, pagando los recibos, nos dimos cuenta que estábamos perdiendo mucho dinero en intereses cada mes. Entonces decidimos esforzarnos, ahorrar dinero y pagar el carro en un año.

Durante los primeros meses, sacrificamos vacaciones, comprar cosas innecesarias y ahorrar todo lo que entraba de dinero con la meta

246

de pagar el carro. Cada vez que nos llegaba el cheque de la corporación, éramos disciplinados en cómo íbamos a invertir el dinero.

Cualquier deseo extra que surgiera, lo hacíamos a un lado y sacrificábamos sabiendo que teníamos una meta por alcanzar. Entendíamos que, si pagábamos el carro rápido, nos ahorraría mucho dinero en el futuro. Fuimos muy disciplinados con cada centavo que llegaba. La meta era pagar el carro completamente en un año, pero debido a nuestra disciplina y voluntad de querer alcanzar la meta; logramos pagar el carro completamente en 6 meses.

La disciplina es un hábito que te garantizará llegar a donde quieres llegar. Y si pones todo tu empeño, Dios premia tus esfuerzos. Son incontables las veces que El Señor ha hecho milagros cuando soy disciplinada en lo que Él pone en mis manos.

Tú también lo puedes hacer. La disciplina es algo que obtienes con práctica, pero tienes que tener la voluntad de querer hacerlo. Si lo haces, te garantizo que llegarás rápido a la meta final.

Disfruta de los beneficios de la disciplina. ¡Trae muchos frutos!

Pasos Para Ser Una Mujer Disciplinada

Una vez desarrolles el hábito de la disciplina, comenzarás a disfrutar de sus valiosos frutos. Cuando eres disciplinada, siempre te acompañarán la paz y una garantía de que todo te va a salir bien porque sabes que estás haciendo lo correcto. Sabes que estás agradando a Dios.

Estos pasos te ayudarán a ser más disciplinada en tu vida y disfrutar de sus beneficios:

Paso I

Se clara en lo que quieres.

Para desarrollar disciplina, es fundamental que tengas clara la meta a dónde quieres llegar. Esta meta es la que te va a motivar a

247

mantenerte disciplinada. Imprime una foto de tu meta y ponla en un lugar donde la puedas ver todo el tiempo. La disciplina se enfoca en el resultado que queremos lograr y en la meta que tienes ante tus ojos.

No importa cuál sea tu meta, sea completar un curso o conseguir una promoción en tu trabajo, deberás tener una visión clara de la meta a la que deseas llegar. Debes definir lo que quieres y ser muy específica al respecto. Así que en lugar de decir: "Quiero bajar de peso"; debes decir: "Quiero perder 10 libras para la fecha x".

Comienza a aplicar disciplina una meta a la vez. Cuando hayas implementado disciplina en la primera meta, entonces pasa a la siguiente en la lista. Empieza con la meta más pequeña primero y la más fácil de la lista. Esto te ayudará a adoptar disciplina y poder mover el hábito a la meta número 2.

Actividad:

Escribe 3 metas en las cuales quieres implementar disciplina (se especifica al escribirlo):

1. _____

2. _____

3. _____

Paso II

Cuida lo que dices.

Para mantenerte motivada en el proceso de ser más disciplinada, es muy importante cuidar lo que dices. Sé positiva acerca de tu disciplina actual. Por ejemplo: si tu meta es llegar puntual a las reuniones para construir un buen repertorio en el trabajo (ya que te ayudará a obtener una promoción) entonces di: "Soy una persona puntual y siempre llego a tiempo a todas las reuniones." Dilo una y otra vez todos los días.

248

Programa tu cerebro para pensar de esa manera y comenzarás a actuar de esa manera.

Tu mente, palabras y acciones siempre deben estar de acuerdo con tus metas y lo que esperas de ellas.

Actividad:

Revisa las metas que elegiste en la actividad del paso I y escribe una frase positiva que te ayudará a mantenerte motivada. Asegúrate que esta frase esté de acuerdo con lo que quieres ver realizado en tu futuro:

1. _____

2. _____

3. _____

Paso III

Pregúntate: ¿Por qué?

Es importante saber la razón por la cual queremos hacer lo que hacemos. Desde la niñez, hemos pedido explicación por todo. La respuesta a la pregunta *"¿por qué?"* nos ayuda a entender y conectarnos a fondo con lo que hacemos. La razón por la cual es importante para nosotros saber el "porqué" cuando estamos tratando de ser más disciplinadas, es porque necesitamos tener una comprensión más profunda del tema en particular. Así será más significativo para nosotros.

Lo mismo sucede con nuestros sueños y metas. Tenemos que entender la razón por la cual necesitamos llevar a cabo esas metas, nuestro cerebro se alineará con nosotras y nos apoyará en el proceso. La comprensión de la lógica detrás de tus metas te ayudará a mantenerte motivada para ser más disciplinada. Por ejemplo: si tu meta es lograr una promoción en tu trabajo, explícate a ti misma la

249

razón por la cual quieres conseguirlo. La razón puede ser: "Quiero lograr esta promoción porque necesito el dinero extra para salir de deudas." Enfócate en tu meta final y prepárate para conseguir la promoción que estás buscando.

Actividad:

Revisa las metas que elegiste en la actividad del paso I y contesta la pregunta "¿Por qué quiero lograrlo?".

1. _____

2. _____

3. _____

Paso IV

Prepárate para el éxito.

Si estás siendo disciplinada en lo que necesitas hacer para lograr tu meta, es garantizado que con el tiempo lograrás llegar donde quieres. Pero habrá días donde te sentirás desmotivada para lograrlo y es allí donde necesitarás motivación.

Una técnica que usan las personas exitosas para mantenerse motivadas es escribiendo declaraciones de motivación para el futuro. Imagínate alcanzando la meta que quieres lograr y pregúntate cómo te sientes ahora que la alcanzaste. ¿Cómo te sientes ahora que saliste de deudas? ¿Cómo te sientes ahora que lograste la promoción? ¿Cómo cambió tu vida? Estas afirmaciones de éxito te ayudarán a mantenerte disciplinada para obtener el éxito que buscas.

Lee estas declaraciones en los días que sientas que quieres renunciar o es demasiado trabajo. Cuando esos sentimientos lleguen, lee la declaración que escribiste, levántate y siempre recuerda que el Señor nos ha dado dominio sobre nuestros sentimientos. Se persistente y constante en lo que haces y verás, cómo estos atributos te

250

ayudarán a alcanzar el éxito. Se convertirán en un nuevo hábito en tu vida.

Actividad:

Revisa las metas que elegiste en la actividad del paso I y contesta estas preguntas: ¿Cómo te sientes ahora que alcanzaste la meta? ¿Cómo cambió tu vida?

1. _____

2. _____

3. _____

Paso V

Mantente enfocada.

El estar enfocada en tu meta, garantizará tu disciplina. No permitas que nada te aleje o te distraiga de tu meta. Se valiente y recuerda que El Señor siempre está contigo como poderoso gigante. La mejor manera de mantener la concentración, es trabajando paso a paso en tu objetivo y no permitir distracciones. Al terminar cada paso pequeño, sentirás como vas avanzado y conseguirás crear un impulso para mantener la concentración hasta alcanzar tu meta, un paso a la vez. De esta manera crearás el hábito de ser disciplinada.

Actividad:

Revisa las metas que elegiste en la actividad del paso I. Escribe los pasos que te ayudarán a ser más disciplinada en cada meta.

1. _____ , _____ , _____ .

2. _____ , _____ , _____ .

3. _____ , _____ , _____ .

Pensamientos Finales

Disciplina es el hábito que te llevará a alcanzar todos los planes que Dios ha puesto en tus manos. Siempre debemos recordar lo que la palabra de Dios nos dice en **Hebreos 12:11** *"Por el momento la disciplina parece dolorosa más que agradable, pero después da fruto apacible de justicia a los que han sido entrenados por ella."* Si ponemos nuestro esfuerzo y aprendemos a ser disciplinadas, gozaremos de sus frutos en nuestra vida.

Para ser disciplinada, sólo se requiere ser clara en lo que quieres, cuidar lo que dices, mantenerte enfocada en tu meta, entender el "porqué" lo quieres lograr y prepararte para el éxito. Tu determinación y voluntad para hacerlo se encargarán de crear un nuevo hábito de disciplina en tu vida.

Día a día verás cómo te acercas más y más a tu meta final. En el proceso, Dios te recompensa por tus esfuerzos. Tú también puedes experimentar milagros en tu vida cuando eres disciplinada. ¡Inténtalo!

Mujer virtuosa, disfruta de los frutos de la disciplina en tu vida. ¡Haz tu parte y Dios hará lo imposible, posible!

Sé Una Mujer Organizada

1 Corintios 14:40
Pero todo debe hacerse de una manera apropiada y con orden.

El orden te llevará a completar lo que te propones y te dará claridad. Una de las primeras cualidades que El Señor nos enseña en Su palabra es el orden. **Génesis 1** nos cuenta la creación del mundo: *"Dios, en el principio, creó los cielos y la tierra. La tierra era un caos total, las tinieblas cubrían el abismo, y el Espíritu de Dios iba y venía sobre la superficie de las aguas. Y dijo Dios: "¡Que exista la luz!" Y la luz llegó a existir. Dios consideró que la luz era buena y la separó de las tinieblas. A la luz la llamó "día", y a las tinieblas, "noche". Y vino la noche, y llegó la mañana: ése fue el primer día."*

Génesis 1:1-5. Y así día a día, paso a paso y de formación en formación; El Señor creó el mundo.

Una de las cualidades principales y que caracterizan a Dios en la creación del mundo, fue Su organización. Cada día se enfocó y trabajó en una tarea a la vez hasta llevarla a cabo. Cada día tenía su propio

253

oficio y quehacer; Dios completó todo a Su tiempo. De igual manera debemos ser nosotros con nuestros quehaceres. Una de las claves para lograr todo lo que Dios ha puesto en nuestras manos, es saber cómo manejar nuestros días y nuestras horas.

Piensa en tu organización diaria como el camino para el éxito de tu vida. Cuando tienes claro lo que quieres completar en tu día, podrás manejar cada hora que pasa de una manera más eficiente. Cuando eres organizada, serás más productiva y lograrás terminar más tareas durante tu día. Si tienes una meta o un sueño a dónde quieres llegar, es importante partir ese sueño en pequeñas piezas y señalar un día y una hora donde lo completarás.

La palabra de Dios nos enseña que fue así como El Señor creó el mundo. Él ya tenía una visión de lo que quería y partió Sus ideas en pequeñas piezas. A cada día le dio su quehacer. Tú también puedes organizar tu vida de la misma manera y lograr tus objetivos. Manejar tus días de una manera organizada te ayudará cada día a acercarte más a tus sueños y realizar los planes que tienes para tu vida.

Una vida organizada es un futuro próspero

Un día, leyendo la palabra de Dios *1 Corintios 14:33* ministró a mi vida: *"Porque Dios no es un Dios de desorden sino de paz."* Recuerdo que en ese momento dejé de leer para meditar en lo que había leído. El orden trae paz a nuestro corazón. Cuando vivimos una vida desordenada es imposible sentir paz.

¿Cuántas veces te has encontrado en la vida con demasiadas cosas por hacer; pero no sabes por dónde empezar ni cómo terminar? ¿Cómo te has sentido en esos momentos; haz experimentado paz en medio de esas circunstancias? Yo me hice esas mismas preguntas y me di cuenta del poder que este versículo tenía.

Cuando sentimos paz, podemos enfocarnos en nuestros pensamientos mejor, lo que nos lleva a tomar decisiones mucho más sabias. Para poder experimentar esa paz cuando tenemos tanto por hacer, debemos mantener el orden de las cosas. El orden no debe ser implementado solamente en las cosas que tenemos que hacer; sino en nuestros hogares, oficinas y hasta en nuestros pensamientos.

254

Recuerdo que ese día, después de haber recibido esa revelación, comencé a observar todo lo que me rodeaba y me di cuenta que había ciertas cosas en mi vida que debía poner en orden. Noté que me sentía muy estresada y mi paz había sido afectada, pero ahora ya entendía el "porqué."

En esa época, estábamos preparándonos con Chris para mudarnos a la ciudad de Nueva York, y teníamos demasiado por hacer. Los dos, estábamos trabajando tiempo completo en una compañía, además de nuestros negocios de medio tiempo los cuales requerían bastante tiempo de nuestra parte. Día a día sentía que los días pasaban y no estaba siendo lo suficientemente productiva como quería. Y cada día me sentía más estresada, cansada y sin paz. Parecía que las horas en el día no eran suficientes; había tanto por hacer que todo llegó a ser urgencia en nuestra vida. No sabíamos ni siquiera por dónde empezar. Todo esto nos llevaba a no poder tomar decisiones claras y sabias; pero *1 Corintios 14:33* me había dado la solución.

Entendí, que para conservar mi paz y poder terminar a tiempo con todo lo que necesitaba hacer, debía organizar mis pensamientos y mi vida. Decidí entonces, hacer una lista y poner en orden todo lo que sentía estaba fuera de balance y necesitaba atención. Pensé en todo aquello que me estaba robando el sueño en la noche y lo que me preocupaba. La intención, era identificar las prioridades y organizar cada necesidad de acuerdo a su prioridad. Organicé la lista de acuerdo a las áreas que necesitaban más atención, de la siguiente manera:

Lista de organización:

- *Mudanza a NY:* Ir alrededor de la casa y crear una lista de lo que debo organizar/empacar en cada espacio.
- *Mental:* Hacer una lista de todos los quehaceres y lo que me preocupa.
- *Profesional:* Crear una lista de todo lo que debo hacer en cada uno de los negocios y en mi trabajo.

Ahora que todos estos quehaceres ya estaban plasmados en un papel, me sentía mucho más liviana y menos estresada; ya podía pensar más claramente. Después de hacer estas listas, comencé a notar cómo poco a poco estaba recuperando mi paz y mi sanidad.

Luego, tomé mi calendario y a cada quehacer le asigné un día. Cuando el día llegaba, sin falta, completaba mi quehacer y de esa manera logré terminar todo lo que necesitaba. El orden y la disciplina me llevaron a disfrutar mucho más el proceso y poder completar todas mis tareas y quehaceres a tiempo.

Recuerdo que disfruté mucho el proceso durante mi mudanza a Nueva York. Podía dormir tranquila sabiendo que todo lo que tenía que hacer ya estaba bajo control, ya todo tenía su día y hora señalada para ser completado. No tenía nada de qué preocuparme. Aprendí a mantener mi orden en momentos donde la vida te pide manejar diferentes proyectos a la vez, especialmente, cuando todos son urgentes. Debido a mi organización, Chris y yo pudimos tomar decisiones sabias, responder rápidamente a problemas que se presentaban sin que nuestros niveles de estrés y nuestra paz fueran afectados.

La organización es crucial para ayudarte a estar enfocada en los planes que El Señor tiene para tu vida y para ayudarte a crecer en todo lo que Él te ha llamado a ser. El éxito en tu vida depende de cómo estás manejando cada día de tu vida. Cuando eres organizada día a día, se va acumulando en tu banco de días exitosos y finalmente terminarás con un futuro próspero.

Pasos Para Ser Una Mujer Organizada

Organiza tu vida y experimentarás paz y gozo cada día. El proceso para completar las tareas diarias puede ser simplificado y fácil si tú eres organizada. Lo único que debes hacer es partir cada tarea en pasos simples y prácticos que puedas completar en el día y la hora señalada.

Los siguientes pasos te ayudarán en el proceso:

Paso I

Escoge un calendario.

Tu calendario es tu "gerente" en la vida. Es quien te dice lo que debes y no debes hacer durante el día. Llevar un calendario te ayudará a mantener el orden y el enfoque en tus quehaceres diarios. Te ayudará a mantener la paz y a controlar tus niveles de estrés. Tu calendario te mantiene al día en el progreso que estás teniendo en cada área y proyectos de tu vida.

Cada persona tiene una manera diferente de organizar su día dependiendo del calendario que usan. Algunas personas prefieren hacerlo en formato digital, en sus teléfonos o computadoras utilizando programas como foco Omni, Evernote, calendario de Outlook o un simple documento de Word. Mi recomendación es que uses un calendario simple que indique las horas del día.

Realmente entre más complicado sea el calendario, menos intención tendrás de seguirlo. Un calendario que tenga las horas del día te ayudará a estar enfocada cada hora en las actividades diarias que has programado para el día. Verás todas tus tareas pendientes avanzar hora a hora, y esto te ayudará a mantenerte enfocada y motivada.

Actividad:

Encuentra un calendario que se acomode a tu necesidad. Puedes usar uno tan sencillo como este:

Fecha: _____

6 AM: _____

7 AM: _____

8 AM: _____

9 AM: _____

10 AM: _____

11 AM: _____

12 PM: _____

1 PM: _____

2 PM: _____

3 PM: _____

4 PM: _____

5 PM: _____

6 PM: _____

7 PM: _____

8 PM: _____

9 PM: _____

10 PM: _____

11 PM: _____

Diana Bryant

Paso II

Crear una lista de control.

Ahora que has seleccionado la forma en que vas a llevar el control de tu día, es fundamental pensar en el resultado final o la meta que quieres lograr para tu día. Al no tener metas claras, estarás perdiendo tiempo durante el día. Selecciona metas específicas, ellas te ayudarán a mantenerte enfocada, motivada y en control de lo que quieres lograr en tu día.

Empieza por crear una lista de todo lo que tienes que hacer en los diferentes proyectos que estás trabajando. Esto no sólo te ayudará a despejar tu mente, sino que también te ayudará a manejar el estrés. Crea una lista de control y dividela en categorías listando cada área de tu vida o proyecto en la que estés trabajando. El categorizar tus tareas de acuerdo a las áreas de tu vida, te ayudará a recordar y dará lugar a las tareas que hay que hacer para cada área.

Ahora que ya tienes completa la lista de quehaceres, ordénala de acuerdo a su importancia y prioridad. Una vez esté lista, la puedes comenzar a poner en tu calendario asignando un día y una hora exacta para trabajar en cada tarea.

Asegúrate de ser clara y especifica cuando coloques tu tarea en el calendario; por ejemplo: si tienes que llamar a tu mamá, en vez de escribir "Mamá", escribe "llamar a mamá".

Pon una marca de "completado" cada vez que termines una tarea, esto te llenará de satisfacción y te dará una sensación de progreso cada vez que completas una de las tareas en tu calendario. ¡Inténtalo!

Actividad:

1. Crea tu lista de quehaceres para cada proyecto o área de tu vida. Escribe frases específicas.

   ÁREA:_____

   _____

   ÁREA:_____

   _____

   ÁREA:_____

   _____

   ÁREA:_____

   _____

   ÁREA:_____

   _____

   ÁREA:_____

   _____

2. Ordénalas de acuerdo a su debida prioridad y pásalas a tu calendario.

Paso III

Planea tu día con anticipación.

¡El éxito de tu día comienza la noche anterior! Así que asegúrate de planificar tu día antes de tiempo. Pasa un par de minutos cada noche preparándote para tener un día exitoso.

Revisa las cosas que están en tu calendario que no se pueden cambiar o compromisos que no puedes mover, como citas al médico, llamadas con un cliente o tu clase de piano, por ejemplo. Añade estos compromisos que son inmovibles en el calendario para que sepas cuánto tiempo te queda para completar otras actividades.

Cuando te despiertes, tendrás una visión clara y organización para tu día. Ten en cuenta que cada minuto que pasas planificando tu día la noche anterior te ahorrará 10 minutos al completar la tarea. Cada vez que planees tu día la noche anterior estás garantizando tener un día productivo.

Actividad:

Revisa tu calendario y selecciona una hora exacta todas las noches donde planearás tu próximo día. Marca la misma hora para cada noche por los próximos 21 días.

Paso IV

Maneja tu tiempo sabiamente.

Una vez que tengas tu lista de control completa y ya estén en tu calendario, es tiempo de poner estas tareas en acción. Estimar la duración de cada tarea, te ayudará a completarla y así tendrás una mejor idea de cómo tu día será distribuido. Esto te ayudará a tener más control de tu tiempo, en lugar de dejar que el tiempo tome control de ti.

Algo que siempre me ayuda a empezar el día bien y llena de propósito, es mi rutina de la mañana y la noche (puedes encontrarlas en el capítulo 1: "Se Una Mujer de Hábitos"). Siempre me prepara para un día exitoso. ¡Te animo a crear la tuya! Verás cómo empezarás tu día llena de control sobre tu horario, tu día y tu tiempo.

Asegúrate de programar algunos descansos durante el día. Estos descansos te ayudarán a recargar tus energías, reenfocarte y volver fresca para completar la siguiente tarea. Al final del día, date una recompensa por haber completado todas tus tareas del día. Esto te ayudará a estar motivada durante el día para completar todas tus tareas y cerrarás el día con algo que te gusta hacer.

Actividad:

Crea tu rutina de la mañana y la noche. Si necesitas inspiración, revisa el capítulo 1: "Se Una Mujer de Buenos Hábitos".

Rutina de la mañana:

_____

_____

_____

Rutina de la noche:

_____

_____

_____

Pensamientos Finales

Ser organizadas en todo lo que hacemos, no solo nos lleva a disfrutar de la paz, sino también nos lleva a completar y alcanzar todo

262

lo que nos proponemos. También nos ayuda a tomar decisiones sabias y a reducir estrés en nuestras vidas. Si quieres tener un futuro próspero, asegúrate de tener control de cada día de tu vida.

Creando tu lista de control, manteniendo en cuenta tu calendario, planeando tus días con anticipación y manejando tu tiempo sabiamente; garantizará mantener tu paz y gozo cada día. Simplifica el proceso para completar tus tareas diarias y verás lo fácil que es ser organizada. Recuerda de partir cada tarea en pasos simples y prácticos que puedas completar en el día y la hora señalada; y paso a paso y día a día lo lograrás.

De la misma manera que Dios, con orden, creó el mundo y todo lo que existe; tú también puedes alcanzar cada meta y completar cada proyecto que esté en tus manos. Solo tienes que enfocarte en trabajar en un proyecto, un día y una hora a la vez. No te detengas hasta que hayas terminado con la primera tarea completamente. La clave está en no pasar a la siguiente tarea, hasta que en la que estás actualmente trabajando, quede totalmente terminada. Así, como el Señor lo hizo, estarás completando el "mundo" un día y un paso a la vez.

El Señor te ha dado la cualidad de ser organizada, así como Él lo es. Él nos ha creado a Su imagen y semejanza como lo dice ***Génesis 1:26:*** *"Y Dios consideró que esto era bueno, y dijo: "Hagamos al ser humano a nuestra imagen semejanza."* ¡Solo tienes que creerlo y ponerlo en práctica!

Sé Una Mujer Libre

Juan 8:31-32

Jesús se dirigió entonces a los judíos que habían creído en él, y les dijo: Si se mantienen fieles a mis enseñanzas, serán realmente mis discípulos; y conocerán la verdad, y la verdad los hará libres.

¿Sabías que no importa por la situación que estés pasando, tu puedes ser libre? Puedes tener libertad de dudas, falta de perdón, miedos, adicciones, culpabilidad, enfermedad, envidia y de cualquier ataque del enemigo. Todo aquello que te atormenta, te roba el sueño en la noche y te hace sentir culpable; todo aquello que no puedes cambiar con tus propias fuerzas, Dios es la respuesta. Él tiene el poder para romper las cadenas que te tienen atada.

2 Corintios 3:17 nos dice: *"Ahora bien, el Señor es el Espíritu; y donde está el Espíritu del Señor, allí hay libertad."* Cuando dices *"¡Sí!"* a Dios, pasarás a una nueva etapa en tu relación con Él que te hará libre. Esto sucede cuando reconoces que no puedes romper esas cadenas sola, que necesitas de Dios para tener libertad y cuando

264

entablas una relación íntima con Él. Cuando entregas tu vida completamente a tu Creador y reconoces que en Él hay libertad.

Cuando decimos *"Sí"* a Dios y abrimos las puertas de nuestro corazón a Él, entramos a un nivel donde ahora vivimos para agradarlo solo a Él y hacer Su voluntad en nuestras vidas. No importa lo que estés pasando recuerda que para el hombre todo es imposible, pero para Dios todo es posible. Jesús nos lo recordó en **Lucas 18:27:** *"Lo que es imposible para los hombres es posible para Dios, aclaró Jesús."* No importa por la adicción, el problema o las limitaciones por las que estás pasando, cualquiera que sea tu cadena, Dios la puede romper y hacerte libre.

Tus cadenas fueran rotas, Cristo todo lo venció en el momento que lo aceptaste como tu Salvador; ahora tienes que creerlo. Tu puedes gozar de la libertad de Su salvación. El mismo poder que levantó a Jesús de la tumba vive en ti. Es tu derecho vivir una vida libre, Jesús pagó todo por ti y por mí en la cruz. ¡Goza de tu libertad!

Dios rompe cadenas para siempre

Alrededor de mis 13 años de edad, tuve que pasar por la dolorosa experiencia de ver a mis padres tomar rumbos separados. Mi papá se fue de la casa y mi hermana y yo quedamos viviendo con mi mamá. Desde la separación de mis padres, la relación entre mi papá y yo se enfrió mucho y ya casi ni lo veía. Aunque mi mamá hizo un excelente trabajo sacando sola dos hijas adelante y haciendo el papel de mamá y papá, yo crecí con el vacío paternal.

Durante muchos años, el sentimiento de saber que, aunque tenía un papá en vida, pero nunca se había interesado por mí, me atormentaba. Aun después de estar casada, el vacío y la necesidad de una figura paterna siempre estuvo en mi corazón. Siempre me fue muy difícil lidiar con ese sentimiento de abandono y falta de amor paternal.

Cada vez que veía familias felices y unidas, o cuando veía papás siendo especiales con sus hijas, o simplemente escuchaba a alguien decir la palabra papá; comenzaba a llorar de una manera inconsolable. Le pregunta a Dios ¿Por qué a mí? ¿Por qué a mi familia? ¿Por qué mi

265

papá? Realmente este sentimiento me atormentaba donde quiera que iba y se convirtió en una carga para mi vida.

Siempre añoré tener el amor y el afecto de un padre. Siempre quise tener el apoyo, la protección, el cuidado y hasta la corrección de un padre. Pero después de mis 13 años y cuando más lo necesitaba no estuvo allí. Sufrí mucho el día de mi boda, en mis graduaciones y en todas las ocasiones especiales; pues esa figura paterna, no estaba allí para decirme lo orgulloso que se sentía de mí.

Durante muchos años lloré amargamente su ausencia. No era realmente por mi papá que lloraba, pero por el concepto de tener una figura paternal. Entre más pensaba en eso aún más triste me ponía, no había nada que me consolara o me hiciera sentir mejor. Llegó un punto donde me acostumbre a ver familias juntas y papás mostrando amor a sus hijos y sabía que un manantial de lágrimas estaba a punto de llenar mis mejillas.

Todo esto, me llevó a crear un resentimiento por mi papá por el vacío que había creado en mí. Pensaba que mi vida hubiese sido mucho más fácil si él nunca se hubiese separado de mi mamá, o si por lo menos hubiese sido un buen padre con nosotras.

Un día, cansada de ese sentimiento, prometí que no me dejaría afectar por eso más. Me dije: "Yo puedo controlar lo que siento y no dejaré que me atormente más." Lo que no sabía, era que estaba presa de ese sentimiento y tenía que ser liberada. Tenía que rendir todos mis sentimientos a Dios y solo así Él podría romper esas cadenas. Pero Dios, ya tenía el día y la hora señalada para ello.

Recuerdo como si fuera ayer, una mañana cuando llegue a la iglesia. Estaba de buen humor y muy agradecida con Dios por las bendiciones que nos da cada día. Faltaban 5 minutos en la pantalla para empezar el servicio y estaba súper emocionada porque empezara la alabanza y poder adorar y alabar a Dios con todo mi corazón.

Mientras esperaba para que empezara el servicio, un hombre con su esposa y sus hijos se sentaron en frente de mí y mi familia. Al principio, no pensé nada de ellos, pero cuando él dio la vuelta para saludarnos, me reflejó y recordó a mi papa. Físicamente y su forma de ser eran muy similares a las de mi papá. Lo saludamos y proseguimos todos a esperar que empezara la alabanza.

266

Cuando comencé a ver como ese hombre interactuaba con sus hijos, lo cariñoso que era y como se desvivía por hacerlos reír, comencé a sentir el torrente de lágrimas listas para rodar por mis mejillas de nuevo. Pero recordé mi promesa a mí misma de no permitir que eso me afectara más. Traté de distraerme haciéndole preguntas a mi familia. Pero el dolor seguía ahí.

Cuando comenzó la alabanza, comencé a recordar lo feliz que había llegado esa mañana y como el enemigo había logrado atormentarme una vez más con ese sentimiento. Traté de alabar a Dios con todo mi corazón y enfocarme en Sus bendiciones, pero me era muy difícil. El dolor se había apoderado de mí.

Entonces comencé a preguntarle a Dios de nuevo en medio de la adoración: "¿Por qué a mí?" "¿Por qué a mí?" mientras trataba de controlar el llanto. Pero no sentía nada más que un dolor en medio de mi pecho. En medio de mis preguntas al señor, solté el llanto y clamé al Señor: "ayúdame, ya no quiero cargar con esto más". En medio de mi llanto, dolor y clamor, algo dentro de mí me hizo poner atención a la letra de la canción que en ese momento el grupo de alabanza estaban cantando y decía:

"Soy Tu Padre, y tú mi hijo.
Más que al cielo te amé
En Mi Abrazo te haces fuerte
Con mi amor te alcancé
Soy tu Sombra y tu Amparo.
En el vientre te formé.
Aunque nadie más quedare
Contigo Yo siempre estaré

Te amo, Te amo,
Por siempre
Te amo, Te amo
Por siempre, Por siempre
Por siempre
Te amo…"

En ese momento entendí que siempre he tenido un padre y ese Padre es Dios. De un momento a otro sentí un calor abrasador por todo mi cuerpo y sentí consuelo. En esos momentos comencé a ver cómo siempre El Señor me ha cuidado, me ha protegido y se desvela por mí. Vi cómo siempre me ha proveído sobreabundancia y que todo

267

lo que le he pedido siempre me lo ha dado. Siempre tuve ese padre que siempre añore. Él siempre ha estado conmigo y nunca me ha abandonado, a pesar de que he sido infiel, Él siempre ha estado ahí. Siempre ha sido mi refugio y en quien puedo confiar. Un Padre que nunca abandona a sus hijos y que siempre nos da lo mejor de Él. Un Padre que me ama más que a nada en este mundo, un Padre que está orgulloso de mi. Recordé como Él siempre estuvo en todas mis graduaciones, en mi matrimonio y en mis momentos especiales. Él siempre estuvo allí para consolarme, guiarme y ayudarme cuando más lo necesitaba. Un Padre que siempre está dispuesto a escucharme, a perdonarme y a corregirme. En ese momento supe que mi Padre Celestial era todo lo que necesitaba. Entendí que mi padre es Dios y Él me llama Su hija, la niña de Sus ojos.

Mi llanto pasó de dolor a un profundo agradecimiento a Dios por amarme de la manera que Él me ama. En esos momentos sentí y vi las cadenas romperse para siempre.

Desde ese día nunca más volví a sentir ese vacío por una figura paterna. Dios lo ha llenado todo, con su infinita misericordia me tomó en Sus brazos y hoy sé que Él es mi todo. Tengo un Padre que me ama y se preocupa por mí; tengo un Padre que nunca me abandonará.

Ese mismo día entregue a mi papá en las manos del Señor. Lo perdoné y entendí que todos somos diferentes y nadie es perfecto. Todo rencor que sentía por mi papá fue eliminado ese día y quedé realmente libre.

Entrega a Dios todas tus cargas y todas tus cadenas. ¡Él es el único que puede romperlas para siempre!

Pasos Para Ser Una Mujer Libre

Dios quiere liberarte de todas las cadenas que atormentan tu vida. No intentes hacerlo sola, Él está dispuesto ayudarte. Hay poder en Su nombre y cuando Él rompe cadenas, las rompe para siempre desde que te mantengas bajo Su amparo y protección. Jesús murió en la cruz para traer libertad a los cautivos y tú también puedes ser parte de esa liberación.

No importa qué tipo de cadenas te tengan atada, entrega todo en las manos de Dios y permite que Él las rompa.

Estos pasos te ayudarán a encontrar maneras de acercarte a Dios y obtener tu liberación:

Paso I

Identifica tus cadenas.

Es importante identificar lo que nos atormenta y nos tiene atadas. Es importante conocer lo que la libertad significa para nosotras. Hay muchas maneras que el enemigo usa para atar nuestras vidas. Lo hace por medio de nuestras emociones, actitudes, sentimientos, pensamientos y hasta nuestras acciones. Llamamos cadenas, todo aquello que nos atormenta y se nos hace difícil controlar. Todo aquello que nos roba el sueño en la noche o que hemos estado cargando por mucho tiempo. Pueden ser nuestros miedos, falta de perdón, dudas, adicciones, actitudes y hasta nuestras amarguras.

Muchas veces ni nos damos cuenta que el enemigo nos tiene atadas con estas cadenas y que necesitamos ser libres. Es nuestra responsabilidad estar alertas a lo que nos está afectando para poder así reconocer esas cadenas y empezar el proceso de liberación.

Actividad:

1. Haz una lista de todas aquellas cadenas que sientes que te tienen presa. Piensa en todos tus miedos, adicciones, falta de perdón, dudas, enfermedades y todo aquello que te atormente.

_____   _____

_____   _____

_____   _____

_____   _____

_____   _____

Paso II

Fíjate a qué le estás dando el control.

Podemos dar control y autoridad a Dios o al enemigo dependiendo de nuestras acciones, palabras y pensamientos. Si queremos ser liberadas y permitir que Dios rompa esas cadenas, es importante ver dónde estamos poniendo nuestra atención y a que estamos dando nuestro control.

Nuestra libertad depende de dónde ponemos nuestro control. Si permites que tus pensamientos, miedos o adicciones tomen el control de tu vida y de tus decisiones; te tomarán prisionera. Al permitir que esto pase, le estás dando el control al enemigo de mantenerte presa con sus mentiras.

Debemos dar todo el control a Dios de nuestros pensamientos, sentimientos, palabras y acciones. De la manera que tú le puedes dar el control al Señor es rindiéndote a Él, entregando tus cadenas a Él, reconociendo que no puedes hacerlo sola y que necesitas de Su ayuda. Cuando te entregas a Su palabra y permites que Él te ministre; y haces Su palabra parte de tu vocabulario. Cuando declaras lo que Él dice de ti y crees que Él puede romper todas tus cadenas. Es allí donde puedes experimentar real liberación.

Actividad:

Revisa tu lista en la actividad del paso I y entrégale esta lista al Señor. Dile a Dios: *"Señor, rompe estas cadenas en el nombre de Jesús. Reconozco que no puedo hacerlo sola y necesito de Tu ayuda, me rindo a ti. Quiero ser libre para siempre. En ti confió y sé que en Ti hay libertad. En el Nombre de Jesús, Amén"*

Paso III

Busca libertad en la Palabra de Dios.

La palabra de Dios te hace libre y es tu espada para defenderte contra las artimañas del enemigo. La palabra de Dios contiene el poder

270

de Dios. Corre a ella y medita de día y noche en Su palabra y espera que haga efecto en tu vida.

Busca todas las escrituras que puedas encontrar acerca de las cadenas que sientes que te tienen prisionera hoy. Sea miedo, adicción, falta de perdón, duda o cualquiera que sea la cadena que te tenga atada. Encontrarás respuesta a todo en la palabra de Dios. Solo tienes que buscarlo y hallarás libertad.

¡Entre más aprendamos de la palabra de Dios más libre seremos!

Actividad:

Revisa la lista en la actividad del paso I y busca que dice la palabra acerca de cada cadena en particular. Escribe los versículos y tus pensamientos.

_____

_____

_____

_____

_____

_____

_____

_____

_____

Paso IV

Cree en tu liberación.

Jesús en **Juan 14:6** nos dice: *"Yo soy el camino la verdad y la vida."* Cree que Jesús es tu verdad y tu vida. Cree que Él vino a liberarte y que donde el Espíritu de Dios está hay libertad. No te enfoques en tus propios pensamientos, cree lo que Dios dice de ti y tu futuro. Dios te lleva en las palmas de Sus manos y conoce lo que tú necesitas. Dios es nuestro vindicador y tiene el poder de romper tus cadenas.

Decide creer y recibir libertad en tu vida y no permitas que el enemigo te mantenga atada más. Dios trabaja en tu vida y Él quiere que experimentes libertad total. Él quiere que disfrutes tu vida sin preocuparte por tu pasado, tu presente o tu futuro; sabiendo que Él tiene el control de todo. Él conoce por lo que estás pasando. Él quiere que le entregues esas cadenas para romperlas y liberarte para siempre; pero tú tienes que creerlo.

Alaba a Dios con todo tu corazón sin importar lo que estés pasando, dile que le crees, que confias en Él y que necesitas de Su ayuda. Las cadenas de Pablo y Silas se rompieron cuando ellos alabaron a Dios en la cárcel. El enemigo se confunde cuando tu alabas a Dios en medio del dolor. Entiende que puedes hacer todo lo que te propongas en la vida ya que todo lo puedes hacer por medio de Él que te fortalece. ¡Cree que Dios puede liberarte y así será!

Actividad:

En tus propias palabras, dile a Dios que crees que Él te puede liberar. Pídele ayuda para tu liberación:

_____

_____

_____

_____

Pensamientos Finales

El día que Jesús murió en la cruz, tus cadenas fueron rotas. Cristo todo lo venció, en el momento que lo aceptaste como tu Salvador. Solo tienes que creerlo y entregarle las cadenas que aún te tienen atada. Tú puedes gozar de la libertad de Su salvación. El mismo poder que levantó a Jesús de la tumba, vive hoy en ti. Es tu derecho vivir una vida libre, Jesús pagó todo por ti en la cruz.

Tu puedes experimentar esa libertad que perdura para siempre. Puedes ser libre de dudas, falta de perdón, miedos, adicciones, culpabilidad, enfermedad, envidia y de cualquier ataque del enemigo. Todo aquello que te atormenta, que te roba el sueño en la noche, que te hace sentir culpable, todo aquello que no puedes cambiar con tus propias fuerzas, Dios es la respuesta.

Solo tienes que identificar tus cadenas, darle a Dios el control, buscar Su palabra y creer en tu liberación. Cuando lo haces, cuando de corazón clamas a Dios y pides ayuda para tu liberación; experimentarás libertad para el resto de tu vida. Solo tienes que mantenerte bajo Su protección y agradándolo a Él.

Si quieres experimentar esa libertad en tu vida corre a Dios. Él romperá las cadenas que te tienen presa. Solo Él te puede liberar, no lo puedes hacer sola.

¡Goza de tu libertad! No permitas que el enemigo te atormente más.

Mujer virtuosa, toma acción hoy y corre a Dios para que puedas experimentar el gozo de Su libertad.

Sé Una Mujer Amada

Capítulo 25:
Amada

1 Juan 4:7-9

Queridos hermanos, amémonos los unos a los otros, porque el amor viene de Dios, y todo el que ama ha nacido de Él y lo conoce. El que no ama no conoce a Dios, porque Dios es amor. Así manifestó Dios su amor entre nosotros: en que envió a su Hijo unigénito al mundo para que vivamos por medio de Él.

¿Te has sentido rechazada, abandonada, ignorada o haz sentido que nadie te ama? Te tengo una excelente noticia, hay un amor incondicional que te acompaña de día y de noche. Un amor que va contigo donde quiera que vayas. Un amor tan puro que te acepta tal y como eres; que te cuida y te protege. Un amor que te espera a cada momento del día para pasar tiempo contigo. Un amor que nunca podrás experimentar con nadie más. Este es el amor que Dios te da.

Dios nos ama incondicionalmente y no hay nada que puedas hacer para ganar o perder Su amor. Tú eres amada no importa lo que hagas o a donde vayas. Él te valora, te protege y se preocupa por ti. Él te

274

creó con un propósito y nunca existirá nadie como tú. Él te creó única e irrepetible y te llama Su obra maestra. Él te creó con todo Su amor y teniendo en cuenta cada detalle en ti. Escogió cuidadosamente todo en ti y conoce hasta cuantos cabellos tienes en tu cabeza. Él conoce todos tus secretos, todo lo que haces y lo que ocultas. Él conoce todos tus pensamientos (buenos y malos), las intenciones de tu corazón y lo que planeas hacer mañana; y aun así Él te ama. Dios nunca te podrá dejar de amar porque Dios es amor.

Dios te ama de tal manera, que dió a Su Hijo amado para morir por tus pecados y para que pudieras tener comunión eterna con Él. Él te ama tanto que te llama la niña de Sus ojos. Él te ama tanto que pelea todas tus batallas y te da libertad. Siempre responde a tu llamado cuando lo necesitas, te defiende de tus enemigos y te lleva en Sus santas y poderosas manos. Él te ama tanto que perdona todos tus pecados cuando te arrepientes y no los recuerda más. Él te ama con amor eterno, con paciencia, con bondad, con misericordia y te llena de Su gracia y Su favor. ¡Goza cada día del amor de Dios!

Nadie te puede amar más

En mi temprano caminar con Dios, le hice una pregunta que cambió mi mentalidad para siempre. Me hizo amarlo aún más y fue imposible olvidar Su respuesta. Mi pregunta fue: ¿Señor tú me amas? Y esto fue lo que Dios ministró a mi vida:

El amor de Dios es tan puro e incondicional que es imposible no sentirte amada. Dios nos muestra Su amor diariamente de múltiples maneras. Nos regala la lluvia, el sol, la noche, las estrellas y la naturaleza. ¿Has observado alguna vez de cerca una mariposa y los detalles que hay en ella? ¿Qué tal una flor? ¿Has visto las plumas de las aves? ¿Qué tal los detalles de las hojas de los árboles? ¿Qué me dices de los atardeceres? ¿Has visto los árboles en otoño, las fuentes en los bosques o las profundidades del océano? Todo esto lo creó Dios para ti y para mí y nos dió dominio sobre toda Su creación. ¡Pero Su amor no termina ahí!

Además de Su hermosa creación y con el detalle y cuidado con que escogió todo para ti; también podemos disfrutar de los diversos sabores que hay en las frutas y vegetales. Podemos disfrutar de las aguas

275

cristalinas para saciar nuestra sed. Podemos disfrutar de las hermosas sinfonías de las aves, los grillos y las ranas; todas con una sinfonía diferente. ¿Sabías que hay más de 10 mil especies diferentes, de solo aves, que han descubierto hasta ahora? Cada una entonando una melodía diferente. El creó todo esto y hasta lo que aún no hemos descubierto, para ti.

Como si esto fuera poco, Su amor por nosotras es tan grande que sacrificó a Su hijo amado para que nosotros pudiéramos seguir disfrutando de Su creación. Para que pudiéramos tener una relación íntima con Él; para poderse acercar más a nosotras y nosotras a Él. Nos dejó un guía que nos dirige de día y de noche y nos ayuda a distinguir entre lo bueno y lo malo. Un guía que nunca nos permite estar solas y es nuestro consolador, el Espíritu Santo. El Señor compartió también Su palabra con nosotras, la cual es nuestro manual para la vida. Nos equipo de dones espirituales y nos llamó vencedoras. Y como si eso fuera poco, cada día podemos contar con Su divina presencia, gracia y favor donde quiera que vayamos y donde quiera que estemos.

Pero eso no fue suficiente para demostrar Su amor para con nosotros, también nos llama y nos promete:

¡Que nunca nos faltará nada! Ya que Él suple todo lo que nos falta conforme a Sus riquezas en Cristo. **Filipenses 4:19**

Todo lo podemos en Cristo que nos fortalece. **Filipenses 4:13**

Somos cabeza y no cola; estamos por encima solamente, y nunca estamos abajo. **Deuteronomio 28:13**

Somos la luz del mundo. **Mateo 5:14**

Somos escogidos de Dios. **Romanos 8:33**

Somos perdonados de todos nuestros pecados. **Efesios 1:7**
Hemos sido llamados por Dios para ser la voz de Su alabanza. **2 Timoteo 1:9**

Somos sanos por las llagas de Jesús. **1 Pedro 2:24**

276

Somos amados en gran manera por Dios. **Colosenses 3:12, Romanos 1:7**

Somos hechura de Dios creados en Cristo Jesús para buenas obras. **Efesios 2:10**

Somos parte de un linaje escogido, real sacerdocio, nación santa, pueblo adquirido por Dios. **1 Pedro 2:9**

Tenemos la mente de Cristo. **Filipenses 2:5**

Tenemos la paz de Dios que sobrepasa todo entendimiento. **Filipenses 4:7**

Hemos recibido sabiduría y revelación en el conocimiento de Dios, alumbrando los ojos de nuestro entendimiento. **Efesios 1:17-18**

Hemos recibido el poder del Espíritu Santo de poner manos sobre los enfermos y verlos sanar, para echar demonios, y hablar en nuevas lenguas. Tenemos potestad sobre el enemigo y no nos puede tocar. **Marcos 16:17-18**

Nos hemos despojado de nuestra vieja mente y hemos sido revestidos de la nueva mente, la cual conforme a la imagen del que nos creó se va renovando hasta el conocimiento pleno. **Colosenses 3:9-10**

¿Aún te quedan dudas de que eres amada? ¡A mí no!

Pasos Para Ser Una Mujer Libre

El amor de Dios lo encuentras en todo momento y en todo lugar. No tienes que hacer nada para ganarlo y nunca podrás hacer nada para perderlo. Su amor es incondicional, puro y perfecto. Dios nunca nos dejará de amar porque Él es amor.

Los siguientes pasos te ayudarán en esos días cuando el enemigo intente decirte que no eres amada:

Paso I

Medita en Su palabra.

La palabra de Dios está llena de Sus promesas para nuestra vida. Él nos recuerda Su amor y lo que Él dice de nosotras en cada versículo que lees. Cuando sientas que el enemigo te está atacando con sus mentiras, corre a la palabra de Dios y recuerda cuanto Él te ama.

Memoriza y medita constantemente lo que Dios te dice, recuerda siempre el hecho que Dios te ama y que nunca estarás sola. Renueva tu mente con Su palabra. Entre más leas la palabra de Dios, más amada, aceptada y bendecida te sentirás.

Actividad:

Escribe tus versículos favoritos de la Biblia donde Dios te recuerda Su amor, Sus promesas y quién eres:

_____

_____

_____

_____

_____

¡Repítelos todos los días!

Paso II

Pasa tiempo a solas con Dios.

Dios quiere estar a solas contigo. Él quiere sanar tu corazón, ministrar a tu vida y llenarte de fuerzas y sabiduría. Solo conseguirás oír claramente lo que Dios quiere decirte cuando pases tiempo a solas con Él.

En tu tiempo a solas con Dios, Él te revelará cosas íntimas de Su palabra, te mostrará los siguientes pasos a tomar en tu vida y te mostrará las cosas ocultas que hay en tu corazón. En tu tiempo íntimo con Dios te sentirás amada y podrás conocerlo realmente. Es cuando buscas con todo tu corazón, anhelo y fuerzas que lo encontrarás.

Dios siempre está listo para escucharte, consolarte, ayudarte y para darte la mano. Él cura tus heridas cuando estás lastimada y te libera cuando estas cargada. Dios promete que si lo buscamos lo encontraremos. Él te espera aun cuando estas cargada y sin importar en las circunstancias que te encuentres. Él nunca te dejará ni te abandonará.

¡Busca a Dios todos los días!

Actividad:

Haz el pasar tiempo a solas con Dios parte de tu vida diaria. Para ello necesitarás lo siguiente:

1. Un lugar a solas y sin interrupciones
2. Una silla donde te puedas sentar
3. Tu Biblia
4. Una libreta y un esfero
5. Un radio para poner música de alabanza
6. Aparta el tiempo en tu calendario y llega a tu cita

¡Ponte en acción, Dios te está esperando!

Paso III

Observa la naturaleza.

Dios expresa Su amor de diferentes maneras. Una de ellas es por medio de la naturaleza. Muchas veces nos encontramos tan apuradas con el trajín de la vida, que nos paramos a observar las maravillas que Dios nos ofrece todos los días. Él te sonríe por medio de una rosa. Te dice que te ama en el cantar de un ave, o te puede hacer sonreír con la belleza y la perfección de una mariposa. Te muestra Su grandeza en un atardecer o con la fragancia de una rosa.

279

Cada vez que el Señor te exprese Su amor, escríbelo. Carga una libreta en tu bolso y escribe las diferentes maneras que Él te demuestra Su amor. Pídele que te revele Su amor donde quiera que vayas y búscalo que lo encontrarás. En esos días en los cuales no te sientas amada, saca tu libreta y lee las veces que Él te ha demostrado Su amor. Te recordará rápidamente que Él siempre está ahí y nunca te dejará de amar.

¡Si tú buscas a Dios, lo encontrarás en todo lugar, porque Su amor está en todas partes!

Actividad:

Escribe las veces que Dios te ha demostrado Su inmenso amor:

_____

_____

_____

_____

_____

_____

Pensamientos Finales

Cada vez que te sientas rechazada, abandonada o con falta de amor; recuerda que siempre hay alguien que te ama. Que Su amor es perfecto y eterno. Recuerda que Él lo dio todo por ti, que te conoce más que nadie en este mundo y te acepta tal y como eres. Que dio a Su hijo amado para morir por tus pecados y así poder tener una relación más íntima contigo.

Cuando reconoces qué tanto Dios te ama; te sientes aceptada, valorada y sabes que puedes ser tal y como eres sin que nada pueda separarte de Su amor. Renueva tu mente con Su palabra y acepta que Él te ama. Busca Su amor donde quiera que vayas y pasa tiempo a solas con Él.   Nadie nunca te amará ni te conocerá más de lo que te ama y te conoce tu Creador.

Recibe Su amor incondicionalmente.   Él te valora, te protege y se preocupa por ti.   Él te creó con un propósito y nunca existirá nadie más como tú; porque de esa magnitud te ama Dios.   Al punto de crearte única, con cualidades, virtudes y talentos únicos. Todo lo hizo por amor.   Él te ama con amor eterno y Su amor nunca se agota.

¡Cuando vuelvas a sentir que no eres lo suficientemente amada, mira de nuevo a la cruz y recuerda que siempre hay alguien que te ama con amor eterno!

Sé Una Mujer Activa

Proverbios 13:4

El perezoso ambiciona, y nada consigue;
el diligente ve cumplidos sus deseos.

Una de las características que más resalta a la mujer virtuosa en **Proverbios 31:10-31** es ser una mujer activa. La mujer virtuosa está activa todo el tiempo en su hogar, en sus negocios, con su salud, con sus criadas, con sus hijos y en todo lo que hace agrada a Dios. Ser una mujer activa es una decisión que solo tú puedes tomar. Nadie más lo puede hacer por ti.

Sabemos que lo opuesto a ser una persona activa, es ser una persona pasiva. Una persona pasiva es aquella que no está tomando acción en las cosas que Dios ha puesto en sus manos como: su salud, trabajo, familia, hogar o su relación con Dios. El enemigo usa la inactividad para eliminarte lentamente y destruir tu vida. Es un asesino silencioso, y debes saber hoy, que en cualquier cosa que tú no estés siendo activa, él sí lo está.

Por el contrario, cuando eres activa, Dios te bendice y ves prosperar todo lo que tocas. **Proverbios 10:4** nos advierte: *"Las manos ociosas* *conducen a la pobreza; las manos hábiles atraen riquezas.*" Las personas que son activas ven resultados en todo lo que hacen; gozan de buena salud, se sienten más felices, son más positivas y logran alcanzar todo lo que se proponen. Si dejamos inactiva nuestra mente, el enemigo toma ventaja para imponer mentiras en ella. Si dejamos inactivo el cuerpo, los músculos se deterioran y empezamos a perder fuerza y masa muscular; lo que nos hace más propensas a enfermedades. Si dejamos inactiva nuestra fe, comenzamos a morir espiritualmente.

Dios nos creó para ser seres activos. **Proverbios 6:6** nos motiva: "*¡Anda, perezoso, fíjate en la hormiga! ¡Fíjate en lo que hace, y adquiere sabiduría!*" Las hormigas son seres muy activos, tú nunca las ves quietas. Es importante que estés activa en todo lo que Dios ha puesto en tus manos; que estés dando frutos en tu vida y que estés sirviendo en el cuerpo de Cristo. Todo aquello en donde tú eres pasiva, el enemigo estará activo para robártelo y destruirlo; lo que dejas quieto se deteriora. La inactividad afecta tu estado mental, emocional, espiritual y físico.

¿En qué te está pidiendo Dios que seas más activa? ¡Sé cómo las hormigas!

Sé activa y goza de sus frutos

Hubo un tiempo en mi vida, donde me sentía estancada y sin propósito. Sufría de sobrepeso, me sentía muy cansada, no encontraba gozo en nada, tenía muchos problemas con Chris y nada de lo que hacía producía buenos frutos. Cada día parecía el mismo, no tenía una visión clara de lo que quería y terminé cayendo en depresión.

Pero El Señor, en su infinita misericordia, me mostró lo que estaba pasando en mi vida. La inactividad en diferentes áreas de mi vida, permitió que el enemigo tomara ventaja y comenzó a manejarlas. Si tú no estás activa en tu matrimonio, comenzarás a tener problemas con tu esposo. Si no estás activa en tu trabajo, no tendrás dinero para sobrevivir. Si no estás activa físicamente, te sentirás cansada y débil. Si no estás activa en lo que Dios ha puesto en tus manos, te lo quitará y se lo dará a alguien que sí lo esté. El Señor me mostró que el ser

283

activa o pasiva es una decisión que solo yo podía tomar. Nadie más podría hacer por mí lo que Él había puesto en mis manos.

Comencé a observar mi vida y me di cuenta que había creado una serie de malos hábitos, que me habían inactivado y me estaban destruyendo poco a poco. Todas las mañanas me despertaba tarde y de mal genio y siempre llegaba tarde al trabajo. En el trabajo, me sentía cansada y no daba lo mejor de mí. Cuando llegaba a casa del trabajo en la noche, me sentaba a ver televisión hasta que llegaba la hora de ir a la cama de nuevo. No estaba pasando tiempo con Dios y esto me llevó a sentirme deprimida y muerta espiritualmente. No estaba haciendo ejercicios, y todo el día lo pasaba sentada; y esto me llevó a sentirme cansada y enferma. No estaba pasando tiempo preciado con Chris, y esto me llevaba a tener problemas constantes con él. No estaba siguiendo El llamado de Dios para mi vida, y esto me llevó a sentir que no tenía propósito para vivir. Todos los días eran los mismos y se tornó en una monotonía donde el enemigo estaba haciendo fiesta. Me di cuenta que lo que estaba experimentando eran los frutos de mi inactividad.

¡Pero la palabra de Dios es poderosa y te transforma! Ese día el Señor me llevó a **Proverbios 6:8-11** el cual ministró a mi vida de tal manera que nunca más volví a ser la misma; y dice: *"Perezoso, ¿cuánto tiempo más seguirás acostado? ¿Cuándo despertarás de tu sueño? Un corto sueño, una breve siesta, un pequeño descanso, cruzado de brazos ¡y te asaltará la pobreza como un bandido, y la escasez como un hombre armado!"*

No había terminado de ministrarme con este versículo cuando El Señor me llevó a **Proverbios 24:30-31:** *"He pasado junto al campo del perezoso, y junto a la viña del hombre falto de entendimiento, y he aquí, estaba todo lleno de cardos, su superficie cubierta de ortigas, y su cerca de piedras, derribada."* En ese momento entendí que debía ser una persona activa si quería ser bendecida, gozar de buenos frutos y agradar a Dios.

Déjame preguntarte: ¿Cómo quieres tener buena salud cuando estás sentada todo el día? ¿Cómo quieres conseguir trabajo si no estás activa buscando? ¿Cómo quieres tener más amistades si estás todo el día en casa? ¿Cómo quieres crecer más en la palabra de Dios si no la lees? ¿Cómo quieres agradar a Dios si no le obedeces y eres activa en el cuerpo de Cristo? ¿Cómo quieres ser próspera si no estás tomando

284

acción? **Proverbios 20:4** nos recuerda: *"El perezoso no labra la tierra en otoño; en tiempo de cosecha buscará y no hallará."* No podremos hallar lo que no hemos sembrado y lo que yo estaba recogiendo en esos momentos de mi vida eran los frutos de mi inactividad.

El mensaje fue claro. Sabía que era mi decisión, el crear nuevos hábitos en mi vida para ser más activa todos los días y en cada área de mi vida. Comprendí que Dios me creó para estar activa en todo lo que Él ha puesto en mis manos. Entendí, que a Él le agradan las personas que están todo el tiempo activas. Entonces, empecé por cortar el cable de la televisión, ya que entendía cuál era una de las herramientas que el enemigo estaba utilizando para distraerme y tenerme inactiva. Cree una rutina en la mañana que me permitía pasar mi primera hora del día con Dios y así crecer espiritualmente. También, me permitía hacer ejercicios todos los días por 30 minutos y así poder cuidar de mi salud. Cree también una rutina en la noche que me permitió pasar tiempo preciado con Chris y así honrar mi matrimonio. También me permitía pasar más tiempo buscando qué le agrada a Dios, para así poder estar más cerca de Él y encontrar Su llamado para mi vida. Y fue así como empecé a ser más activa en cada área de mi vida.

Una vez que decidí ser más activa en cada área, comencé a sentir que vivía una vida con propósito. Comencé a sentirme más feliz y pronto comencé a disfrutar de los frutos. De la misma manera como **Proverbios 13:4** nos dice: *"El alma del perezoso desea, pero nada más el alma de los diligentes queda satisfecha."* Yo me sentía satisfecha. A partir de ese día, siempre estoy consciente de ser como las hormigas durante el día y mantenerme activa en todo lo que Dios ha puesto en mis manos.

¡Se activa en todas las áreas de tu vida y gozarás de los buenos frutos!

Pasos Para Ser Una Mujer Activa

Para gozar de buenos frutos y llevar vidas productivas, es importante ser mujeres activas. No permitas que el enemigo te inmovilice con las tentaciones que te ofrece todos los días. Cuando eres activa todo trabajará para tu bien y podrás gozar de sus beneficios.

Los siguientes pasos te ayudarán a ser una mujer más activa:

Paso I

Identifica las áreas inactivas.

Para poder gozar de todo lo que El Señor te ofrece, es importante tener un balance en la vida. Tú tienes balance cuando estas activa en todas, y cada una, de las áreas de tu vida. No puedes tener éxito en tu matrimonio, si día y noche estás trabajando. No puedes experimentar gozo, si a toda hora estás haciendo algo y no te das tiempo para ti. No puedes experimentar crecimiento espiritual, si estás dando prioridad a otras cosas en tu vida y no pasas tiempo con Dios. No puedes gozar de buena salud, si estás sentada todo el día. Es por eso que estar activa, en todas y cada una de las áreas de tu vida, traerá el balance que necesitas para disfrutar de los frutos en cada área.

La mejor manera de saber si estás siendo activa en todas las áreas de tu vida, es evaluando cada área e identificando en cuáles estás inactiva. Las áreas de tu vida son:

Espiritual: Tu relación con Dios.

Salud Física: Tu alimentación y actividad física.

Finanzas: Tu relación con el dinero.

Recreación: Tu tiempo de relajación y hacer lo que te gusta.

Social: Tu relación con tu familia, amigos, compañeros de trabajo y contigo misma.

Profesional: Tu carrera, trabajo, negocio u ocupación laboral.

Salud Mental: Tu crecimiento educacional.

Imagen y Estilo: Tu apariencia física, cómo te vistes y cómo te ves.

Una vez descubras las áreas en las que estas inactiva, identifica la razón por la cual no estas activa y toma acción. Pronto comenzarás a disfrutar de los buenos frutos.

Actividad:

1. Evalúa cada área de tu vida. Contesta *"si"* o *"no"* a la siguiente pregunta para cada área:

   ¿Estas activa en esta área de tu vida?

   > *Espiritual* S/N
   > *Salud Física* S/N
   > *Finanzas* S/N
   > *Recreación* S/N
   > *Social* S/N
   > *Professional* S/N
   > *Salud Mental* S/N
   > *Imagen y Estilo* S/N

2. Identifica las áreas que contestaste no. ¿Qué piensas hacer para ser más activa en esas áreas? Escribe tu plan de acción:

Paso II

Aumenta tus actividades diarias.

Es importante aumentar poco a poco las actividades en cada área de tu vida. Si quieres ser más activa en el área de tu salud, por ejemplo, entonces empieza con hacer 5 minutos de ejercicios cada día. En una semana, aumenta a 10 minutos, después 15 y despúes aumenta a 30 minutos. Al incrementar poco a poco el tiempo en tus actividades, entrenarás tu mente a crear el nuevo hábito en tu vida.

Al aumentar tus actividades diarias, ejercitarás tu cuerpo y tu mente a estar siempre activos. Cada vez te será más fácil cumplir con todos los llamados que Dios tiene para tu vida. Te sentirás motivada a seguir avanzando cuando comienzas a ver los frutos de tus esfuerzos.

Actividad:

Escribe un plan para incrementar tus actividades diarias en cada área de tu vida:

Espiritual _____

_____

Salud Física _____

_____

Finanzas _____

_____

Recreación _____

_____

Social _____

_____

Profesional _____

_____

Salud Mental _____

_____

Imagen y Estilo _____

_____

288

Paso III

Busca a alguien que te ayude a ser responsable.

Si nos ponemos a pensar, en nuestra sociedad siempre hay alguien que nos hace responsable de nuestras decisiones. Cuando eras niña, tus padres se aseguraban que fueras responsable de completar todas tus tareas. Cuando ibas al colegio, los profesores se hacían cargo de que fueras responsable por lo que tenías que hacer. Ahora que eres adulta, en tu trabajo, siempre tendrás un jefe que te hace responsable de tus labores diarias.

El saber que alguien te está haciendo responsable de tus palabras y acciones te da el sentido de urgencia para terminarlo. Pero no siempre tendrás a alguien que te haga responsable de tus acciones y que te mantenga motivada a estar activa. El simple hecho de saber que al ser activa en todas las áreas de tu vida te dará buenos frutos, debería ser motivación suficiente para hacerlo. Pero no todas las veces funciona de esa manera. Por eso es importante buscar a alguien que te ayude a mantenerte motivada y te haga responsable.

Ya sea tu esposo, una amiga, tu hermana, tu mamá o cualquier persona que te pueda ayudar a mantenerte motivada; te ayudará a estar más activa. Solo tienes que compartir con ellos lo que quieres lograr en cada área y pedir su ayuda para hacerte responsable de tu palabra y decisión. Encontrar a alguien que te ayude a ser responsable de tus acciones, te motivará a estar activa en todas las áreas de tu vida.

Actividad:

Haz una lista de las personas que te pueden ayudar a estar motivada y hacerte responsable para mantenerte activa en cada área de tu vida:

Espiritual _____

_____

Salud Física _____

_____

Finanzas _____

_____

Recreación _____

_____

Social _____

_____

Profesional _____

_____

Salud Mental _____

_____

Imagen y Estilo _____

_____

Pensamientos Finales

Así como la mujer virtuosa, tú también puedes ser una mujer activa y alcanzar todo lo que Dios tiene preparado para ti en cada área de tu vida. Siendo activa en tu hogar, tu trabajo, con tu salud, con tus hijos, en tu relación con Dios y en todo lo que Él pone en tu corazón; te llevará a disfrutar de grandes frutos. Ser una mujer activa es una decisión que solo tú puedes tomar y nadie más lo puede hacer por ti.

Solo debes identificar tus áreas inactivas y ver la razón por la cual no estás siendo activa en esa área; y tomar acción. Si aumentas poco a poco tus actividades diarias en cada área, te llevará a crear nuevos hábitos en tu vida. Esto se te hará más fácil, si tienes a alguien que te haga responsable y te ayude a estar motivada a obtener el éxito.

Dios creó todo en el mundo con un propósito, y solo logramos ese propósito cuando somos activos. Permite que **Proverbios 6:6** te motive como me motivó a mí: "*¡Anda, perezoso, fíjate en la hormiga! ¡Fíjate en lo que hace, y adquiere sabiduría!*" Observa a las hormigas y mira cómo es su comportamiento; ellas nunca se quedan quietas y siempre están corriendo con un propósito. Así mismo es importante que estés activa en todo lo que Dios ha puesto en tus manos. El estar activa te dará muchos frutos y verás un gran cambio en tu estado mental, emocional, espiritual y físico.

¡Ahora es tu turno mujer virtuosa, anda, ponte activa y disfruta de sus frutos! ¡Somos el pueblo de Dios y hay mucho por hacer!

Sé Una Mujer Hermosa

Capítulo 27: Hermosa

Proverbios 31:30
Engañosa es la gracia, y vana la hermosura;
La mujer que teme a Jehová, ésa será alabada.

El mundo tiene muchas definiciones de lo que compone una mujer hermosa. La palabra de Dios nos dice que la hermosura es vana si no respetamos, amamos y tememos de una manera reverente al Señor. La Biblia tiene mucho que decir acerca de lo que compone la belleza de la mujer.

No es el aspecto físico lo que nos hace hermosas, ya que todas somos obras maestras de Dios y hermosas ante Sus ojos, sino es nuestro carácter, lo que define nuestra hermosura. Este libro está dedicado a ***Proverbios 31*** el cual nos enseña a ser mujeres virtuosas. Más que mujeres virtuosas nos enseña a tener un carácter que nos hace hermosas ante los ojos de Dios.

Las personas pueden ver tus esfuerzos cuando escoges un traje hermoso, pasas tiempo arreglándote, e inviertes tiempo para verte bella físicamente al salir de tu casa. Pero Dios, siempre se fija en tu corazón. La palabra nos dice en ***1 Samuel 16:7*** *"Porque Jehová no*

292

mira lo que mira el hombre; pues el hombre mira lo que está delante de sus ojos, pero Jehová mira el corazón."

No hay nada de malo en arreglarnos y poner algo de esfuerzo para sentirnos más atractivas físicamente, pero debemos pasar aún mucho más tiempo evaluando lo que hay en nuestro corazón. Asegurándonos que es bello, puro y agradable a Dios. De acuerdo a lo que halla en nuestro corazón, se forma nuestro carácter y es éste el que realmente nos hace hermosas. De nada nos sirve estar bellas físicamente si nuestra actitud no es agradable a Dios.

Nuestro esfuerzo debe ser puesto todos los días en agradar a Dios. Para agradarlo, debemos conocer lo que Él llama una mujer hermosa y trabajar cada día en nuestro carácter para conseguirlo. Cuando lo logramos, las personas comenzarán también a catalogarte como una mujer hermosa; no por tu aspecto físico sino por el estado de tu corazón.

¡Tú ya eres una mujer bella! ¡Dios te llama Su obra maestra, tu corazón y carácter determinarán cual hermosa eres!

Lo que importa es el estado de tu corazón

Quiero compartir contigo lo que el Señor ministró a mi corazón en el tiempo donde sufrí tanto para tener una buena autoestima. En esa época, vivía persiguiendo lo que el mundo me decía: cómo debía lucir, que debía usar, cómo debía actuar o lo que debía hacer para ser catalogada hermosa.

El entender lo que Dios llama una mujer "hermosa", me llenó de mucha paz y gozo. Comencé a buscar lo que le agradaba a Dios y dejé de prestar atención a lo que el mundo considera hermoso. Todos los días trabajo en mi carácter para agradarlo a Él y asegurarme de que Él me llame hermosa.

Aquí está lo que Dios ministró a mi corazón y lo que caracteriza a una mujer hermosa:

Una mujer hermosa se caracteriza por ser agradable.

Ser agradable significa ser complaciente, alegre y que busca la comodidad de los demás **más** que la propia. Esta, es la mujer que no busca contienda y siempre busca la paz. Su familia, amigos, compañeros y todo el que la conoce quiere pasar tiempo con ella ya que se sienten cómodos y complacidos con su compañía.

Versículos que ministraron a mi vida:

Proverbios 21:19 *"Mejor es morar en tierra desierta Que con la mujer rencillosa e iracunda."*
Proverbios 19:13 *"Dolor es para su padre el hijo necio, Y gotera continua las contiendas de la mujer."*
Proverbios 21:09 *"Mejor es vivir en un rincón del terrado que con mujer rencillosa en casa espaciosa."*

Una mujer hermosa se caracteriza por ser fiel.

La mujer fiel es la que se distingue por cumplir siempre con su palabra y sus compromisos. Sin importar lo que se presente, ella siempre está lista para cumplir. No se enreda en chismes y sabe guardar secretos. Es una persona digna de confianza y su esposo, hijos, jefes, compañeros, amigas y todos los que la conocen pueden poner su confianza en ella.

Versículos que ministraron a mi vida:

Proverbios 11:16 *"La mujer agraciada tendrá honra, y los fuertes tendrán riquezas."*
1 Timoteo 3:11 *"Las mujeres así mismo sean honestas, no calumniadoras, sino sobrias, fieles en todo."*
Proverbios 31:11 *"El corazón de su marido está en ella confiado, Y no carecerá de ganancias."*

Una mujer hermosa se caracteriza por ser sumisa.

Una mujer sumisa es la que acepta cuando está errada. La que respeta el nivel de autoridad de otra persona. La mujer sumisa se somete a la voluntad de Dios sin imponer la suya y por esta razón vive feliz y confiada. Esto la lleva a tener mejores relaciones con su esposo, jefes, hijos y con cualquier persona que la rodea.

Versículos que ministraron a mi vida:

Efesios 5:22-23 *"Las casadas estén sujetas a sus propios maridos, como al Señor. Pero el marido es cabeza de la mujer, así como Cristo es cabeza de la iglesia, su cuerpo, y es él es su Salvador."*

1 Corintios 11:03 *"Pero que sepáis que la cabeza de todo varón es Cristo, y la cabeza de la mujer es el hombre, y la cabeza de Cristo es Dios."*

Colosenses 3:18 *"Las casadas estén sujetas a sus propios maridos, como conviene en el Señor."*

1 Pedro 3:1-2 *"Asimismo vosotras, mujeres, estad sujetas a vuestros maridos, para que también los que no creen a la palabra, sean ganados sin palabra por la conducta de sus esposas, considerando vuestra casta y respetuosa manera de vivir."*

Una mujer hermosa se caracteriza por ser servicial.

La mujer servicial siempre está dispuesta a servir a los demás. Es de buen corazón y generosa. Siempre está dispuesta a dar una mano al necesitado, es útil y trabajadora. Las personas aman su presencia ya que saben que ella siempre estará dispuesta a ayudar sin importar la situación. Todos pueden contar siempre con su corazón servidor.

Versículos que ministraron a mi vida:

Proverbios 31:17 *"Decidida se ciñe la cintura y se apresta para el trabajo."*

Proverbios 31:20-21 *"Alarga su mano al pobre, Y extiende sus manos al menesteroso."*

Proverbios 31:21 *"No tiene temor de la nieve por su familia, Porque toda su familia está vestida de ropas dobles."*

Una mujer hermosa se caracteriza por ser inteligente.

La mujer inteligente y sabia, busca la palabra de Dios en todo momento antes de tomar decisiones. Desarrolla la mente de Cristo y tiene la capacidad de pensar y considerar situaciones distinguiendo claramente lo bueno de lo malo. La mujer sabia siempre busca agradar

295

a Dios y cuida lo que sale de su boca. Por esta razón, las personas la buscan para pedirle consejo ya que admiran su discernimiento.

Versículos que ministraron a mi vida:

Proverbios 31:26 *"Abre su boca con sabiduría, Y la ley de clemencia está en su lengua."*
Proverbios 14:1 *"La mujer sabia edifica su casa; mas la necia con sus manos la derriba."*

La Biblia está llena de muchas otras características que conforman a la mujer hermosa. Búscalas y anímate tú también a ser esa bella mujer que siempre busca agradar a Dios.

Pasos Para Ser Una Mujer Hermosa

Para ser mujeres hermosas, solo se requiere de cuidar nuestro corazón y saber manejar nuestro carácter. Es fundamental que estés constantemente examinando tu corazón ya que el Señor nos dice en **Proverbios 4:23** que de él emana la vida.

Los siguientes pasos te ayudarán a mantener la actitud correcta para siempre ser una mujer hermosa:

Paso I

Evalúa tu carácter.

Es importante prestar atención a nuestras actitudes diarias. Nuestras actitudes nos muestran el estado de nuestro corazón. Si tú vas por la vida tratando a las personas sin respeto, siendo arrogante, inventando calumnias o imponiendo tu voluntad; no encontrarás agrado ante los ojos de Dios.

Ser hermosa nace desde nuestro corazón y es él quien forma nuestro carácter. Cuando tú pasas tiempo con Dios y leyendo Su palabra, Él te enseña y te muestra las áreas de tu carácter en las que debes trabajar. La mejor manera de evaluar tu carácter, es observando tus actitudes con las demás personas.

296

También, puedes prestar atención a lo que tus seres queridos y las personas con las que **más** pasas tiempo han dicho de ti últimamente. ¿Te han notado de mal genio, agresiva o egoísta? Eso quiere decir que hay algo en tu carácter que no está bien y qué debes mejorar.

¡Recuerda siempre que tu meta es agradar a Dios!

Actividad:

Haz una lista de las áreas en tu carácter y actitudes que te gustaría cambiar. Piensa en todo aquello que El Señor te ha dicho que necesitas mejorar.

_____

_____

_____

_____

Paso II

Indaga qué dice la palabra de tus actitudes actuales.

La palabra de Dios siempre nos confronta con la verdad y nos ayuda a reconocer las áreas que necesitamos mejorar. Una vez conocemos la verdad, el Espíritu Santo nos ayudará y nos recordará cada vez que volvamos a reincidir en nuestra mala actitud.

Por eso, es fundamental siempre buscar en la Palabra de Dios y conocer qué dice Él de nuestras actitudes. Si queremos agradarlo a Él, tendremos que pasar más tiempo leyendo Su palabra y permitiendo que de versículo en versículo Él transforme nuestras vidas, mentes y actitudes. Solo así podremos ser llamadas "mujeres hermosas" por nuestro Dios.

297

Actividad:

Revisa tu lista en la actividad del paso I. Busca en la palabra de Dios que dice Él acerca de cada una de ellas y comienza a tomar acción. Escribe tu plan de acción:

_____

_____

_____

_____

_____

_____

Paso III

Busca siempre agradar a Dios y no al hombre.

Nunca trates de agradar a la sociedad, a tu jefe, tu esposo o a tus padres. Siempre busca únicamente agradar a Dios. Cuando tu agradas a Dios, estarás agradando a las demás personas también.

Nosotras agradamos a Dios con nuestras actitudes y nuestro carácter. Todas las decisiones que tomamos en la vida y todo lo que hacemos siempre deben ser para agradar a Dios. Cuando lo haces, todo te saldrá bien y serás percibida de una manera agradable por la sociedad. Te llevarás mejor con las personas que te rodean y te sentirás mucho mejor contigo misma. Sentirás el aprecio de las demás personas; las cuales te calificarán como una mujer hermosa.

Actividad:

Reflexiona en tus actitudes esta última semana y pregúntate: ¿He tratado de agradar a Dios o al hombre últimamente? Si ha sido al hombre; ¿qué piensas hacer para corregirlo? Escribe tu plan de acción:

_____

_____

_____

_____

Pensamientos Finales

Nuestra definición de cómo ser una mujer hermosa, no se debe basar en lo que el mundo dice que es. Debemos aprender y entender cómo Dios define a una mujer hermosa y basarnos en Su palabra para crear nuestro concepto. Dios siempre mira nuestro corazón y nos pide que lo cuidemos ya que es de Él que se forma nuestro carácter. Debemos respetar, amar y agradar al Señor con todas nuestras acciones y actitudes.

Debemos siempre evaluar nuestro carácter para asegurarnos que estamos complaciendo a Dios con nuestras actitudes. Debemos indagar en la palabra de Dios y buscar siempre agradarlo a Él en todo momento y en todo lugar. Nunca debemos tratar de agradar al hombre, solo a Dios. Si así lo hacemos, tendremos las características que componen a una mujer hermosa.

Nuestra motivación y empeño debe ser puesto todos los días en agradar a Dios. Cuando tu agradas a Dios con tus acciones y actitudes, las personas comenzarán también a catalogarte como una mujer hermosa; no por tu aspecto físico sino por el estado de tu corazón.

¡Recuerda siempre que eres una obra maestra, pero es tu corazón y carácter quien determinarán cuán hermosa eres!

Sé Una Mujer de Excelencia

Capítulo 28:
Excelencia

Eclesiastés 9:10
Y todo lo que te venga a la mano, hazlo con todo empeño;
porque en el sepulcro, adonde te diriges,
no hay trabajo, ni planes, ni conocimiento, ni sabiduría.

Ser una persona de excelencia significa que haces todo lo posible y lo que está a tu alcance para que lo que está en tus manos salga lo mejor posible. Es dar lo mejor de ti, sabiendo que estás utilizando todas tus capacidades, virtudes y cualidades. Excelencia es hacer todo lo que haces bien y con una buena actitud.

Como cristianas, es nuestra responsabilidad hacer todo con excelencia. Tu excelencia llamará la atención de las otras personas y se darán cuenta que hay algo diferente en ti. Tu excelencia, te separa del resto de las personas y te dará favor donde quiera que vayas. Entre más excelente eres, más influencia tendrás en las personas. Ser excelente te lleva a lugares altos, te da promociones y te ayuda a hallar la gracia y el favor de Dios. Él es quien te promueve cuando eres excelente en lo que haces.

Tú estás donde estás en estos momentos, porque Dios te necesita ahí. Él tiene un propósito y un llamado específico para ti en ese lugar y en estos momentos. Aunque no haga coherencia para ti, Dios sabe el "porqué" tienes que estar allí por ahora. Mientras esperas tu promoción, sé excelente en todo lo que hagas. Debes demostrar al Señor, que puedes ser excelente en lo pequeño para que así Él te pueda promocionar a llamados más grandes. Pero si no eres excelente con lo que tienes en tus manos en estos momentos, no podrás ser promovida. Dios está contigo y te ayuda a prosperar cuando eres excelente. Todo lo que hagas con excelencia prosperará.

La palabra de Dios nos dice en **Colosenses 3:23** *"Hagan lo que hagan, trabajen de buena gana, como para el Señor y no como para nadie en este mundo"*. Cuando tu trabajas para El Señor y no para tu jefe, tu compañero o tu profesor; sentirás el deseo de trabajar con excelencia. Todo lo que hagas hazlo para El Señor.

La excelencia abre puertas

En muchas ocasiones en mi vida, he visto cómo el ser excelente ha abierto puertas de oportunidades en diferentes lugares. He visto cómo la excelencia me ha llevado a obtener puestos y a ganarme el favor de las personas debido a mi buena actitud. En el mundo corporativo todo es competitivo, y muchas veces necesitas conocer a alguien en una posición más alta para poder predominar.

En mi caso, nunca necesite conocer a nadie, primero que todo porque soy la hija del Rey y Señor de todas las cosas, y también porque mi excelencia ganó la atención de todos. Pude obtener ascensos rápidos en los trabajos y lograr llegar rápidamente a donde me proponía debido a mi excelencia. Pero no toda mi experiencia laboral fue así.

Mi primer trabajo fue en un supermercado, en el cual no me sentía feliz ni orgullosa de lo que hacía. Trabajaba en el departamento de heladería y recuerdo que todos los días eran un martirio para mí. Iba a trabajar solo porque necesitaba el cheque para pagar mi universidad y mis gastos, pero no prestaba el menor interés, ni ponía excelencia en nada de lo que hacía. Todo lo hacía rápido y mediocremente, sin ponerle amor. Mi actitud con los clientes era terrible y siempre estaba pendiente del reloj, esperando la hora de salir.

Solo trabajaba bien y eficientemente cuando el jefe estaba a mi lado o cuando sabía que me estaban observando. El resto del tiempo, hacía todo de mala gana y sin poner el menor esfuerzo. Pero un día, El Señor confrontó mi comportamiento y me enseñó algo que hasta ahora guardo muy profundamente en mi corazón.

El Señor me ministró por medio de **Colosenses 3:23** *"Hagan lo que hagan, trabajen de buena gana, como para el Señor y no como para nadie en este mundo"*. En ese momento entendí que haga lo que haga sin importar quién me esté mirando, Dios siempre está ahí. Así mis jefes no pudieran ver el mal trabajo que estaba haciendo, Dios si lo estaba viendo y no estaba complacido conmigo. Entendía que hasta que no cambiara mi actitud y empezara a dar lo mejor de mí, Él no me podría promover.

A partir de ese día, comprendí el concepto de hacer todo lo que hacemos como si fuera para El Señor y no para el hombre. Al final del día, las cuentas de mis acciones se las tendré que rendir a Dios y no a un humano. Desde ese momento comencé a trabajar con excelencia no solo en el trabajo, sino también en la universidad, en mi hogar y en todo lo que hacía. Comprendí que Dios estaría complacido conmigo si era excelente y daba lo mejor de mí. También comprendí, que haga lo que haga nunca podré esconderme de Dios, Él siempre sabrá las intenciones de mi corazón.

A partir de ese día, mis actitudes cambiaron. Ahora atendía a los clientes con una sonrisa, me esforzaba por terminar todo bien y con excelencia. En un par de meses me pusieron de supervisora y en menos de un año ya tenía la posición de gerente. Me pregunto dónde estaría ahora si no hubiese atendido y obedecido la corrección de Dios ese día.

Es importante como cristianas vivir una vida íntegra y de excelencia. Ya que somos la representación de Jesús en la tierra. Debemos comportarnos de esta manera, aunque creamos que nadie nos esté observando; recuerda que Dios te está observando. Él conoce las intenciones de tu corazón y que tanto te estás esforzando en realidad, para ser excelente en lo que haces.

Cuando haces las cosas con excelencia, todo te sale bien y recibes bendiciones de Dios como recompensa a tu comportamiento. Dios nos llamó a ser personas de excelencia y ese es el ejemplo que Jesús siempre nos dió. Hoy comprendo que, si no hubiese aprendido a ser excelente con las pequeñas cosas o en lo que no me agradaba hacer, Dios nunca hubiese podido promoverme.

Sé excelente donde quiera que te encuentres y recibirás la gracia y el favor de Dios. ¡Dios tiene planes maravillosos para ti!

Pasos Para Ser Una Mujer Excelente

Ser excelente te abrirá puertas donde quiera que vayas. Hallarás la gracia y el favor de Dios en tu vida y te llenará de mucho gozo y satisfacción. Debemos ser excelentes en todo momento y en todo lugar sin importar las circunstancias. Debemos trabajar siempre para Dios y no para el hombre, solo así lograremos llegar a los lugares altos que El Señor tiene preparados para nosotras.

Los siguientes pasos te ayudarán a estar segura que siempre estás dando lo mejor de ti:

Paso I

Pon atención a tus intenciones.

Una de las primeras cosas que debemos tener en cuenta son nuestras intenciones. El Señor conoce las intenciones de nuestro corazón y ellas son las que nos motivan a hacer todo con excelencia.

Si tus intenciones son ir al trabajo solo para recibir un cheque, esto se verá reflejado en tus actitudes y terminarás haciendo un trabajo mediocre. Pero si tus intenciones son agradar a Dios en todo lo que haces y llegas agradecida a tu trabajo porque tienes un empleo fijo y quieres conservarlo y dar lo mejor de ti; tus actitudes cambiarán y las intenciones de tu corazón estarán en el lugar correcto.

303

Pon siempre atención a tus intenciones y ajústalas de manera que puedas agradar a Dios. Cambia la manera que hablas acerca de tu trabajo (o en lo que sea que necesitas ser más excelente) habla de una manera positiva. Verás cómo tu actitud y tus acciones cambiarán.

Actividad:

1. Haz una lista de tus acciones y lo que Dios ha puesto en tus manos.

   _____

   _____

   _____

   _____

   _____

2. Evalúa y medita en tus intenciones para cada acción de esta lista. ¿Por qué haces lo que haces?

   _____

   _____

   _____

   _____

Paso II

Trabaja siempre para Dios.

No importa el tipo de trabajo que estés haciendo o dónde estés; ya sea en tu hogar, en el supermercado, cuando estás sirviendo de voluntaria o haciendo los quehaceres del hogar; trabaja siempre para Dios y no para el hombre.

304

Recuerda siempre que Dios te observa y no hay nada que puedas ocultar de Él. Siempre da lo mejor de ti en todo momento y en todo lugar. Cuando el Espíritu Santo te corrija en algo que estés haciendo mal o cuando te muestre que no estás siendo excelente en lo que haces, corrígete inmediatamente.

Esto se aplica a todas las áreas de tu vida, por ejemplo: tus finanzas, tu salud, tu hogar, tu relación con Dios y con los demás. Siempre recuerda que todo lo que tienes es porque Dios te lo ha dado y Él confía que tu harás un excelente trabajo para manejarlo bien. Demuéstrale a Dios que Él puede estar orgulloso de ti ya que tú estás haciendo un excelente trabajo con todo lo que haces.

Actividad:

1. Revisa cada acción que seleccionaste en la actividad del paso I. Pregúntate: ¿Para quién estoy trabajando?

2. Asegúrate de convencerte de que cada acción que tomarás de ahora en adelante será para Dios.

Paso III

Edúcate.

Ser excelente a veces requiere que aprendamos nuevas habilidades. Por ejemplo: si eres nueva en un país, necesitarás aprender el nuevo idioma para salir adelante. Si eres nueva en un trabajo, necesitarás aprender todo lo necesario para sobresalir en tu nueva posición. Si necesitas aprender algo que sabes te ayudará a sobresalir en lo que haces, entonces edúcate.

Todos los días cuando lees la palabra de Dios te estás educando para poder llevar una vida exitosa y en obediencia a Él. De la misma manera demuestras excelencia cuando decides estudiar para mejorar tus habilidades en lo que El Señor ha puesto en tus manos. Entre más sepas, más sobresaldrás en lo que haces. La educación es una llave que te abrirá las puertas del éxito.

Actividad:

1. Revisa cada acción que seleccionaste en la actividad del paso I. Pregúntate: ¿Necesito más educación en estas áreas? S/N

2. Si la respuesta es sí, pregúntate: ¿Cuáles son los nuevos pasos a tomar? Escribe tu plan de acción:

_____

_____

_____

_____

Pensamientos Finales

Tu agradas a Dios y recibes Su gracia y favor donde quiera que vayas cuando eres excelente en lo que haces. Ser una persona de excelencia significa que trabajas siempre para Dios sin importar quien esté presente. Eres excelente cuando haces todo lo que haces bien y con una buena actitud.

Dios tiene un propósito y un llamado específico para ti en este momento y depende de tu excelencia al hacer las cosas que tan rápido seas promovida. Debes demostrar al Señor que puedes ser excelente en lo pequeño para que así Él te pueda promover a llamados más grandes. Pero si no eres excelente con lo que tienes en tus manos en estos momentos, no podrás ser promovida.

La manera que puedes ser excelente en todo lo que haces, es prestando siempre atención a tus intenciones y asegurándote de que estás agradando a Dios con ellas. Recuerda siempre que Dios te está observando y que debes trabajar para Él y no para el hombre. Si te educas en las áreas donde sabes que necesitas más habilidad, te ayudará a crecer rápidamente y obtendrás más sabiduría.

306

Sé Una Mujer de Excelencia

Cuando eres excelente en todo lo que haces, ves la mano de Dios moverse de una manera sobrenatural en tu vida. Hallas favor y gracia donde quiera que vas.

Sé una mujer de excelencia y trabaja siempre para tu Padre Celestial. ¡Él te promoverá!

Sé Una Mujer Llena de Expectativas

Santiago 5:7

Por tanto, hermanos, tengan paciencia hasta la venida del Señor. Miren cómo espera el agricultor a que la tierra dé su precioso fruto y con qué paciencia aguarda las temporadas de lluvia.

La palabra de Dios está llena de promesas para tu vida. Es tu decisión llevar una vida llena de expectativas o no. Hay dos actitudes que podemos asumir mientras esperamos las promesas de Dios: ser impaciente o estar llenas de expectativas. Tener expectativas, es cuando sabemos con certeza que lo que estamos esperando sucederá. Sin importar por que situaciones estés pasando en estos momentos, Dios ya declaró victoria sobre tu situación.

No debemos desanimarnos cuando las cosas no salen como esperábamos o no recibimos lo que queremos de inmediato. Dios tiene un plan maravilloso para cada una de nosotras. A Su tiempo, y cuando estemos preparadas para recibirlo, nos dará lo que deseamos. Por nuestra parte, lo único que debemos hacer, es creerle con todo nuestro corazón y esperar Su momento.

308

Debemos ser positivas, declarar las promesas de Dios todos los días y actuar como si ya las hubiésemos recibido. Cuando tú te preparas para recibir las promesas de Dios, le estás demostrando que crees que las vas a recibir. La palabra de Dios nos dice en **Santiago 2:14** que la fe sin acciones es muerta. Todo aquello que le estés pidiendo a Dios en oración, proclama y actúa como si ya lo hubieras recibido. Si estás diciendo que le crees a Dios, pero tus acciones y tus palabras dicen lo contrario, tu fe no es válida. Si estás orando, hablando y proclamando las promesas de Dios para tu vida todos los días, pero tienes una actitud negativa mientras esperas, lo único que lograrás es retrasar tu respuesta.

Haz planes en tu vida como si ya hubiese sucedido. El Señor nos promete en **Jeremías 29:11** *"Porque yo sé los planes que tengo para ti dice El Señor, planes de bienestar y no de calamidad para darte un futuro y una esperanza."* Lleva una vida llena de expectativas creyéndole al Señor Sus promesas. Si estas creyéndole al Señor por un esposo, comienza a planear tu matrimonio. Si estas creyéndole al Señor por restauración en tu matrimonio, comienza a planear tu próximo aniversario. Si le estás creyendo al Señor por sanidad para tu cuerpo, comienza a actuar y a creer que ya has sido sana. Sin importar lo que veas, sientas o escuches, siempre pon tus expectativas en las promesas de Dios y permite que Él actúe por medio de tu fe.

¡Prepara tus expectativas en el presente para recibir las grandes promesas que Dios tiene para tu futuro!

Actúa como si ya existiera

El Señor quiere bendecirte y concederte hasta los más pequeños e íntimos deseos de tu corazón. Tu expectativa te lleva a otro nivel en tu fe y es allí cuando comienzas a experimentar una actitud diferente mientras esperas por tu bendición.

Al paso de mi caminar con El Señor, entendí que hay una gran diferencia entre ser positiva y tener expectativas. Ser positiva significa que eres optimista por tu futuro y tener expectativas significa que actúas como si ya existiera. En otras palabras, le estás creyendo a Dios que a Su tiempo te dará lo que deseas. Por ejemplo: si estás en el proceso de comprar una casa y El Señor ya te dijo que era para ti, pero

309

a última hora el banco te dice que no te puede dar el préstamo, tus expectativas harán que tu fe se eleve en esos momentos de duda. Cuando le crees a Dios y eres positiva, empezarás a declarar que esa casa es tuya y a imaginarte viviendo en esa casa; lo que te ayudará a sentirte mejor. Pero cuando tienes expectativas, tu fe pasa a otro nivel. Estarás segura que Dios te dará lo que te prometió. Comenzarás a comprar muebles para decorar y amueblar tu nuevo hogar, ya que tienes la certeza de que esa casa será tuya.

También he aprendido que es nuestra responsabilidad vivir una vida llena de expectativas. Cuando ponemos algo en las manos de Dios, debemos tener la certeza que Él ha escuchado nuestra oración y a Su tiempo Él nos dará lo que le hemos pedido. Así pase el tiempo y no veas nada aún. Así te llame otro banco a decirte que fuiste negada, recibas otro reporte del médico con malas noticias, o simplemente veas otro mes pasar y no has conocido al amor de tu vida; siempre recuerda *2 Corintios 5:7* donde nos dice que debemos caminar por fe y no por lo que vemos.

Si todo el tiempo recibiéramos buenos reportes o nos saliera todo exacto como lo deseáramos, no necesitaríamos tener fe. Es tu decisión y responsabilidad comenzar a creer, declarar y actuar de tal manera en tu vida, que demuestras a Dios que le crees, que Él concederá tus deseos. Debemos actuar siempre como si ya existiera, reconociendo que la palabra de Dios es verdadera y eterna. Él quiere cumplir hasta los deseos más íntimos de tu corazón.

En el fondo de mi corazón me hubiese encantado haber pasado la luna de miel en Hawai con Chris, pero cuando nos casamos, éramos dos jovencitos que apenas estábamos comenzando la universidad y no estaba en nuestro presupuesto un viaje de esta magnitud. El deseo de ir a Hawái siempre estuvo en el fondo de mi corazón, mas no era una meta a la que quería llegar desesperadamente. Por lo tanto, nunca hablaba de ella ni llegué a mencionárselo a Chris. Pero Dios conocía mis deseos.

Cada vez que se acercaba un aniversario, algo dentro de mí me hacía recordar mi deseo de ir a Hawái y lo lindo que sería para Chris y para mí poder disfrutar de esa experiencia. Siempre hubo otros gastos más importantes en que invertir nuestro dinero. Sabía que, si era la voluntad de Dios que Chris y yo fuéramos a Hawái, Él lo haría realidad a Su tiempo.

310

Para nuestro tercer aniversario, Chris y yo estábamos mirando diferentes opciones para celebrarlo; por lo general, siempre salimos a cenar. Pero esta vez, Chris me dijo: "¿Qué tal si hacemos algo diferente y celebramos en grande este aniversario?" "¿Por qué esperar hasta un número especial para celebrar en grande?"

En esos momentos con mucha emoción y entusiasmo, puse esa decisión en las manos de Dios y al instante sentí paz. Sabía que había llegado el día que El Señor haría ese deseo realidad. El Señor estaba a punto de enseñarme con esta experiencia a ser una mujer llena de expectativas.

Después de ese día, todas mis conversaciones con Chris se volvieron Hawái. Cada momento que teníamos libre buscábamos hoteles, tiquetes y hacíamos cuentas para encontrar buenos descuentos; pero los precios eran imposibles. Todo parecía estar siempre fuera de nuestro presupuesto lo que indicaba que no podríamos ir a Hawái en esta oportunidad. Pero yo sabía que para Dios nada era imposible y Él nos ayudaría a encontrar todo a un costo razonable. Sin importar lo que viera o escuchara, todos los días era positiva y proclamaba la promesa de Dios, que para ese aniversario estaríamos en Hawái.

Una tarde, Chris me llamó y me dijo que había encontrado un paquete de viaje que incluía un hotel hermoso con desayuno complementario diario, los tiquetes de vuelo y hasta servicio de transportación en Maui, Hawái. El paquete se ajustaba a nuestro presupuesto. En ese momento supe que mi fe había movido la mano de Dios.

Este fue un regalo de Dios para nuestro aniversario. Convencidos de que el viaje era una realidad, miramos las fechas y el paquete era por 15 días, pero debíamos hacer la reservación rápido ya que había cupos limitados y se estaban vendiendo rápido. Lo único que necesitábamos para poder reservar, era pedir permiso en nuestros trabajos para que a los dos nos dieran los 15 días de vacaciones. Estábamos felices con Chris de saber que Hawái ya era un hecho. Pero lo que yo no sabía era que mi fe estaba a punto de ser elevada a otro nivel.

Al siguiente día cuando presenté la petición a mi jefe para los 15 días de vacaciones, inmediatamente me dijo que sí. Y muy emocionada y agradecida con El Señor, llamé a Chris a dejarle saber que por mi parte podíamos reservar las vacaciones esa misma noche. Pero me encontré con la noticia de que a Chris lo necesitaban justo en esa semana en el trabajo para una reunión importante. Su jefe iba a llevar su petición a la directora del departamento para su aprobación. Me dijo que su jefe le había dicho que no se hiciera esperanzas porque la directora había dado la orden de que todos debían estar presentes esa semana. Para sumar al problema, su directora estaba de vacaciones y regresaba en una semana.

Recuerdo que en ese momento me dije a mi misma: "Tengo dos opciones, ser impaciente y pesimista, o creer en la promesa de Dios que este aniversario estaremos en Hawái;" Y decidí creerle al Señor con todo mi corazón. Pero durante esa semana de espera, el enemigo constantemente traía duda y me atormentaba. A veces me sentía impaciente y nerviosa de pensar que podríamos perder los cupos o que su directora dijera que no. No quería perder esa oportunidad que por meses habíamos estado buscando.

Entonces decidí estudiar más a fondo la palabra de Dios acerca de Sus promesas y cómo podemos tener más fe y paciencia mientras esperamos. Quería aprender cómo podemos mantener nuestra esperanza de que todo va a salir bien cuando las circunstancias nos dicen lo contrario. Fue allí donde descubrí que debemos vivir una vida llena de expectativas. Aprendí que nuestras expectativas llevan nuestra fe a otro nivel.

Durante esa semana de espera, no solo era positiva en lo que pensaba y decía, proclamando que Chris hallaría gracia ante los ojos de la directora; sino también empecé a tomar acción como si ella ya hubiese dicho sí. Sabía que Dios había dicho si y nadie más podía cambiar esa decisión.

Esa misma semana empecé a empacar y preparar todo para el viaje. Compramos los vestidos de baño y hasta pusimos plata para reservar los tiquetes. Comencé a actuar con certeza y seguridad de que todo iba a salir bien porque estaba creyendo en la promesa de Dios. A la semana, recibí una llamada de Chris en mi oficina con la buena noticia que la directora había dicho que sí.

Lo que aprendí y experimente durante esa semana de espera, me ha llevado hoy a vivir una vida llena de expectativas. Sé con certeza

Diana Bryant

que si Dios concede un deseo tan profundo y pequeño en nuestro corazón cuando menos lo esperamos; Él también hará realidad todas Sus grandes promesas. Ahora, así tenga que esperar 1 día o 20 años para recibir Su respuesta espero con expectativas los planes maravillosos que Él tiene preparados para mí.

¡Vive una vida llena de expectativas y eleva tu fe a otro nivel!

Pasos Para Ser Una Mujer Llena de Expectativas

La palabra nos dice que sin fe es imposible agradar a Dios, pero también nos dice que la fe sin obras es muerta. Llevar una vida llena de expectativas nos ayudará a elevar nuestra fe a otro nivel y a tener confianza al tomar acción sabiendo que Dios cumplirá Sus promesas.

Los siguientes pasos te ayudarán a llevar una vida llena de expectativas:

Paso I

Pon tus expectativas solo en Dios.

Es muy importante poner nuestras expectativas solo en Dios y Sus promesas para nuestra vida. Nunca pongas tus expectativas en las circunstancias, noticias, reportes o en otras personas. Para agradar a Dios, debes tener fe en Él y creer en Sus promesas para tu vida.

Tú pones tus expectativas en las manos de Dios, cuando de todo corazón crees que a Su tiempo recibiras lo que Él te ha prometido. Sin importar lo que los demás te digan o lo que las circunstancias te estén diciendo en el momento, tú sabes que Dios ya dijo *"Sí y amén"*. Ahora solo tienes que esperar para recibirlo a Su tiempo. Mientras esperas, es importante que no solo pienses y declares la promesa de Dios, sino también actúa como si ya lo hubieses recibido.

Actividad:

Haz una lista de todas las promesas que Dios tiene para tu vida y que aún no has visto materializarse.

_____   _____

_____   _____

_____   _____

Revisa la lista que acabas de crear. Para cada una de ellas, escribe de qué manera demostrarás a Dios que tu fe ha sido elevada y que de ahora en adelante tus expectativas estarán puestas en Él. ¿Cuáles serán tus nuevas acciones?

_____

_____

_____

_____

_____

_____

Paso II

Agradece a Dios mientras esperas.

Es importante dar gracias a Dios por Sus promesas todos los días; especialmente cuando las cosas no salen como lo esperabas. Cuando recibas un reporte negativo del doctor, veas otra puerta cerrarse en lo que quieres lograr o cuando veas que un día más pasó y no has visto la promesa de Dios materializarse en tu vida; solo agradece a Dios. Dile que tú sabes que Su tiempo es perfecto, dile que tú no le crees a lo que este mundo te dice, sino a lo que Él te promete.

314

Cuando mantienes una actitud de gratitud ante Dios por todas Sus promesas para tu vida (aunque no las veas todavía) le estás demostrando a Dios que tienes fe. En días donde te lleguen reportes que no esperabas, corre a Dios, lee Su palabra y recuerda las promesas que Él tiene para ti. Agradece a Dios en todo momento sin importar lo que estés pasando, Su plan es perfecto. El agradecimiento te lleva a retomar las fuerzas para seguir luchando y te llena de nuevas expectativas para tu vida.

Actividad:

Revisa la lista que creaste en la actividad del Paso número I. ¿Cuáles son las promesas de Dios para cada una de ellas?

_____

_____

_____

_____

_____

_____

¡Dale gracias a Dios todos los días por cada una!

Paso III

Decide vivir en el tiempo de Dios.

El tiempo de Dios es diferente al nuestro. Cuando un niño de 10 años le pide a su padre las llaves del automóvil para manejar, el niño se siente listo y capaz de poder hacerlo, pero el padre sabe que aún no es el tiempo. De igual manera sucede con nuestros deseos, muchas

315

veces nos sentimos listas y preparadas para recibir la bendición que estamos esperando, pero El Señor sabe que no es tiempo todavía.

Cuando aprendes a vivir en el tiempo de Dios y no en el tuyo, tus expectativas cambian. Sabes que si sucederá, porque Dios ya lo prometió, pero todo se hará en el tiempo de Dios para tu propio bien. La mejor manera de saber que estás viviendo en el tiempo de Dios y no en el tuyo, es esperar solo en Él. Cuando estás a punto de hacer esa llamada al doctor, al banco o de recibir una respuesta, solo di *"Señor en ti y en tu tiempo perfecto yo confió. Que se haga solo tu santa voluntad."* De esa manera dejarás tus expectativas en Sus manos y recibirás Su voluntad en el momento. Si la respuesta no era lo que esperabas, dale gracias a Dios por hacer Su voluntad en tu vida y sigue esperando Su tiempo perfecto.

Recuerda siempre que cuando las cosas no salen como esperabas o a tu tiempo, no significa que no lo obtendrás. Solo significa que debes esperar un poco más ya que no es tu tiempo todavía para manejar ese automóvil.

=====

Actividad:

Revisa la lista que creaste en la actividad del Paso número I y pregúntate: ¿Estoy viviendo en el tiempo de Dios? S/N

Si tu respuesta es no en algunas de ellas, ¿Qué piensas hacer al respecto? Escribe tu plan de acción:

_____

_____

_____

=====

Paso IV

Comparte tus expectativas.

Para mantener tus expectativas vivas, es importante hablar de ellas constantemente. Es crucial identificar personas en nuestra vida que

316

nos puedan ayudar a mantenernos motivadas y que crean con nosotras en las expectativas que tenemos puestas en El Señor. Identifica personas que se unan contigo en oración y en creer en las promesas de Dios para tu vida.

Estas personas nos puedan ayudar a mantener nuestras expectativas puestas en Dios en momentos donde el enemigo intente traer duda a nuestra vida. También, nos pueden ayudar a hablar y actuar en Sus promesas como si ya existieran. Tus palabras tienen poder y te ayudarán a mantener tus expectativas vivas. Entre más hables de ellas, más reales se sentirán en tu vida.

Actividad:

Revisa la lista que creaste en la actividad del Paso número I. Identifica personas que podrían ayudarte a mantener viva tus expectativas para cada promesa que Dios tiene para ti.

_____   _____

_____   _____

_____   _____

Pensamientos Finales

Dios nos promete que a Su tiempo veremos realizadas todas las promesas que Él tiene para nuestra vida. Es nuestra decisión, cómo nos comportamos y qué actitudes tomamos mientras esperamos. Tener expectativas es cuando sabemos con certeza que lo que estamos esperando sucederá sin importar por qué situaciones estemos pasando en esos momentos. Dios ya declaró victoria sobre tu vida y tus situaciones, solo tienes que creerlo y actuar como si ya existiera.

Tú vives una vida llena de expectativas, cuando pones tu esperanza sólo en Dios y agradeces a Él mientras esperas. Tus expectativas se hacen más fuertes cuando decides vivir en el tiempo de Dios y no en el tuyo; cuando compartes tus expectativas con los demás y las haces parte de tu vocabulario y tu vida diaria.

Cree en las promesas de Dios; cree cuando te dice en **Jeremías 29:11** *"Porque yo sé los planes que tengo para ti, dice El Señor, planes de bienestar y no calamidad para darte un futuro y una esperanza."* Lleva una vida llena de expectativas creyendo siempre en Sus promesas. Sin importar lo que veas, sientas o escuches, siempre pon tus expectativas en las promesas de Dios y permite que Él actúe por medio de tu fe. Haz planes en tu vida como si ya existieran.

Tú puedes gozar de tu vida mientras esperas en el tiempo de Dios. Solo tienes que llevar una vida llena de expectativas y a Su tiempo veras Sus promesas y tus deseos hechos realidad. ¡Goza de los planes que Dios tiene para tu futuro!

Sé Una Mujer Que Espera

Capítulo 30: Espera

Salmos 46:10

Quédense quietos, reconozcan que yo soy Dios.

Si quieres dar buenos frutos en tu futuro, algunas veces debes quedarte quieta. Hay momentos en la vida donde debemos tomar acción y otros donde debemos quedarnos quietas y esperar la voluntad de Dios. Necesitamos tener sabiduría para distinguir un momento del otro. Cuando nos quedamos quietas y esperamos en Dios, descubrimos Su poder en nuestras vidas.

Muchas veces nuestras propias acciones hacen que Dios se detenga y tengamos que esperar más tiempo para ver frutos y hallar Su voluntad en nuestra vida. Hay diferentes ocasiones donde El Señor nos pide que nos quedemos quietas y esperemos. Aquí hay algunos ejemplos:

Cuando intervenimos en Sus planes imponiendo nuestra voluntad.
Cuando Dios está trabajando y mejorando alguna área de nuestra vida.
Cuando la decisión que estamos tomando no es la correcta.

319

Cuando nos pide que cambiemos alguna actitud.

Cuando nos pide que dejemos alguna amistad, adicción o mal hábito.

Cuando los frutos que estamos dando no son buenos.

Cuando estamos muy ocupadas en la vida y no tenemos tiempo para Él.

Cuando estamos preocupadas por el mañana.

Cuando no podemos oír Su voz debido a nuestro afán.

Cuando estamos haciendo algo que no le agrada a Dios.

Eclesiastés 3:1 nos dice: "*Todo tiene su momento oportuno; hay un tiempo para todo lo que se hace bajo el cielo*" Todo tiene su tiempo y el tiempo de Dios es perfecto. Así como debemos tomar acción en todo lo que El Señor ponga en nuestras manos, también debemos quedarnos quietas cuando Él nos lo pida, sin importar lo doloroso que sea o lo que nos cueste.

¡Obedece la voluntad de Dios cuando te pida quedarte quieta y reconoce que Él es Dios!

Un árbol que da muchos frutos

En muchas ocasiones El Señor me ha pedido que me quede quieta. Me ha pedido dejar amistades que no me conviene, abandonar multitud de hábitos y actitudes, y en otras ocasiones me ha pedido que no imponga mi voluntad. Con los años, he aprendido a escuchar la voz de Dios y obedecer cuando me pide esperar o quedarme quieta.

Algunas veces encontrarás fácil obedecer al llamado de Dios a quedarte quieta, pero otras veces será muy difícil y doloroso hacerlo. Yo he experimentado multitud de veces ese dolor y he sido tentada muchas veces a tomar acción y moverme. En esos momentos, he visto como mi desobediencia ha hecho parar los frutos y bendiciones en mi vida.

Cuando Dios nos llama a hacer algo, así sea quedarnos quietas, es importante obedecer a Su llamado inmediatamente. Cuando Dios te llama a hacer algo, es en esos momentos que recibirás Su gracia y unción para completar lo que Él te está pedido que hagas. Al pasar de los años, he aprendido a obedecer a Dios cuando Él me pide quedarme

320

quieta. Hubo una época donde él me pidió quietud y era tan doloroso, que lo único que yo quería era correr. Pero entendía, basada en mi experiencia, que Su llamado era ahora y ese era mi tiempo de gracia. Sabía que, aunque fuera doloroso, Él me fortalecería y me ayudaría en el proceso.

Primero, El Señor comenzó ministrándome por medio de **Juan 15:3-8** *"Ustedes ya están limpios por la palabra que les he comunicado. Permanezcan en mí, y yo permaneceré en ustedes. Así como ninguna rama puede dar fruto por sí misma, sino que tiene que permanecer en la vid, así tampoco ustedes pueden dar fruto si no permanecen en mí. Yo soy la vid y ustedes son las ramas. El que permanece en mí, como yo en él, dará mucho fruto; separados de mí no pueden ustedes hacer nada. El que no permanece en mí es desechado y se seca, como las ramas que se recogen, se arrojan al fuego y se queman. Si permanecen en mí y mis palabras permanecen en ustedes, pidan lo que quieran, y se les concederá. Mi Padre es glorificado cuando ustedes dan mucho fruto y muestran así que son mis discípulos."*

Con esta enseñanza el Señor me ministró que apartada de Él no podré hacer nada. Que debía siempre permanecer en la vid y nunca moverme si quería dar buenos frutos. Comprendí que, así como toda rama que es separada de un árbol muere, así pasaría conmigo si decidía moverme y alejarme de la vid. Comprendí, que de la única manera que podría ser completamente feliz, era manteniéndome quieta y conectada a la vid. Decidí en cada momento asegurarme de que sigo conectada a la vid y nunca moverme de ese lugar. El siguiente llamado que me hizo a quedarme quieta, si fue muy doloroso.

Después de haber ministrado a mi vida la importancia de siempre estar atada a la vid, El Señor prosiguió a ministrarme y a prepararme con **Juan 15:2** *"Toda rama que en mí no da fruto, la corta; pero toda rama que da fruto la poda para que dé más fruto todavía."* Para que una rama se ponga fuerte y de más fruto debe ser podada. Dios me estaba advirtiendo que estaba a punto de ser podada y que debía permanecer en la vid y quedarme quieta mientras Él me podaba. Estaba lejos de imaginar cómo El Señor me iba a podar, pero cuando lo descubrí un par de días después, me di cuenta lo doloroso que sería. Como había decidido obedecer al Señor, permanecer quieta y esperar durante el proceso; Él me dio la gracia para salir victoriosa.

Un par de días después, El Señor comenzó a mostrarme diferentes áreas de mi vida que debía cambiar. Cosas como malas actitudes, malos hábitos y hasta cosas de mi pasado que aún no había enfrentado y estaban en mi corazón, comenzaron a rodar como una película. Dios comenzó a mostrarme todo lo que yo estaba haciendo que no le agradaba y me decía que para dar más frutos debía quedarme quieta, escuchar y luego tomar acción. Mientras Él me mostraba esa película, yo sentía mucho dolor, incomodidad y arrepentimiento. No me gustaba ver las cosas en las que estaba fallando y lo único que quería hacer era parar esa película y correr para no tener que enfrentar lo que Dios me estaba mostrando. Pero mi decisión de obedecerlo me ayudó a salir rápidamente del fuego.

Cuando salí del fuego por el cual el Señor me pasó, comencé a ver como mi vida daba más frutos. Lo podía escuchar a Él con mucha más claridad y Él llevó mi vida, mi matrimonio y mi ministerio a un nivel más alto. Cuando hay cosas en nuestra vida que no nos permiten dar fruto, Dios las corta y es allí donde debemos quedarnos quietas y permitir que Él trabaje.

Dios te ama tanto que Él nunca va a permitir que te quedes igual o en el mismo lugar que siempre has estado. Él quiere que des frutos y podarte para que cada vez tus frutos sean mejores. Pero cuando Él nos está podando, es importante permanecer ahí y cambiar en lo que Él nos pide que cambiemos.

Debemos tener un oído atento cuando el Señor quiere que nos movamos y cuando Él quiere que nos quedemos quietas. **Romanos 8:28** nos dice que El Señor trabaja todo para nuestro bien, así es que no tengas miedo de tomar acción o permanecer quieta cuando Él te lo ordene.

Si sientes que no puedes escuchar bien la voz del Señor; quédate quieta, deja tu voluntad a un lado y bájale el volumen a tus emociones; sólo así la podrás escuchar. Muchas veces Dios nos habla por medio de circunstancias, por medio de Su palabra o simplemente por un sentimiento profundo en tu corazón. Asegúrate de estar siempre conectada a la vid y espera cuando Él te pida que te quedes quieta, no des un paso hasta que no sientas paz.

322

Pasos Para Ser Una Mujer que Espera

Permanece prendida a la vid y podrás experimentar buenos frutos en tu futuro. Cuando El Señor te pida que esperes o te quedes quieta, es porque Él está tomando el control de la situación o está haciendo algo en ti. Tu obediencia determinará el éxito del proceso. Aprende a discernir la voz de Dios para distinguir si Él quiere que tomes acción o no. Esto, solo lo lograrás pasando más tiempo con Él. Cuando permanecemos quietas y esperamos en Dios, vemos Su mano poderosa moverse en nuestras vidas.

Los siguientes pasos te ayudarán a esperar en Dios y permanecer quieta cuando Él te lo pida:

Paso I

Aprende a conocer la voz de Dios.

Es fundamental pasar tiempo de calidad con Dios para aprender a distinguir Su voz. Solo así podremos saber cuándo nos está pidiendo que tomemos acción, que esperemos, nos quitemos de la vía o nos quedemos quietas.

Entre más lees Su palabra y pasas tiempo de calidad con Él, más aprenderás a conocerlo. Sabrás qué le gusta y qué le disgusta, aprenderás cuál es Su voluntad y El propósito por el cual te pide lo que te pide. Para aprender a escuchar Su voz, es fundamental que tu relación con Dios no sea solo los domingos. Aunque parte del proceso de conocer más a Dios requiere que vayamos a la iglesia todos los domingos, nuestra relación con Dios no puede parar allí. Nuestra relación con Él debe ser diaria; debe ser un estilo de vida.

Entre más pasas tiempo con tu Creador, más aprenderás de Él y reconocerás Su voz donde quiera que vayas.

Actividad:

1. Si quieres llevar un estilo de vida cristiana y aprender a distinguir la voz de Dios; contesta las siguientes preguntas:

323

¿Vas a la iglesia todos los domingos? S/N

¿Lees la palabra de Dios todos los días? S/N
¿Pasas tiempo de calidad con Dios? S/N

¿Vas al estudio Bíblico todas las semanas? S/N
¿Buscas dirección de tus pastores cuando tienes dudas? S/N

¿Buscas agradar a Dios en todo lo que haces? S/N

¿Estás en constante comunicación con Dios durante el día en alabanza, oración y buscando la opinión de Él en todo lo que haces? S/N

¿Pasas tiempo a solas y en silencio con Dios permitiendo que Él te ministre y hable a tu corazón? S/N

2. Si tus respuestas fueron no, ¿Cuál es tu plan de acción? Escríbelo:

_____

_____

_____

_____

_____

_____

Paso II

Toma acción inmediata.

Cuando Dios te pida esperar o quedarte quieta, toma acción inmediata. No te pongas a pensar en lo doloroso o difícil que será. Recuerda que Dios está en control de todo y si Él te está pidiendo que lo hagas en esos momentos, Él te dará la gracia y las fuerzas que necesitarás para hacerlo.

Si tomas acción inmediata, quiere decir que estás en obediencia a Dios, y Él te promoverá por tus esfuerzos. Él te ayudará en el proceso y te sacará victoriosa. Algo que te puede ayudar a mantenerte motivada a tomar acción inmediata, es pensar en los beneficios que te traerá el quedarte quieta y esperar en Dios. Pídele a Dios que te ayude en el proceso y que te de sabiduría para agradarlo a Él. Cuando lo haces, sentirás el valor para lograrlo.

Toma acción inmediata y mantente firme en tu decisión hasta el final. Dios va contigo y te ayudará en el proceso.

Actividad:

Haz una lista de las cosas, actitudes, amistades, hábitos, adicciones o áreas de tu vida donde El Señor te esté pidiendo que te quedes quieta o esperes a Su voluntad. ¡Toma acción inmediata!

_____   _____

_____   _____

_____   _____

_____   _____

_____   _____

Paso III

Permite a Dios hacer Su trabajo.

Cuando imponemos nuestra voluntad, impedimos que Dios pueda tomar acción y hacer Su trabajo en nuestra vida. Una vez hayas hecho todo lo que El Señor haya puesto en tus manos, solo te resta esperar a que Él haga Su parte sobrenatural en tu vida. Solo te resta esperar Su voluntad.

Si intentas interponerte en el camino y hacer las cosas con tus propias fuerzas, lo único que lograrás es retrasar el proceso. Si Dios te está pidiendo que dejes de controlar la situación y se la entregues a Él, sé obediente y no trates de hacer el trabajo que solo Dios puede hacer. Recuerda que solo Él puede hacer lo imposible, posible.

Haz humanamente todo lo que esté a tu alcance y cuando Dios te diga es tiempo de retirarte, quédate quieta y espera que Él actúe. Se obediente ya que ese es El tiempo de Dios para actuar en tu vida y en tu situación.

¡Permite que Dios actúe!

Actividad:

Contesta las siguientes preguntas:

¿Qué te está pidiendo Dios que dejes en Sus manos?

_____

_____

¿En qué te está pidiendo Dios, que dejes tu voluntad a un lado y le permitas tomar acción para hacer Su voluntad?

_____

_____

Pensamientos Finales

Si queremos ver buenos frutos en nuestra vida y en todo lo que hacemos, siempre debemos estar conectadas a la vid. Algunas veces Dios nos pedirá quedarnos quietas y esperar; y el proceso puede que se torne doloroso e incómodo, pero El siempre promete darnos la victoria.

326

Las circunstancias avanzarán más rápido cuando obedecemos a Dios y nos quedamos quietas. Debemos dejar en las manos de Dios todo aquello que no tenemos control para cambiar o mejorar. La mejor manera de hacerlo es aprendiendo a escuchar su voz, lo cual solo logramos llevando un estilo de vida cristiano. Tomando acción inmediata a Su llamado de esperar y permitiendo que Él haga Su trabajo sin imponer nuestra voluntad, nos llevará a disfrutar de buenos frutos. Cuando nos quedamos quietos y esperamos en Dios, descubrimos Su poder en nuestras vidas.

Debemos tener un oído atento cuando El Señor quiere que nos movamos y cuando Él quiere que nos quedemos quietas. Si sientes que no puedes escuchar bien la voz del Señor; quédate quieta, deja tu voluntad a un lado y bájale el volumen a tus emociones; solo así podrás escuchar claramente lo que Él te quiere decir.

Busca la voz de Dios en medio de tus circunstancias, de Su palabra o en los sentimientos profundos de tu corazón. Si estás siempre conectada a la vid y obedeces a Su llamado de esperar cuando te lo pida, verás todo trabajar para tu favor.

Cuando Dios te pida correr, corre. Cuando Él te pida parar y esperar, para y espera. ¡Esperar la voluntad de Dios te hace una mujer sabia!

Sé Una Mujer de Acción

Capítulo 31: Acción

Proverbios 14:23
Todo esfuerzo tiene su recompensa,
pero quedarse sólo en palabras lleva a la pobreza.

Lo único que te garantizará tener un cambio en tu vida, dar frutos en todo lo que te propongas, realizar todos tus sueños y alcanzar todo lo que Dios tiene planeado para ti; es tomar acción. Así como ***Proverbios 14:23*** nos enseña, no es suficiente tener buenas intenciones y querer alcanzar un cambio en nuestras vida, es fundamental tomar acción. De otra manera, todo se quedará en palabras y no alcanzaremos todo lo que Dios tiene planeado para nosotras.

Tomar acción es simplemente hablar menos de lo que tienes que hacer y actuar rápido en ello. Por más que vayamos a la iglesia todos los domingos y leamos la palabra del Señor tres veces al día, si no aplicamos lo que estamos aprendiendo, no tendremos un cambio. Entre más conozcamos la palabra de Dios y Sus planes para nuestra vida, más responsables seremos en hacer nuestra parte para que se hagan realidad. Si no tomamos acción en las áreas que el Señor nos

328

está pidiendo que tomemos acción, nunca veremos resultados en nada. Por ejemplo: si estás leyendo este libro porque quieres ser cada día más como la mujer virtuosa de **Proverbios 31**, pero no haces las actividades y aplicas lo que estás aprendiendo; todo se quedará en palabras y no verás resultados en tu vida.

Como parte del cuerpo de Cristo que cada una de nosotras somos, es fundamental que seamos personas que tomamos acción inmediata a lo que Dios nos llama y nos pide hacer. Tú eres un equipo con el Señor. Él necesita que tú hagas tu parte natural para que así Él pueda hacer lo sobrenatural; no solo en tu vida sino en la de las personas a las que Él ha asignado para que tú seas la luz y la sal en sus vidas.

El Señor promete en **Proverbios 16:3** que si tu pones en Sus manos todas tus obras todos tus proyectos se cumplirán. Esto significa que ya tienes garantizado el éxito en tu vida y solo necesitas tomar acción. Dios ya creó el camino que debes seguir, solo debes tomar acción y comenzar a caminar.

La acción garantiza resultado

Una de las cosas más valiosas que he aprendido en mi caminar con el Señor, es la importancia de tomar acción inmediata a lo que Él pone en mi corazón. Cuando tomas acción en el momento que el Señor te habla, es en ese momento que recibirás favor para realizarlo. Tu obediencia inmediata trae una recompensa y es Su gracia, unción y favor. He descubierto que todo es mucho más fácil y rápido cuando lo hago a Su tiempo y no al mío.

Desde que el Señor me llamó a ministrar, tome el buen hábito de obedecer en TODO lo que Él me pide que haga inmediatamente. Sin importar que tan incómoda me sienta o que tan fuera de mi zona de confort esté, tomo acción inmediata pues sé que Su gracia y Su favor estarán conmigo cuando soy obediente a lo que me pide hacer. Esto me llena de confianza y valor para terminar todo lo que Él pone en mis manos. He visto Su mano moverse de manera poderosa, abrir puertas y traer recursos debido a mi obediencia.

Una tarde, el Señor puso en mi corazón comenzar a hacer videos y publicarlos en YouTube. Así ministrar a personas y ayudarles cada semana a alcanzar sus sueños y convertirse en todo lo que Él las ha llamado a ser. Mi primera reacción fue sentir temor ya que nunca había estado en frente de una cámara y ni siquiera estaba segura de lo que iba a decir, cómo lo iba ha decir o sí a las personas les iba a gustar los videos. El enemigo inmediatamente trató de impedir lo que Dios había puesto en mi corazón. Pero mi actitud fue inmediatamente controlar mis emociones y buscar agradar a Dios con lo que me estaba pidiendo que hiciera.

En esos momentos, dije "Sí" a Dios y tomé acción inmediata. Saqué una hoja y un lápiz y le dije "heme aquí Señor, qué quieres que enseñe." Por haber tomado acción inmediata, Él me dio la gracia, el favor y la sabiduría para crear el contexto de cada video, filmarlo y aprender a editarlo. En menos de un par de meses ya había cientos de mujeres mirando los videos y pidiendo más. En poco tiempo formé una comunidad de mujeres que estaban decididas a convertirse en todo lo que Dios las ha llamado a ser y lo único que yo tuve que hacer fue ser obediente al llamado de Dios y tomar acción inmediata.

El canal de YouTube no solo ha ayudado y bendecido a miles de personas, sino que también ha traído muchas bendiciones para el ministerio. Muchas personas me han contactado para ser voluntarias en el ministerio. Pastores han descubierto el ministerio y me han contactado para ministrar en sus conferencias y de una serie de videos que Dios puso en mi corazón nació este libro. ¿Te imaginas donde no hubiese tomado acción a lo que Dios puso en mi corazón esa tarde?

De igual manera, cuando el señor me pide que cambie alguna actitud o trabaje en algún mal hábito y tomo acción inmediata, Él me da la gracia para transformar mi vida. Hoy te puedo decir con certeza que no he llegado aún a donde Dios quiere que llegue, pero definitivamente ya no soy y nunca volveré a ser la misma persona de antes. Decidí tomar acción en todo lo que el Señor pone en mi corazón inmediatamente. He visto no solo mi vida, mi matrimonio, mi misterio y todo lo que me rodea ser transformado; sino mi mente también.

Tú también puedes ser transformada a la imagen de Cristo un día y paso a la vez. Tú también puedes alcanzar todos tus sueños y cumplir con todo lo que Dios pone en tus manos. Lo único que debes hacer es tomar acción inmediata cuando Dios pone algo en tu corazón. No tengas miedo de dar ese paso, Dios promete ayudarte y respaldarte en todo lo que ponga en tus manos.

La palabra nos cuenta en *Josué 1:9* que cuando Dios llamó a Josué a llevar a Su pueblo a la tierra prometida, Josué tuvo miedo, pero el Señor le dijo: *"Ya te lo he ordenado: ¡Sé fuerte y valiente! ¡No tengas miedo ni te desanimes! Porque el Señor tu Dios te acompañará dondequiera que vayas."* Entonces Josué tomó acción inmediata y Dios lo ayudó en todo el proceso.

Sea lo que sea que el Señor esté poniendo en tu corazón por hacer, sé obediente, no tengas miedo y toma acción. El mismo Dios que ayudó a Josué a llevar a Su pueblo a la tierra prometida, que ayudó a Ester a hallar gracia ante los ojos del rey para salvar Su nación y que ayudó a David a derrotar a Goliat, es el mismo Dios que te va a ayudar a alcanzar todo lo que Él ha puesto en tu corazón.

Anímate, toma acción y goza de la gracia, la unción y el favor de Dios mientras lo haces. ¡No tengas miedo, Él te respalda!

Pasos Para Ser Una Mujer de Acción

Cuando obedeces a Dios y tomas acción en lo que Él te está pidiendo que hagas, garantizarás ver resultados en tu vida y todo lo que te propongas te saldrá bien. Cuando eres obediente y lo haces inmediatamente, hallas Su gracia, unción y favor para completarlo más fácil y rápidamente.

Los siguientes pasos te ayudarán a tomar acción inmediata cuando el Señor ponga algo en tu corazón:

Paso I

Pon atención a lo que Dios te pide que hagas.

Si quieres tomar acción en lo que Dios ha puesto en tu corazón, es fundamental prestar atención a lo que Dios te está diciendo. No es casualidad cuando lees algo en la palabra de Dios y tú sientes que las letras saltaron de la página. Cuando sientes que el Espíritu Santo te pidió que reflexionaras en ellas durante todo el día y constantemente las recordabas. Y para completar, el pastor te confirma lo mismo en el servicio del domingo. Dios te está pidiendo que tomes acción.

331

Dios es muy claro cuando te está pidiendo hacer algo, cambiar alguna actitud o trabajar en alguna área de tu vida. Solo tienes que prestar atención a Su llamado. Mantente alerta cuando el Espíritu Santo te recuerde alguna escritura, léela hasta que Dios te ministre. Si el Espíritu Santo te está pidiendo que cambies en el momento alguna actitud, hazlo inmediatamente. Si ya es la tercera vez que escuchas de una manera diferente el mismo llamado, es porque Dios te está llamando la atención para que tomes acción.

Mantén todos tus sentidos pendientes para escuchar la dirección de Dios Él nos promete que si lo buscamos con todo nuestro corazón lo hallaremos.

Actividad:

Cierra los ojos por un momento y permite que el Espíritu Santo te recuerde alguna escritura, palabra o acción que el Señor haya puesto en tu corazón. Estoy segura que, si estás leyendo esto en estos momentos, es porque ya leíste este libro. Si es así, Dios te ha ministrado y pedido que implementaras algunos cambios en tu vida. ¿Cuáles son?

_____

_____

_____

_____

Paso II

No lo pienses más.

Ahora que ya identificaste las áreas donde el Señor te ha llamado a tomar acción; es tiempo de obedecer. Deja de pensar tanto como lo vas a hacer y pide sabiduría a Dios para completarlo. No permitas que tus sentimientos y tus pensamientos te paralicen y no te permitan tomar acción. Entre más pienses en cómo lo vas a hacer, más ventaja tomará el enemigo para convencerte que no eres capaz, que estás muy cansada o que no tienes tiempo para hacerlo.

332

Si está en tu corazón hacer esa llamada, tomar el papel y el lápiz, leer un versículo específico en la palabra de Dios, cambiar una actitud, o simplemente quedarte quieta; hazlo inmediatamente. No pierdas tiempo decidiendo si lo vas a hacer o no.

Si no piensas y solo tomas acción inmediata, la gracia del Señor te acompañará. No te estoy diciendo que no planifiques o te prepares, debes ser sabia al tomar acción, lo que te estoy diciendo es que no pierdas tu tiempo decidiendo si lo vas a hacer o no. Cuando el Señor ponga algo en tu corazón di inmediatamente: "Sí, Señor tomaré acción inmediata" ¡Y cúmplelo!

Actividad:

1. Basado en la lista que creaste en la actividad anterior, escribe una lista de las acciones inmediatas que el Señor está poniendo en tu corazón para realizar.

   _____

   _____

   _____

   _____

2. Ahora, revisa tu lista y dile a Dios: *"Sí, Señor tomaré acción inmediata en todo lo que me pidas"*

Paso III

Ponte en marcha.

La única manera de garantizar progreso en todo lo que Dios pone en tus manos es cuando tomas acción. Si quieres convertirte en esa mujer virtuosa de hoy, toma acción en todo lo que aprendiste en este libro. Día a día verás tu transformación y tu progreso al convertirte en todo lo que Dios te ha llamado a ser. La clave de todo es ponerte en marcha.

Te garantizo que, si te quedas quieta donde estás, pasarán los años y ahí mismo seguirás. Pero si te pones en marcha y tomas acción en todo lo que el Señor te está pidiendo que hagas, verás resultados y transformaciones sorprendentes en tu vida. No te conformes dónde estás, Dios tiene planes mucho grandes para ti. Solo tienes que demostrarle que puedes tomar acción en las cosas pequeñas y Él comenzar a confiarte las cosas grandes.

Lo difícil de ponerte en marcha es dar el primer paso, es por eso, que es fundamental confiar en Dios. Cuando Él te dice vamos, cógete de Su mano y no la sueltes. Él te guiará por el camino que Él ya ha trazado para ti.

Actividad:

1. Revisa la lista de la actividad del Paso I. Y contesta las siguientes preguntas:

   ¿Qué tan diferente sería tu vida si tomas acción inmediata en lo que Dios ha puesto en tu corazón?

   _____

   _____

   _____

   ¿De qué manera te beneficiará a ti y a tus seres queridos si tomas acción inmediata?

   _____

   _____

   _____

¿Cómo y dónde estarías en un año si decides tomar acción inmediata a lo que el Señor ha puesto en tu corazón?

_____

_____

_____

¿Cómo crees que Dios se sentirá contigo si tomas acción inmediata a lo que Él ha puesto en tu corazón?

_____

_____

_____

¿Qué esperas para empezar? ¡Toma acción ya!

Pensamientos Finales

Es con gran gozo, placer y humildad que escribo estos pensamientos finales. Este libro es el resultado de mi obediencia inmediata a Dios. Aunque fue con mucho sacrificio que lo escribí, me refiero a que tomó muchas horas de arduo trabajo, El Señor siempre estuvo en todo el proceso conmigo tal y como lo prometió desde el principio. Solo tuve que ser un instrumento. Él me dió la sabiduría, fuerzas, tiempo y capacidad para sentarme en mi escritorio todos los días en obediencia a Él y plasmar cada palabra de acuerdo como Él las ponía en mi corazón.

Para tomar acción inmediata, en realidad solo me tomó prestar mucha atención a lo que Dios ponía en mi corazón, no valerme de mis propias habilidades, ni pensar en cómo lo iba a hacer. Simplemente me puse en marcha sabiendo que ya Dios había trazado el camino para mí y yo solo tenía que seguirlo. No tuve miedo porque sabía que el mismo Dios de ayer, hoy y siempre estaría conmigo donde quiera que fuera.

335

De igual manera Dios quiere usarte, pero necesita que tomes acción inmediata en todo lo que Él ha puesto en tu corazón. Él quiere restaurar tu vida, llenarte de gozo y de propósito. Él quiere hacer todos tus sueños y deseos realidad. Él quiere darte la tierra prometida. Él quiere ayudarte a ser todo lo que te ha llamado a ser: "la mujer virtuosa de hoy"; solo tienes que ponerte en marcha.

Sé valiente y logra todo lo que tu Dios tiene planeado para ti. ¡Dios te llama "mujer virtuosa"!

Conclusión

Felicidades, hoy tienes todo lo que necesitas para ser la mujer virtuosa que Dios quiere que seas y que todos admiran. Hoy tienes todas las herramientas necesarias para transformar tu vida y lograr todo lo que te propones. Hoy es tu día de completar tu rompecabezas y hallar tu nuevo perfil.

Ahora que ya conoces todas las piezas que componen a la mujer virtuosa de **Proverbios 31**; lo único que tienes que hacer es armar ese rompecabezas. Tú también puedes ser parte de los múltiples testimonios que recibimos diariamente de mujeres alrededor del mundo, que han transformado sus vidas por medio de estas enseñanzas. Que han descubierto que la mujer virtuosa no es solo un mito y lograron poner todas sus piezas juntas para alcanzarlo.

Solo tienes que aplicar estos pasos a tu vida diaria. No te desanimes si en algún momento sientes que perdiste el control; solo reenfócate en el paso número uno y comienza de nuevo. Si eres constante y aplicas lo que aprendes en este libro a tu vida diaria: pieza a pieza, día a día y paso a paso, lograrás alcanzar lo que te propones en tu vida. Te acercarás más a Dios y comenzarás a experimentar transformaciones en tu carácter y en tu vida.

Entre más tiempo pasas en cada capítulo, más fácil será aplicarlo a tu vida diaria. Repasa los capítulos repetidas veces y actúa en ellos hasta que se conviertan en un hábito para tu vida. Toma un paso a la vez y completa cada actividad para que así puedas experimentar una transformación total en tu vida.

Siempre recuerda que tú eres un equipo con Dios y que Él te ha equipado con todo lo que necesitas para ser esa mujer virtuosa que Él te llama a ser. Dios necesita que tú hagas tu parte natural para Él poder hacer Su parte sobrenatural. Trabaja con Dios todos los días y conviértete en todo lo que Él te ha llamado a ser.

El día llegó para disfrutar de las promesas de Dios, para alcanzar todos nuestros sueños, para vivir vidas balanceadas y para convertirnos en mujeres virtuosas.

Es hora de que pongas cada pieza de tu rompecabezas en su lugar, aplica cada cualidad que aprendiste y goza de tu nuevo perfil.

¡Tú eres la mujer virtuosa de hoy!

Acerca de la Autora

Diana Bryant es educadora de la vida cristiana, autora y oradora motivacional. Actualmente dedica su vida a ministrar la palabra de Dios y su pasión es ayudar a mujeres alrededor del mundo a convertirse en todo lo que Dios las ha llamado a ser.

Por casi 20 años, Diana estuvo en búsqueda del propósito para su vida. Durante este tiempo, Diana descubrió cómo Dios estaba transformando su mente y su vida. Ministrada por medio de la palabra de Dios; Diana aprendió a llevar un estilo de vida cristiano, a tener balance en cada área de su vida y a creer en las promesas de Dios lo cual la llevó a alcanzar todos sus sueños.

Después de haber experimentado una transformación en su propia vida por medio de la Biblia, Diana sintió claramente el llamado de Dios a ministrar a otras mujeres el poder que hay en Su palabra y cómo nos puede transformar si se lo permitimos.

Hoy, Diana ayuda a mujeres alrededor del mundo a llevar un estilo de vida cristiano, a transformar sus mentes y vivir vidas más felices, balanceadas y realizadas. Su estilo de enseñanza práctico equipa a las mujeres con las herramientas necesarias para ayudarlas a crecer aún más en su relación con Dios, alcanzar sus sueños y convertirse en todo lo que Él las ha llamado a ser.

Diana, basada en su propia experiencia, cree completamente que la Palabra de Dios es nuestro manual para la vida y que está llena de Sus promesas para un futuro mejor. Diana vive con su esposo Chris en la ciudad de Nueva York y posee diplomas en Psicología y Life Coaching (Educadora de vida cristiana).

Lee la historia completa de Diana Bryant en www.DianaBryantMinistries.org

Acerca de Diana Bryant Ministerios

El propósito de Diana Bryant Ministerios es ayudar, motivar y guiar a mujeres en todo el mundo a llevar un estilo de vida cristiano. Tiene el propósito de proporcionar las herramientas y pasos necesarios para transformar vidas basándose en los principios de la Palabra de Dios. La meta es ayudar a las mujeres a llevar vidas balanceadas, realizar todos sus sueños y convertirse en todo lo que Dios las llama a ser.

El ministerio ayuda diariamente a mujeres en todo el mundo a través de:

- Videos gratis semanales en YouTube: *Diana Bryant TV*
- Series de enseñanza, talleres y libros
- Conferencias, charlas y retiros

Cientos de mujeres han compartido sus testimonios acerca de cómo las enseñanzas de Diana Bryant Ministerios las han llevado a tener una relación más íntima con Dios, a encontrar y alcanzar sus sueños y a convertirse en todo lo que Dios las ha llamado a ser.

Diana Bryant Ministerios es una organización cristiana y se apoya financieramente de las contribuciones de los amigos y compañeros del ministerio.

Para más información visita www.DianaBryant.com

Si quieres contactar a Diana Bryant Ministerios para hablar en tu próxima conferencia, charla, retiro o taller; envía un email a Hello@DianaBryant.com o visita nuestra página de internet.

Recursos y Ayuda Gratis

¡Nos encantaría escuchar de ti!

Nos encanta cuando escuchamos de ti. Ponte en contacto con nosotros y cuéntanos cuál fue tu experiencia con este libro. Sé parte de los testimonios diarios que recibimos de mujeres alrededor del mundo. Cuéntanos cómo estas enseñanzas han transformado tu vida.

También puedes comunicarte con nosotros, si quieres invitar a Diana Bryant a participar en una de tus conferencias, charlas, entrevistas o talleres. Nos encantaría ser parte del crecimiento y transformación de tu iglesia y comunidad.

Si eres un líder de mujeres y te gustaría enseñar esta clase a tu grupo, contáctanos para compartir contigo un formato y plan de enseñanza. Este plan de enseñanza, garantizará el crecimiento de tu grupo y el éxito con este libro.

La mejor manera de comunicarte con nosotros con cualquiera de estas sugerencias es a: Hello@DianaBryant.com.

Para obtener más recursos gratis:

Visita nuestra página de internet: **www.DianaBryantMinistries.org**

Suscríbete a nuestro canal de YouTube donde cada semana recibirás más herramientas que te ayudarán a transformar tu vida. Lo puedes encontrar cuando colocas en la lupa de buscar en YouTube: ***Diana Bryant TV***

Manténte en contacto en nuestras redes sociales. Diariamente te mantenemos motivada e inspirada a crecer cada vez más en la palabra de Dios:

Facebook: *www.facebook.com/DianaBryantMinistries*

Instagram: *www.instagram.com/DianaBryantMinistries*

Twitter: *www.twitter.com/DianaBryantMin*

YouTube: *Diana Bryant Ministries*

¡Sé de bendición a otras mujeres y cuéntales de este libro!

Comparte tus fotos con este libro en tus redes sociales usando:
#MujerVirtuosaDeHoy

www.DianaBryantMinistries.org

Fecha de eventos, charlas, entrevistas, retiros y talleres
Videos gratis semanales
Productos especiales
Programas gratis
¡Y mucho más!

Otros productos producidos por Diana Bryant Ministerios:

Clases en Línea

¡Ten a Diana cómo tu propio coach en casa!

Los cursos en línea tienen el propósito de proveerte la guía que necesitas para transformar diferentes áreas de tu vida.

Cada serie contiene los pasos diarios que debes tomar para transformar cada área de tu vida un paso y día a la vez.

Algunos de los temas son:

- **Un Simple Año:** Planea, Simplifica Y Activa Tus Metas en 7 Días
- **Simple Tú:** 31 Días para mejorar tu autoestima
- **Una Vida Simple:** Organiza tu vida en 4 semanas

Una Nueva Temporada

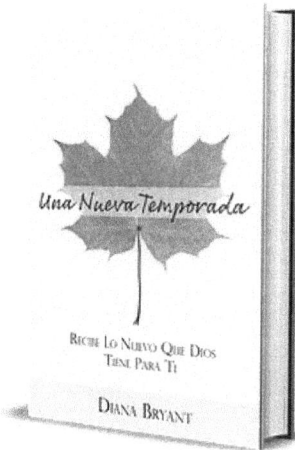

Este libro te guiará paso a paso para hacer la transición a una nueva temporada en tu vida.

Independientemente de tu situación actual, el Señor tiene planes maravillosos para ti y ha preparado una nueva temporada en tu vida.

"Una nueva temporada" te mostrará cómo soltar lo viejo y dejar que Dios se mueva en cada área de tu vida.

Para más información y otros productos visita:
www.DianaBryant.com

www.ingramcontent.com/pod-product-compliance
Lightning Source LLC
Chambersburg PA
CBHW060001100426
42740CB00010B/1359